高等学校创业教育系列教材



# 大学生创业基础

（第6版）

李肖鸣 主编

清华大学出版社
北京

## 内 容 简 介

教育部颁发的教高函〔2021〕1 号文件批准在高等本科学校设立“创业管理”专业。本教材是依据教育部最新“创业管理”专业建设的骨干课程要求和“创业基础”课程教学大纲要求编写的，力求通过学习本教材，使学生掌握创业的基础知识和基本理论，熟悉创业的基本流程和基本方法，了解创业的法律法规和相关政策，激发学生的创业意识，提高学生的社会责任感、创业精神和创业能力，促进学生创业和就业的全面发展。

本教材由具有丰富创业经验的企业家和具有多年教学经历的高校教师联合编写。既有来自实践的经验、感悟，又有来自高校的教学提炼；既适合作为普通高等院校创业教育教学用书，也适合作为经济学和管理学相关专业，如创业管理、创业服务、工商管理、市场营销、经济贸易、电子商务、物流会展、商务管理等的教材，同时还可供有志于创业的青年和社会人士参考阅读。



**图书在版编目（CIP）数据**

大学生创业基础 / 李肖鸣主编. --6 版. --北京:
清华大学出版社, 2024.6（2025.6 重印）--(高等学校创业教育系列教材). --ISBN 978-7-302-66613-4

Ⅰ. G647.38

中国国家版本馆 CIP 数据核字第 20242UU687 号

**责任编辑：**杜春杰
**封面设计：**刘　超
**版式设计：**文森时代
**责任校对：**马军令
**责任印制：**刘　菲

**出版发行：**清华大学出版社
**网　　址：**https://www.tup.com.cn，https://www.wqxuetang.com
**地　　址：**北京清华大学学研大厦 A 座　　**邮　　编：**100084
**社 总 机：**010-83470000　　**邮　　购：**010-62786544
**投稿与读者服务：**010-62776969，c-service@tup.tsinghua.edu.cn
**质量反馈：**010-62772015，zhiliang@tup.tsinghua.edu.cn
**印 装 者：**三河市东方印刷有限公司
**经　　销：**全国新华书店
**开　　本：**185mm×260mm　　**印　　张：**16.75　　**字　　数：**418 千字
**版　　次：**2009 年 10 月第 1 版　　2024 年 6 月第 6 版　　**印　　次：**2025 年 6 月第 3 次印刷
**定　　价：**55.00 元

产品编号：107066-01

# 本书编委会

**顾　问**　雷家骕　　清华大学教授，教育部高等学校创业教育指导委员会委员

**主　编**　李肖鸣

**副主编**　高东菊　李　冰　孙　逸

**编　委**（排名不分前后）

孔德颖　上海农林职业技术学院
陈晓东　广西中医药大学
皇甫丽君　上海视觉艺术学院
王　畅　黑龙江八一农垦大学
马彦彬　阳光学院
施佳璐　阳光学院
刘宝民　广西民族大学
尹德亮　曲阜远东职业技术学院
李　成　吉林农业科技学院
袁雪峰　上海理工大学
樊金玲　河北科技大学
陈　伟　上海体育学院
张　欢　上海工艺美术学院
吴香宇　山东英才学院
李维鹏　广西科技大学
夏伯平　上海海洋大学
李大庆　广西民族大学
滑　洁　上海科学技术职业学院
蒙志明　广西师范大学
曾凤生　仰恩大学
肖　洁　武汉青年创业中心

# 第 6 版 前 言

## 创业教育不仅仅是教人怎样当老板

著名的教育家、耶鲁大学校长 James Angell 曾经说过："教育最主要的目的不是教你如何挣得面包，而是让你每一口面包吃得更香甜。"应用在创业教育中，应该说，创业教育的目的不是教你如何开公司，而是为了让你拥有创业精神、创新意识和创业能力，使你可以乐观、积极地生活。

### 一、拥有创业精神和创新意识的个人，可以改变人生轨迹

正如我们看到的那样，人从一出生就是不同的：有人生在城市，有人生在农村；有人生在富裕的人家，有人生在贫穷的家庭……这是我们不能选择的。但是在世界的各个角落，各行各业都有无数的杰出人士，他们有的开创了自己的公司，有的在企业担任高管，有的是发明家、科学家，这些我们眼里的成功人士，他们未必都出生在优越的地区或者家庭。正所谓"英雄不问出处"，是什么改写了他们的人生？

那些正直、诚实和坚守信誉的人，不论是白领还是蓝领，不论是在我们生活的社区周边的小老板，还是带动了其他人就业的企业家，他们都在快乐地生活，并为国家做出贡献。是什么让他们找到了生活的乐趣？

成功的标志不是财富和地位，而是内生的快乐和动力。这种精神动力来自人们对自己的正确认识，来自在多大程度上发挥了自己的潜能。而创业精神和创新意识，正是人们追求幸福和快乐的动力。一个人可以取得的成就大小，在一定程度上取决于他的创业能力和创业素质。

### 二、拥有创业能力和主动精神的企业，可以成就一番事业

创业不但指开创属于自己的事业，能在工作岗位上独当一面、开拓进取，而且是一种内创业。

不论是马斯克的特斯拉电动汽车，还是华为的 5G 手机，甚至蓝箭科技的微小卫星，等等，这些新型科技公司不仅创造了自身的辉煌，同时也改变了世界。正是创业精神和创新意识使得它们从不满足现状，不断创新并探索新的生产方式、新的消费模式、新的营利模式，同时也带动了周边行业的转变和区域经济的发展。

这些企业之所以创造了了不起的业绩，被人们深深地记住，是因为它们在创造就业和经济发展中运用了创新和创业精神的伟大力量。还有更多拥有梦想的企业家，正在各行各

业寻求着适当的时机，渴望着放大自身优势，体现自身价值。

## 三、拥有创业精神和创新意识的国家，才有内生的繁荣和光明的前途

创业精神和创新意识是与态度保守、自私迂腐相对立的。事实上，拥有创业精神和创新意识的民族会有更多敬业的企业家，他们坚持不懈地寻求更好的方式生产出优质的产品，改善人们的生活。而每一个国家都是由无数个公民组成的，要想改善国家的面貌，首先应该改善每位公民的精神境界和追求。

那些被誉为拥有创新创业精神的学习者对生活总是会饱含热情，他们的激情来自他们的内心。那些发生在身边的创新带来的生动迹象，无一不是拥有创新创业精神的人们的杰作。越来越多的国家意识到，财富的创造靠的是拥有进取心、勇气和技能的人民。

所以我们说，创新和创业精神可以带来个人成就、组织成功和国家的经济繁荣。

创业精神和创新意识的要点就是使命感、责任心和自我激励，这是可以学习和改变的个人素质的一部分。所有的个人、企业和国家都会经历生命周期的不同阶段，如果我们的青年都具有足够的创业精神和创新意识，那么这种精神和意识会成为一种内生动力，鼓舞他们追求更高的目标、更好的生活，自我激励，永不懈怠。

党的二十大报告中强调“坚持把发展经济的着力点放在实体经济上”，实体经济是立国之本，是中国经济的基石。党的二十大报告中的诸多表述在青年创业者群体中引发热议，他们备受鼓舞、信心十足。二十大报告对实体经济的充分肯定，为青年创业高质量发展指明了前进方向。实体企业市场发展空间广阔，动力强劲，未来可期。这必将激励广大青年以创新创业之力，继续在现代化新进程中砥砺奋进。

因此，培养大学生的创业精神、创新意识和创业能力就是高校创业教育的目的所在。

面对百年未有之大变局，教育部在2021年年初颁发了教高函1号文件，首次批准在本科学校开设“创业管理”专业。一个专业的设立，需要一个课程群来支撑，而“大学生创业基础”就是创业管理专业的基石、骨干课程中的第一课。

拥有创业精神、创新意识和创业能力是一个民族能够保持不败的秘诀！希望这本书可以给读者带来一些创业精神方面的启发，帮助读者认识到创新意识的巨大力量，并在培养和提升自身创业能力上有所启蒙。

教材编辑过程中，粗疏谬误之处在所难免。如有不妥之处，还望读者海涵并欢迎与编者多多交流，并加以指正。

李肖鸣

2024年2月

# 改版说明

## 第1版获得荣誉

2010年首都大学生读书节“大学生最喜爱图书（文教类）”。

2011年上海市第十届教育科学优秀成果奖三等奖（教育改革试验奖）。

2011年上海市精品课程配套教材。

## 第2版修订说明

本教材第2版是根据教育部2012年8月1日颁发的《普通本科院校创业教育教学基本要求（试行）》和教学大纲重新编写的，为了帮助教学一线的教师教学，本书在延续第1版实用性风格的基础上，对内容做了较大调整，并增加了更多的教学辅助资源：

1. 更加注重课堂教学和自学自测环节，在配套教学课件中增加了学期初的“创造力倾向测试”、学期末的“创业能力测试”。

2. 为了有助于学生理解教材内容和便于教师组织教学，在每章中都添加了“学习目标”“本节要点”“案例学习”“拓展阅读”等教学互动环节。

3. 更加注重强化教师课堂效果和检验读者的学习效果，在每章后都增加了“思考与训练”。

4. 更新了部分创业案例，使案例更加鲜活。

5. 在第六章关于注册企业必须考虑的法律法规部分中去掉了已经过时的政策法规和申报条件。

6. 在第五章第二节和本书最后分别增加了“创业计划书常见误区及应对措施”和“附录　商业计划书模板”，对创业计划书的撰写进行了说明。

## 第3版修订说明

本教材第3版依然延续了第2版的大纲（教育部办公厅〔2012〕4号文件颁布的“创业基础”教学大纲），在内容上更加贴近“互联网+”时代的市场特征，更新了部分案例，添加和修正了国家工商局关于企业注册的有关规定，并对实行慕课教学法的高校配套编写了《创业基础慕课学习评价手册》。

1. 更注重“大学生创业基础”课程体系的完整性，在教学资料上更新了与本教材配套的《大学生创业基础慕课2.0版》（李肖鸣主讲）。

2. 在教学环节上，更注重创新、创业实践和实训部分，设计了翻转课堂师资培训班，能及时辅导选用教材的高校教师顺利完成教学任务。

3. 删掉了过时的企业法律法规和部分案例。

4. 新增了与本教材对应的实训安排和设计的教学辅助资料，可供选用教材的高校参考。

5. 可为选用教材的高校免费提供课件、教学大纲、创业咨询。

## 第4版修订说明

本教材第4版较第3版有了较大改动，在大纲上尽管依然延续了第2版的大纲（教育部办公厅〔2012〕4号文件颁布的“创业基础”教学大纲），但是每一章都增加了具有时代感的内容，添加了最新的案例。

1. 更注重“大学生创业基础”课程体系的完整性，更新了与本教材配套的三课贯通《创新创业4.0》慕课资源（李肖鸣、王小刚主讲）。

2. 在教学环节上，更注重创新、创业实践和大赛辅导部分，设计了翻转课堂师资培训班，能及时辅导选用教材的高校教师顺利完成教学任务。

3. 新增了“互联网创业”的内容。

4. 新增了“互联网股权众筹商业计划书”写作指导。

## 第5版修订说明

本教材第5版较第4版有了较大改动，在大纲上尽管依然延续了第2版的大纲（教育部办公厅〔2012〕4号文件颁布的“创业基础”教学大纲），但是在内容上增加了创新指导、风险管理、融资规划以及创业大赛参赛辅导，力求符合教育部的“以赛促教、赛教融合”的要求。

1. 更注重“大学生创业基础”课程体系的完整性，在创业基础上加上了“创新指导”。

2. 在章节内容结构不变的前提下，更注重创业风险识别以及应对风险的风险管理内容。

3. 前全国“互联网+”和“挑战杯”创新创业大赛已经成为双创教育体系“实践育人”中不可或缺的一部分，本版教材及时增添了创业大赛参赛辅导以及参赛步骤、路演指导等实用内容。

4. 新增了“商业模式创新”的内容。

5. 为满足广大师生的教学需要，第5版特别增加了微课视频资源，学生可以通过扫描教材中的二维码进行学习。

## 第6版修订说明

本教材第6版较第5版，在大纲上尽管依然延续了第2版的大纲（教育部办公厅〔2012〕4号文件颁布的“创业基础”教学大纲），但是教材内容新增加了党的“二十大”报告中有关创新创业的精神和部分内容，以及近年来大学生在“互联网+”、挑战杯、创青春以及中国创翼等创业大赛中的参赛案例，力求符合教育部的“大思政课”课标和“以赛促教、赛教融合”的要求。

## 教学支持

凡是选用本教材的院校及教师，请将您的姓名、所在学校及院系、联系电话、E-mail等信息发送至清华大学出版社客服邮箱 thjdservice@126.com，将可以获得：课程简介和教学大纲；配套电子课件（教学演示 PPT）和微课视频；课后思考与训练题参考答案。注意：邮件中请务必注明您所购买教材的书名和书号，谢谢!

## 课后辅导

课后咨询致信编者邮箱：iriscafe@163.com（发邮件请注明学校及本人真实姓名）。

最后，特别在此对清华大学出版社的编辑们付出的辛勤劳动表示感谢！

李肖鸣

2024 年 2 月

目录

# 第一章

# 创业、创业精神与人生发展

**学习目标**

通过本章教学，使学生了解创业的概念、创业与创业精神的关系、创业与人生发展的关系，以及创业和创业精神在当今时代背景下的意义和价值，正确认识并理性对待创业。

## 第一节　创业与创业精神

### 本节要点

**使学生了解创业的概念、要点和类型，认识创业过程的特征，掌握创业与创业精神之间的辩证关系，强化学生对创业精神需要培育并可培育的理性认识。**

任何一个社会的进步都有两个基础性的过程：一个是教育，另一个是创业。教育担负着开启年轻人心智、培养年轻人成长的重任；而创业就是把想法变成现实的过程。任何社会的变革和发展，都终将会通过这两个基础性的发展来带动周边领域的发展。因此，创业的创新意识和创业精神教育可以帮助很多人创造他们的未来。

创业教育

### 一、创业的定义与功能

#### （一）创业的定义

创业，在《新华字典》里的定义是“开创事业”。创业学者们也从不同的方面对创业进行了定义。但最确切的定义应该是：创业是不拘泥于当前资源约束，寻求机会、进行价值创造的行为过程。

创业的定义

人生充满了挑战和机遇，你需要时常在进与退、得与失、强与弱、胜与败、兴与衰、取与舍之间做抉择。在这些矛盾的交织中，你是选择直面，还是逃避？如果有一件事，别人没做过，那么你敢不敢做？有一种生活，之前无人选择过，你是否会选择？

面对人生所做出的不同选择，决定了我们每个人未来的不同结果。请看下面这几位同学的选择。

【案例学习 1-1】　　寸创精彩　智数共赢

黄某是上海某职业院校动物科学专业 2017 届毕业生，毕业后在私立宠物医院工作。2021 年，有了 4 年工作经验的他逐渐了解了宠物医疗行业。经过充分的市场调研，他发现中国宠物医疗服务市场规模约合 559.36 亿元，具体分类包括宠物诊疗、宠物医药销售、宠物疫苗。其中，宠物诊疗市场占比最大，约合 528.9 亿元，发展前景远大。

当时全国宠物医院总数在 23 000 家左右，每年增速在 20%多，然而宠物诊疗市场主要被大型连锁机构垄断，小型私立宠物医院行业有新客少、营销弱、营收低、留客难的痛点。怎样解决这些痛点？怎样让小型个体宠物医院生存下去呢？黄某萌生了创业的想法。

他在与志同道合的同学分析研判、筹集最初的创业启动资金后，创办了上海寸贝文化科技有限公司，核心业务是通过数字化经营诊断为宠物医院、连锁宠物店提供全方位管理服务的代运营，从而使这些机构提升经营效率和用户体验。同年，他的创业项目获得了第七届“互联网+”大学生创新创业大赛国赛铜奖。

现今寸贝文化科技有限公司运营良好，客源稳定增长，为各家宠物医院定制有针对性的运营解决方案，一站式解决医疗管理、运营管理、市场营销等问题，为企业经营模式赋能，在业界收获了良好的口碑，2023 年公司营收已经超过 1000 万元。

【案例学习 1-2】　　只开了 20 天的火锅店

上海某大学一个宿舍的四名女生在毕业时突然决定一起创业。创什么业呢？她们四位有一个共同的爱好，就是吃火锅。于是她们决定开一家火锅店。

说干就干！她们四位分别向家长借款 5 万元，凑齐了 20 万元的启动资金。开始选门面、装修，在办理各种手续时，由于没有经验，还托了亲戚和家长的朋友帮忙。经过了一个多月的辛苦，办好了所有工商、税务、环保、卫生等证件和手续，总算可以风风光光地开张了。

可是火锅店刚刚开张 20 天，四位小姑娘就一个都不见了！家长忙问她们为什么不去店里了，她们的回答是：开火锅店原来这么脏！

……

如今我们所处的时代，是一个优胜劣汰、适者生存的年代，等待别人的帮助或是祈求上天的恩赐都是不现实的想法，就像《国际歌》歌词里写的那样：“从来就没有什么救世主……全靠我们自己。”只有知难而进，在战胜困难中学会成长，才有可能抓住属于自己的机会。

上面实例中的黄某和四位女生面前摆着的是同样的人生机会，那为什么黄某创业成功了，而四位女孩创业失败了呢？直面人生是每一位渴望成功的人必须接受的挑战，也是抓住机遇的首要前提，没有这个前提，成功就没有基础。

英国剑桥大学驻校企业家、著名创业学者艾伦·白睿教授曾经说：“参天大树也是从一粒种子长起来的。”老子在《道德经》里也这样说：“合抱之木，生于毫末；九层之台，起于累土；千里之行，始于足下。”他们告诉我们的道理都是一样的：任何事情都从一粒种子萌芽，都是从头开始的，只有知难而进、不断努力才能获得成功。

创业的功能

创业，就是挖掘自身潜力、整合周围资源、体现自身价值的一个过程。在创业的过程中考验的是大学生的综合素质和创业精神。只有深刻理解党的二十大报告中提出的“必须坚持科技是第一生产力、人才是第一资源、创新是第一动力”的丰富内涵，才能做一个新征程创新型创业者。

### （二）创业的功能

其实，创业的本质是一种生活方式，创业就是某一个人或团队通过寻求机会、整合资源，创造价值、体现价值的过程，因此创业可以挖掘个人潜力，把自身优势发挥得淋漓尽致，从而体现自身价值。

从马斯洛的需求理论来看，处于不同层次的创业者都有自己不同的追求。

美国人本主义心理学家马斯洛在 1943 年提出了“人类需求层次理论”，就在这个理论中，他把人的需求分成了从低到高的五个层次（见图 1-1）。

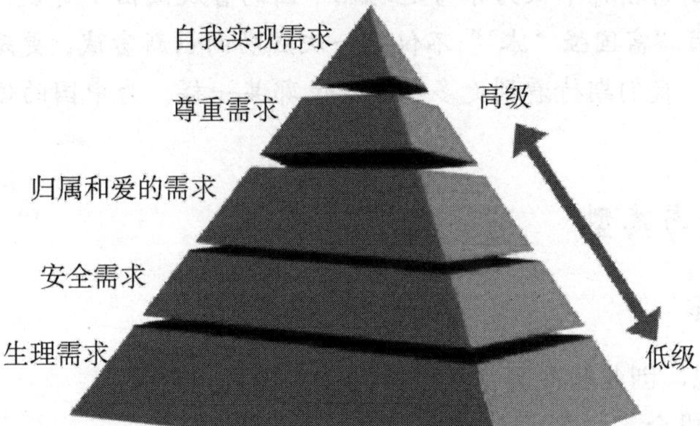


图 1-1　人类需求层次理论

在这个理论中，马斯洛把“自我实现需求”看作最高级别的需求。自我实现也可以叫作“实现自身价值”，是人类充分利用外在和内在条件，发挥自身潜力的心理需求，是一种要把人的潜力发挥到极致的根本欲望。而人们追求成功的动机，正来源于“自我实现”的需求。

恰恰因为追求出类拔萃，追求自我实现的心理需求才变成一种内生的动力，不断激励创业者战胜困难、超越自我、冲破逆境，进而实现自身的价值。成功是一种心灵的力量。为什么有人成功有人失败呢？这是因为失败的人缺乏“目标忠诚”。就是说没有把自己的精力专注于某个目标。好些人不乏目标，却常常不能专注于自己确定的目标，三心二意，这山望着那山高，心猿意马，这样下去，目标何时才能实现呢？就算有再多的聪明才智，也会与成功无缘。专注、心无旁骛，才可以把所有的力量集中在一个目标上。就像某位企业家所说的：“我面前有十只羊，而我只能追其中的一只，如果我想十只都追，那最后的结果就是一只也追不到。”

**【案例学习 1-3】　　寒梦启航：年轻团队的冰雪运动创业征程**

近年来，中国冰雪运动蓬勃发展，郭某以创新团队推出“富国强‘冰’”项目，受益于2022 北京冬奥会成功举办和自媒体兴起的背景，采用“互联网+体育”商业模式，为国内青年冰雪运动推广开拓先河。

项目的核心在于通过冰雪文化节等系列活动吸引大众参与冰雪运动，同时为团队提供市场数据。郭某团队采用多种调研方式和数据模型，整理信息，形成报告。他们推出了国内首家冰雪运动信息咨询平台，提供最新资讯、整合调研报告和市场数据，为冰雪运动相关部门提供成熟的调研信息，为推广提供实际支持和参考。这一创新商业模式满足了中国冰雪运动的信息需求，为其繁荣提供了坚实基础。

郭某同学在项目推广过程中取得了显著的成果和奖项，包括 2023 年挑战杯省级一等奖、第九届“互联网+”省级金奖、2023 年度国家级大创项目立项、2024 年度河北省体育局课题立项等。此外，他还在学术领域取得了成就，发表了一篇普刊论文，为冰雪运动的发展提供了理论支持。

他们的努力和创新精神不仅为冰雪运动在中国的普及做出了贡献，还为其他年轻人树立了榜样。他的项目“富国强‘冰’”不仅是一次成功的创新尝试，更是对中国体育和自媒体行业的积极贡献。我们期待看到更多年轻人像郭某一样，为中国的体育事业注入新的活力和创意。

## 二、创业的要素与类型

### （一）创业要素

通常来说，创业的关键要素包括机会、团队和资源。

创业的关键要素

**1．创业机会**

创业机会往往是一个新的市场需求，或者是一个需求大于供给的市场需求，或者是一个可以开辟新产品的市场需求，这样的市场需求并非只有创业者意识到了，其他的竞争者也许会很快意识到。因此，并不是每一个创业机会都需要付出行动去满足它。

**2．创业团队**

创业团队并不是一群人的简单组合，而是一个特殊的群体。它要求团队成员能力互补，拥有共同的愿景和价值观，通过相互信任、自觉合作、积极努力而凝聚在一起，并且团队成员愿意为共同的目标奉献自己，发挥自己最大的潜能。

**3．创业资源**

创业资源是指新创企业在创造价值的过程中需要的特定的资产，包括有形与无形的资产，它是新创企业创立和运营的必要条件，主要表现形式为创业人才、创业资本、创业机会、创业技术和创业管理等。

### （二）创业的类型

**1．按照创业主体分**

（1）勤奋型：这类创业者依靠自身的勤劳而自食其力，如便利店、馒头店、网店等雇员基本为自己或家人的小型创业。

（2）智慧型：这类创业者依靠自身的知识和技能创业，如维修、诊所、科技类公司等利用自身专业或专利技术创业。

（3）关系型：这类创业者依靠家族或者自己的自身关系做大企业，如配件、包装、新品试制等经营业务单一而用户群体稳定的创业。

（4）机会型：这类创业者因发现了某个商业机会，为了体现自身价值而选择创业，有时甚至舍弃原来优越的职业或职务而创业。

（5）冒险型：冒险创业大有背水一战的气势，这类创业者勇于承担风险，为了实现梦想，可以义无反顾地投身到某个具有不确定因素的项目中。

**2．按照创业动机分**

（1）生存型：这类创业者以生产某种产品来满足顾客的需求。

（2）机会型：这类创业者以体现自身价值为目标而创业。

（3）主动型：这类创业者大都崇尚自由，自信独立，不愿受人约束，把创业视为一种生活方式。

（4）被动型：这类创业者大都出自外界条件的逼迫，不得已选择创业。但是由于没有退路，只能前进，往往可以取得很大成功。

（5）赚钱型：这类创业者的目标就是赚钱，同时喜欢做老板的感觉。

（6）变现型：这类创业者自身在某一领域拥有某种资源，通过利用这部分资源而创立企业，使其变成自己赚钱的生意。

过去的创业者 80%是生存型创业者，因为他们没有更好的职业选择；而如今的创业者 90%为机会型创业者，他们创业是因为洞察到巨大的市场需求和高额的市场回报。过去的创业者总是在寻求一种改善现状的方式，而如今的创业者更具有冒险精神。

## 三、创业过程与阶段划分

创业过程和创业阶段

### （一）创业过程和创业阶段

创业过程包括创业者产生创业想法—创建新企业或开创新事业—获取回报，整个过程涉及机会识别、组建团队、寻求融资等活动。

从创业阶段来说，可大致划分为机会识别、资源整合及新企业创办、新企业生存和企业成长四个主要阶段。具体操作起来还有很多工作要做。

第一阶段：机会识别。包括建立创业设想、进行市场调研和分析、制订初步的经营方案等。

第二阶段：资源整合及新企业创办。包括团队组建、财务融资、企业筹建等。

第三阶段：新企业生存。包括创业初期的市场营销、产品设计和规划、财务和售后服务体系建立等。

第四阶段：企业成长。包括市场拓展、制度完善、股权融资、企业上市等。

### （二）创业初创期必经的六个步骤

每一个企业的建立，从初创期来说，其过程可分成以下六个步骤，而每一步骤又有各自的目标和要求，如图 1-2 所示。

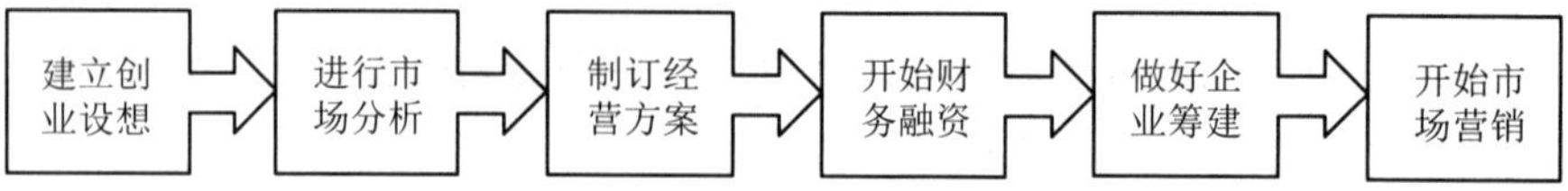


图 1-2 企业建立过程必经的六个步骤

## 四、创业前需要知道的定律

### （一）人都是学而知之

一出生就具备企业家天赋的人是极少的，我们在多年的创业辅导中发现，进行一次完整的创业培训对创业者来说是十分有价值的，甚至是不可或缺的。

### （二）创业需要有强烈的愿望

翻开历史的长卷，古今中外，那些出人头地的企业家大多都是怀着强烈的创业愿望，从自主创业开始的。也许他们开始并没有什么经营经验，但是因为坚信创业是致富的唯一途径，因此虽然历尽辛苦，依然矢志不渝地迈向自己的人生目标，最后走出了不平凡的人生。

### （三）独立是成年的标志

独立和自立的能力，是人生最重要的能力之一，其实也是任何一个成年人都应该具备的能力，是我们自信的源泉，也是创业的基石。古人云：恃人不如自恃①。一个人成年以后，就应该立志不再依靠别人，而是依靠自己去面对生活，这就是独立。只有这样才可以担当起一个成年人的责任。这个责任，包括对社会的责任以及对家庭的责任。

### （四）抓住机遇，才会成就人生

马克·吐温曾经这样抱怨过："我往往是在机会离去时，才明白这是机会。"事实上，这也是很多人的命运。从市场经济的原理来看，只有在有市场需求时，你的准备才有意义。市场需要什么，你就准备什么，这样成功的机会将会多很多。时代为我们提供了施展才华的舞台，社会的需要为我们提供了机遇。如今，自主创业已经成为新一代莘莘学子实现自我价值、敢于梦想、敢于实践的新的人生选择。

### （五）创业是积极的人生选择

任何从零开始的创业都是不容易的，但是困难远没有你想象中的那么可怕！读完本书，

① 《韩非子》，意思是：依靠别人不如依靠自己。

你就会相信，经过深思熟虑而投身创业就是你人生路上一个积极而正确的抉择！

## 五、创业精神的本质与来源

创业精神的本质与来源

### （一）创业精神的本质

创业精神是创业者在创业过程中的重要行为特征的高度凝练，主要表现为勇于创新、敢担风险、团结合作、坚持不懈等。创业精神的本质是创新意识和主动精神。

### （二）创业精神的概念

如果从概念上说，创业精神（Entrepreneurship）是指在创业者的主观世界中，那些具有开创性的思想、观念、个性、意志、作风和品质等。

### （三）创业精神的内涵

从理论上说，创业精神有三个层面的内涵：一是哲学层次的创业思想和创业观念，是人们对于创业的理性认识；二是心理学层次的创业个性和创业意志，是人们创业的心理基础；三是行为学层次的创业作风和创业品质，是人们创业的行为模式。

### （四）创业精神的相关因素

**1. 创业精神与学历无关**

创业精神与一个人的学历高低无关：不管是小学生、中学生、本科生还是博士生，只要拥有创业精神，这种精神就不会因为学历的差异而有丝毫的不同。

**2. 创业精神与企业大小无关**

同时还要说明的一点是，创业精神与企业大小无关。不论是上市公司的老板还是理发店的老板，在开创事业和开办企业时，所需要拥有的创业精神都是一样的，不会因为其所创企业的大小不同而使创业精神的本质有任何的区别。

### （五）创业精神的来源

创业精神，就是在创业过程中激发出来的一种潜能。创业的动机来自要达到某个目标的愿望。这种强烈的愿望是所有成就的起点。在每个人身上都具备一种成功的潜在品质，只是有些人没有发现和激发这种潜能，因此只能把人生停留在平庸和失败之中。但凡创业成功的人，都是先有创业的动机，而后才慢慢具备了创业的技能。而创业精神将在新时期发挥更大的作用，有利于加快转变经济发展方式，促进经济社会又好又快地发展。

**【案例学习 1-4】　废弃变宝藏，年轻力量点亮农村未来**

在某师范学院里走出了一支致力于解决农业废弃物资源化利用难题的团队，名为“绿动农创”。这个团队解决了花生壳、菌糠、葡萄修剪的枝叶等被低效利用、甚至导致环境污染的问题。

故事开始于一次偶然的团队组建。几位生科系的同学在农村的实地考察中发现了农业废弃物的问题，特别是大量的花生壳、菌糠和葡萄副产品。看着这些资源被浪费，他们萌生了一个大胆的想法——将这些农业废弃物转化成有机饲料，助力畜牧业的发展。

于是，他们成立了“绿动农创”团队，集结了一批有着激情和创意的年轻人。这支团队投入大量时间和精力，研发出了一套固态发酵设备与技术，通过对农业废弃物的固态发酵，成功提高了其蛋白含量，并产生了富含菌体蛋白的优质反刍动物用饲料。

团队的创新不仅在技术上有所突破，更在环保和经济效益上取得了可喜的成绩。通过这个项目，他们不仅解决了农业废弃物对环境的污染问题，还助推了节粮型畜牧业的可持续发展，为农村经济注入新的活力。

“绿动农创”团队成为小镇上的一颗璀璨明珠，他们用创新的农业技术，为乡村振兴贡献了一份力量。这个故事如同一颗绿色的种子，在农田间生根发芽。

【案例学习 1-5】　　书实验新章　开教育新篇

2019 年 11 月 22 日，教育部印发《教育部关于加强和改进中小学实验教学的意见》。发展素质教育，努力构建与德智体美劳全面培养的教育体系相适应、与课程标准要求相统一的实验教学体系迫在眉睫。

牛同学是某师范学院物理科学与技术学院的一名优秀毕业生，她平日就对实验保持着高度的热情，怀有浓厚的兴趣。在一次讲座中，她偶然结识了一位力学实验专家，经过长时间的深入交流，两人建立了深厚的友谊。在专家的悉心指导下，牛某踏上了实干创业、创新产品的道路。

为了更好地完善实验教学体系、创新实验教学方式，牛同学与其团队开发了一款教学辅助 APP，这款 APP 设有演示视频和志愿服务两大板块，不仅帮助学生更安全地操作实验仪器，还提供了一支大学志愿服务团队，为客户提供预约和上门教授的 VIP 服务。

在牛同学不懈的努力下，公司运营蒸蒸日上，在业界有相当良好的声誉，其产品深受学生和教师的喜爱，为社会教育事业的发展做出了积极贡献。

人生的路很漫长，我们谁也无法预料未来会发生什么，但是我们必须知道一个事实，那就是一个心理学的结论：一个成功的人，仅仅发挥了自身潜能的 6%。也就是说，还有 90%以上的潜能被埋没了。在人的大脑里有上百亿个智能细胞，它们具有巨大的潜能，是一座宝藏，只要你肯付出努力去学习，你就会发现，很多以前不敢想的事情，你竟然可以做到！因为人在大多数情况下，都是边干边学，在实践中激发自己的潜能的，因此可以说创业实践就是创业精神的来源。

## 六、创业精神的作用与培育

创业精神的作用与培育

建立一个企业尚且如此烦琐，更不要说维持一个企业的生存是一段多么艰难的历程了。作为一个初次创业者，到底应该从哪里入手，怎样才能把一个企业建立起来并且经营成功呢？这是每一个将要开启创业之旅的人都会面临的共同问题。

创业既是一种能力，也是一种精神。如果说资金和项目对创业者非常重要的话，那么是否具有一种创业精神，就是更重要的大问题。创业者的自身素质是创业成功的关键，而创业精神需要在创业过程中慢慢培养，创业者的素质和能力，包括创业者的创业精神，都是可以培养和提高的。

其实，每一位成功的企业家，在他开始创业之前，都是和你我一样的普通人。

### （一）成功企业家对创业精神有示范作用

#### 1．创业者是可以培养的

上海第一财经频道主持人崔艳在2009年4月5日采访“德丰杰全球创业投资基金”创始人汤姆·威尔斯时，她提问：“您认为创业者可以培养吗？”汤姆·威尔斯立刻给予肯定的答复：“当然。”毋庸置疑，创业是可以学习的。

每一位创业者在创业初期都应该对已经创业成功或没有创业成功的人做尽可能多的了解，当然，这种学习不要对自己的创业形成束缚。因为人们所学会的每一件事都是实践的结果，而每一位创业者在创业历程中，都不可避免地犯过错误，任何一位企业家都会牢记自己和其他创业者经历了怎样的磨难才取得了今天的成功，其中最典型的就是汽车大王亨利·福特曾经破产过四次！

但是，创业实践证明：学习别人成功的经验可以使人更快地获得成功；吸取别人失败的教训可以使人少走弯路。就像家长从小就告诫孩子不要用手去摸太热的东西一样，实际上如果没有家长的教诲，这个世界上不知要多出多少被烫伤的故事。

#### 2．向成功者学习成功的经验

学习就是获得经验的捷径。没有谁天生就有丰富的经验，所有的经验都是人们经历之后才获得的，“实践出真知”，只有在挫折中“吃一堑长一智”，才可以积累有用的经验。假如想拥有经验，梦想创业成功，最好的办法就是向创业经验丰富的人讨教，分析成功企业家的案例，然后注意借鉴他们的经验，行动起来。

不要在山底下跟没有登过山的人请教攀登到山顶的经验，而要跟那些已经成功攀到顶峰的人请教。一个没有登过山的人，怎么可能教会别人登山的技巧呢？

#### 3．学会独立观察和思考问题

学习那些成功的案例，不难发现，在那些成功企业家的眼里到处都是机会。他们很少抱怨，而且总能用一双善于发现的眼去发掘别人看不到的商机。他们总是具有独特的思路和见解，而且行为也通常异于常人，有时甚至不为大多数人接受，但是却从来不人云亦云，所以才成为人群中的佼佼者。具有不同于常人的思维方式和不盲目从众的行为方式，是成功企业家的普遍特点。

#### 4．创业者都是英雄

敢冒风险是成功人士的另一特点。风险和机遇是一对孪生兄弟，如果只选那些别人尝试过的、四平八稳而又无风险的事去做，那必将与很多机会擦肩而过。都说机会只光顾那些有准备的头脑，事实上，机遇在很多时候都给了那些敢于承担风险的人。

蒂姆·德雷珀说：“创业者都是英雄。”因为，创业者在决定迈出创业这一步的时候，就不管前路是成功还是失败，都做好了迎接挑战的准备。

⊙ 企业家提示

成功者虽然是少数，但是那些失败的创业者虽败犹荣。在与成功创业者的交往中，不知不觉你就会被他们的勇气感染，从而学到他们身上那些闪光点。阅读成功创业者的故事，确实会让你热血沸腾，充满激情；但是，聆听失败创业者的故事，则是在提示你如何规避风险，会使你在创业中更具理性。

### （二）在实践中进行创业精神的培育

我们在大学和社区的创业培训实践中发现，真正去创建一个公司毫无疑问是学习创业、培养学生创业精神无可替代的、最好的学习方法之一，但是，在学校里如果让学生真的去开公司，则需要具备一定的客观条件。因此，我们不妨把创业者身上最重要的创业精神、创新意识等品质提炼出来，用案例教学法、模拟情境教学法、项目教学法去给学生创造学习的环境，同时还要创造机会让他们去实践。

**【案例学习 1-6】　　创业者是可以培养的**

在上海海洋大学和上海科技学院的“大学生创业基础”这门课的教学中，都有一个市场实训的环节。就是在指定的时间，在校园内搞一个“校园市场”，市场内的卖方是创业班的学生，而买方就是学校的同学。每次校园市场都非常热闹，为了烘托气氛，学生们都自己策划“许愿节”“风筝节”等主题内容，然后自己制作广告，在学生宿舍挨门挨户地去宣传，到了开张那天，就看到一个个平时斯斯文文的大学生都变成了大声叫卖的小老板了。

事后他们都要按照创业导师的要求来写一份总结，内容包括：

（1）你在校园市场中推销成功的原因是什么？推销失败的原因是什么？

（2）你的第一位顾客是谁？你是如何说服他的？

（3）你是如何决定进货品种和数量的？

（4）本次校园市场实训你是赚了还是赔了？分析原因。

（5）经过这次实训，谈谈你对创业的理解。

在这样的思考和实践中，他们就会发现创业者是怎样做的，都经历了什么样的辛苦。同学们在总结中写道：他们在思考中明白了如何捕捉商机，如何取悦客户，如何与人沟通，以及在什么时候、什么环境下沟通容易实现，什么情况下沟通容易失败，如何克服困难，等等，可见，创业精神和良好的品质习惯是可以通过实践体验来发现和培养的。

人生无处不营销。因此营销实践应该是培养学生创业精神的第一课。如果在营销训练中学会了取悦客户，那今后无论是对父母、对老师还是对同学，都应该明白怎样才能使他们喜欢，这既是营销的“取悦客户”的锻炼，也是“如何做一个受大家欢迎的人”的训练。

一个人，如果可以在家取悦父母（孝顺、多做家务、体贴父母），在校取悦老师（认真学习、积极发言、懂事、会体谅别人）、取悦同学（同学有事会去相助，互相关心、友爱，对人和善），当别人都说你好时，谁能说这不是成功？一旦在生活和实践中培育了创业精神，就不会再惧怕困难；一旦养成了优良的习惯，形成了优秀的性格和品质，就会是一颗无论到哪里都会发光的金子。一个优秀的人会习惯于优秀，一个有创业精神的人不论将来是就业还是创业，都会是一个不断进取、不断创新，对社会有用的人才。

⊙ 企业家提示

创业教育不只是创办企业的教育，大学生的创业精神是可以在营销活动中培养的。正如好多成功的企业家是在实践中成长起来的一样，这种感悟式、体验式的教学方式，有助于学生更好地理解创业精神的内涵。

正如我们小时候经常被父母告诫不要碰烫的东西却记不住，反而是碰了一下烫的东西就记住了的道理一样。听过不如做过，做过不如错过、改过记得更清楚，更明白其中的利害关系。

## 第二节　知识经济发展与创业

### 本节要点

**通过对知识经济发展的分析，使学生了解创业热潮形成的深层次原因，认识经济转型与创业热潮的内在联系，明确创业活动对经济社会发展的贡献。**

当今，全球创业活动比以往任何时候都更为活跃，国家和地区之间的竞争日益聚焦在它们的创业水平和创业成果上，创新和创业已经成为科学技术转化为现实生产力的桥梁，成为经济发展和社会进步日益重要的推动力。

创业不是天才的独创，也不是普通人的妄想，而是每个社会成员改变命运、追求卓越的一种途径，是每个企业不断成长的方式，是一个国家取得核心竞争力的关键。

### 一、经济转型与创业热潮的关系

当今时代的一个显著特征就是知识成为比土地、劳动、资金更有意义的关键性生产要素，同时物质资本的地位相对下降，人力资本的地位相对上升，而创业家则是稀缺的知识和人力资本的杰出拥有者和创造者。因此经济转型是创业热潮兴起的深层次原因。中国的经济发展需要更多的创业英雄，需要越来越多的创业型组织，需要营造创业型经济环境。每一名大学生都应该了解创业，并且至少可以将其视为一种职业、一种生活方式的选择。

从 1984 年算起，中国至少有五次创业大潮，每一次大潮都有一个从上而下的过程，离不开政府和政策的引导，更与中国经济结构的调整息息相关，早年的创业潮更是带有中国从计划经济走向市场经济的转型烙印。

五次创业浪潮

#### （一）1984 年邓小平初次视察南方

1984 年春天，邓小平视察深圳、珠海等特区以及《中共中央关于经济体制改革的决定》的酝酿出台，为这股创业浪潮注入了催化剂。

【案例学习 1-7】　　第一波创业的弄潮儿

从 1984 年开始的这一轮创业潮的代表人物有步鑫生、张瑞敏、柳传志、王石等，这些当年站在创业和改革大潮潮头的弄潮儿，今天有的已经销声匿迹，有的已经成为业界大亨，在自己所在领域里占据着举足轻重的地位。

1984 年的新闻人物步鑫生以对浙江海盐县衬衫总厂做的“三新”（款式新、衣型新、装潢新）“一快”（周转快）以及对员工实行“按劳分配”的薪酬制度而闻名全国。

张瑞敏给中国商界的贡献主要在管理上。“不准在车间随地大小便”和“76 台不合格冰箱被砸成废铁”这些广为流传的段子恰恰是那个时候中国企业管理改革的写照，也是“中国制造”的缩影。

年届四十下海的柳传志则从代理进口计算机等起家，在北京中关村摸索出一条“贸工技”的发展道路。其他从中科院下海的同人则在中关村创立了显赫一时的“两通两海”（信通、四通、京海、科海），那时候，名气都比联想大。

后来创立万科地产的王石，最初也是以贸易发家的。“外汇”和“进口商品”曾让很多活跃在香港、北京两地的商人在中国对外开放的初期淘到了第一桶金。

### （二）1992 年邓小平再次视察南方

1992 年的创业土壤和气候，同样与中国改革开放总设计师邓小平息息相关。1992 年春天，邓小平再次视察南方，与 1984 年的低调慎言不同，这一次，邓小平发表了著名的“南方谈话”。同年 2 月 28 日，中共中央将此次谈话以中央文件的形式向全国传达。国务院还修改和废止了 400 多份约束经商的文件，《人民日报》甚至还发表了《要发财，忙起来》的文章鼓励人们下海经商。

【案例学习 1-8】　　第二波“下海”的创业者

20 世纪 90 年代的创业潮在当时依然被称作“下海”。不过，这个时期下海的创业者在市场经济的大海中畅游时，比前辈幸运，可以选择非体制下的创业。1992 年 5 月，中国的《有限责任公司暂行条例》《股份有限公司暂行条例》相继出台。在此大气候下，全国兴起办公司热。同年 8 月，北京市工商局的库存营业执照发放完毕，不得不从外地紧急调运。还有报道说，在深圳的国际贸易中心大厦里，“一层 25 个房间，最多的拥挤着 20 多家公司，有的一张写字台就是一家公司”。在复旦大学做老师的郭广昌也在这一年在上海注册了一家公司。

1992 年全国房地产完成开发投资 732 亿元，比 1991 年猛增 117%。“92 派”代表人物冯仑、潘石屹等如今都成了房地产大佬。还有的是在金融服务领域开疆辟土，例如，陈东升（嘉德拍卖公司创始人、泰康人寿董事长兼 CEO）、田源（创办了第一家期货公司）、毛振华（创办中诚信，中国信用评估第一人）等。除此以外，“92 派”中也有部分体育文化界精英，如李宁、那英、王朔等。李宁创立的运动服装品牌至今依然在市场上很有号召力。

(三)1997 年启动的“春晖计划”

1997 年,江泽民在中共十五大报告中指出,鼓励留学人员回国工作或以适当方式为祖国服务。同年,国家教委全面启动鼓励和支持留学生短期回国服务的“春晖计划”。1999 年国庆,“春晖计划”支持了 25 名留学生参加中国建国 50 周年的阅兵仪式。25 人名单中就包括李彦宏、邓中翰,此后他们回国创立了百度和中星微。

【案例学习 1-9】 第三波创业的“海龟”们

这些先行的海归人员在回国创业前,大多学的是工科专业,在美国获得过博士学位,目睹或亲历过美国硅谷高科技产业发展的奇迹。他们回国,带来的不仅仅是创业项目,还有美国的风险投资。模仿硅谷的创业项目加上来自硅谷的早期资本的支持,成了这一轮海归创业潮最鲜明的特征。他们成为中国新经济的代表,还开拓了中国企业奔赴纳斯达克 IPO 的时代。他们在纳斯达克的成功上市又激励了更多的“海归+风险投资”的组合式创业。在财富的效应下,潜藏在人们内心的创业激情迸发出来。2000 年前后,汪潮涌、王冉这些跨国投行的高管也加入创业大潮中,创立精品投行,主要服务于创业群体。2005 年前后,加入创业大潮的风险投资也越来越多,甚至有些是硅谷实业家转身风险投资,著名的有邓锋、朱敏。

1999 年,当著名搜索引擎谷歌在网络世界如日中天的时候,李彦宏回到中国创立了百度。2000 年互联网寒冬,李彦宏第二轮融资 100 万美元成功。

(四)2008 年的全球经济危机

2008 年的全球经济危机让新一轮海归创业潮和全民创业潮出现了叠加。新一轮海归创业潮以时任中共中央组织部部长李源潮倡导的“千人计划”为标志,在全国各地引进海外高层次人才回国创业。创业范围不再以互联网为主,而是涵盖新能源、新材料、生物医药、汽车制造、文化创意等多领域。全民创业潮的新推动者则包括各级地方政府,他们倡导“回乡创业”和“大学生创业”,并出台了一系列扶持政策。

(五)2015 年的“互联网+”浪潮

自中华人民共和国成立以来,创业从没有像现在这样,成为国家战略。

2014 年 11 月,时任国家总理李克强在出席首届世界互联网大会时指出,互联网是大众创业、万众创新的新工具,其中“大众创业、万众创新”正是此次政府工作报告中的重要主题,被称作中国经济提质增效升级的“新引擎”。

紧接着在 2015 年 3 月召开的全国“两会”上,马化腾提交了《关于以“互联网+”为驱动,推进我国经济社会创新发展的建议》的议案,国家战略层面以“互联网+”为驱动,鼓励产业创新,促进跨界融合,惠及社会民生。

政府层面很快响应,同月十二届全国人大三次会议,时任国家总理李克强在政府工作报告中首次提出“互联网+”行动计划。他在政府工作报告中提出,“制订‘互联网+’行动计划,推动移动互联网、云计算、大数据、物联网等与现代制造业结合,促进电子商务、工业互联网和互联网金融健康发展,引导互联网企业拓展国际市场”。

该报告的发布标志着以“互联网+”为核心驱动的第五轮创业浪潮在全国范围快速推进。

⊙ 企业家提示

随着本土风险投资的壮大和国内创业板、新三板的开通，创业者获得资本和整合各项资源变得更加容易。由中外风险投资做推手的创业潮开始从海归向本土创业者扩展，创业的领域也从互联网向生物医药、太阳能、清洁技术、教育、消费等诸多领域扩张，出现了全民创业潮。

2014年9月20日，阿里巴巴在美国纽约证券交易所挂牌上市，首日报收93.89美元，较发行价上涨38.07%，以收盘价计算，其市值突破2300亿美元。阿里巴巴用了15年从50万元人民币初创到上市市值达到2300亿美元，创造了中国互联网的神话。

## 二、五次创业浪潮

在经济社会发展的不同阶段，创业活动的特征也有所不同，但相同的是，创业者每一次的创业活动都是与社会经济发展、祖国命运紧密相连的。

### （一）第一次创业热潮

新中国的第一波创业潮发生在1984年，那时人们把创业称为“下海”。柳传志曾这么评价他的创业时代：“下海确实很被人看不起，这是那些勇敢者做的事情，那些勇敢者在过去就是在社会上没有地位的人。”那个年代，主流的创业者以个体户为主，大多是城镇待业人员被逼无奈自谋生计，算是被动创业者。这一轮创业潮是以打破计划经济下的平均主义、解放思想、搞活商品经济为主旨的，也可以说是体制内的创业。1984年的创业应该说是一次勇敢者玩的拓荒游戏。

### （二）第二次创业浪潮

第二次创业浪潮发生在1992年。这次的创业潮则更像一个社会精英的掘金潮。据《中华工商时报》的统计，当年全国至少有10万名党政干部主动下海经商，这年的创业者被冠以“92派”之称。“92派”的代表人物有陈东升（也是“92派”一词的发明者）、田源、毛振华、郭凡生、冯仑、王功权、潘石屹、易小迪等，他们原本是政府机构、科研院所、大专院校的知识分子。1992年全国房地产完成开发投资732亿元，比1991年猛增117%。第二次的创业热潮是以官员下海为特征、以席卷全国的“圈地运动”为契机的。

这一批人是中国现代企业制度的试水者，和之前的创业者相比，他们是中国改革开放以来，最早具有清晰、明确的股东意识的企业家代表。他们普遍具有现代企业管理意识，具有较强的资源整合能力，尤其是懂得资本运作，对宏观环境变化有灵敏的嗅觉。郭广昌创立的“复星”可谓“92派”企业的一个代表。

### （三）第三次创业浪潮

第三次的创业浪潮发生在20世纪90年代中后期，是以海归人员创业为主形成的一股潮流。典型人物是以张朝阳、李彦宏等为代表的在互联网领域创业的海归留学生。他们创业成功后，被称为互联网时代的英雄。同前两波创业潮一样，他们回国创业也有一个政策大环境。

在海归群体的示范下，本土的创业者也越来越多，也有不少人在互联网领域取得过辉煌成就，例如，创立盛大的陈天桥、创立网易的丁磊以及创立阿里巴巴的马云等。

### （四）第四次创业浪潮

第四次创业浪潮发生在 2008 年，也被称为“全民创业潮”。新一轮的海归创业潮和全民创业潮也是中国经济转型和升级的发动机，其主题是创新、创意。正如温家宝在 2010 年 8 月 21 日考察深圳时所言：“年轻人富有朝气，没有框框，敢想别人不敢想的事，敢做别人不敢做的事，反映在工作上就是勇于创新，打破框框。”

### （五）第五次创业浪潮

第五次创业浪潮发生在 2015 年，国家层面全面推进了以“互联网+”为核心驱动的“大众创业、万众创新”创业浪潮，对中国的政治、经济等各个领域影响深远。全国各地的创业园区、创业孵化器、众创空间如雨后春笋般涌现，大量在世界范围内有影响力的新兴科技公司成批涌现。与历次浪潮相比，这次的创业浪潮无论在规模、数量和政府推进力度上都是空前的，对中国在世界范围内的和平崛起和中华民族的全面复兴具有极其重要的时代意义。

## 三、知识经济时代赋予创业的重要意义

### （一）知识经济时代的定义

知识经济时代就是以知识运营为经济增长方式、以知识产业为龙头产业、以知识经济为新的经济形态的时代。作为新的经济形态的“知识经济”概念，中国著名学者陈世清先生在其所著的《经济领域的“哥白尼革命”》和“对称经济学丛书”中第一次提出并加以系统地阐述。只有运用对称的、五度空间的、复杂系统论方法的对称经济学才有可能真正揭示知识经济的本质、结构、意义和功能，才有可能建立真正科学的知识经济学，知识经济才有可能成为严格意义上的经济学概念，才能合理定位知识经济时代。

### （二）知识经济的概念

知识经济亦称智能经济，是指建立在知识和信息的生产、分配和使用基础上的经济。它是和农业经济、工业经济相对应的一个概念。

这里的以知识为基础，是相对于现行的“以物质为基础的经济”而言的。现行的工业经济和农业经济虽然也离不开知识，但总的来说，经济的增长取决于能源、原材料和劳动力，是以物质为基础的。

知识经济是人类知识，特别是科学技术方面的知识积累到一定程度，以及知识在经济发展中的作用增加到一定阶段的历史产物。同时又是新的信息革命导致知识共享，以及高效率产生新知识的时代产物。

### （三）创业与知识经济

#### 1. 人类第一次发展是以石器为代表的农耕时代

当人类虽然有知识，但知识还相当贫乏，贫乏到需要 80%的劳动力从事农业以解决人

类的吃、穿问题的时候，我们称这个时代为农业经济时代。

**2．人类第二次发展是以蒸汽机为代表的工业时代**

随着科学技术的发展，当人类把80%的劳动力转向工业以解决人类的用、住、行等问题，也就是只需要20%的劳动力就可以解决人类的吃饭问题的时候，我们说人类进入了工业经济时代。

**3．人类第三次发展是以创意为代表的知识时代（亦称智脑时代）**

随着科学技术的进一步发展，当人类又把80%的劳动力转向以知识为中心的服务产业，也就是只需要20%的劳动力就足以生产出人类所需要的工业和农业等物质产品的时候，人类便进入了知识经济时代。

可见，知识经济不仅是一个新兴的产业，还是一个经济时代的标志。同时我们也看到，知识经济是工业经济高度发达时代的产物。而所谓的智脑时代，是以创意产业和高科技为代表的。

**4．人类第四次发展是以智能科技为代表的智能时代**

科技的进步正以指数方式加速进化，著名的“摩尔定律”①推测，当价格不变时，集成电路上可容纳的元器件的数目约每隔18～24个月便会增加一倍，性能也会提升一倍。摩尔定律在过去30年相当有效，在未来的很长时间内将依然适用。

2014年5月28日谷歌发布了无人驾驶汽车。2016年3月10日，人机围棋大战AlphaGo全面打败人类，大量的智能硬件开始涌现，深刻影响并快速变革了人类社会。未来的世界万物互联，移动互联网和智能科技正深刻地改变着世界，人类正在进入全面的智能时代，从而有着无穷无尽的创新机遇和创业机会。这个时代的特征是“知化”时代。

凯文·凯利在《必然》一书里如此定义“知化”：“如今我们将知化从前所有被电气化的东西。我们可以轻而易举地预测接下来10 000家创业公司的商业计划：挑选一个领域并加入人工智能。”

知化的一个应用案例：

这是一条智能裙子，它会根据周边人的目光和赞美随时改变自身的颜色，这也是一条可以与人“交互”的裙子（见图1-3）。

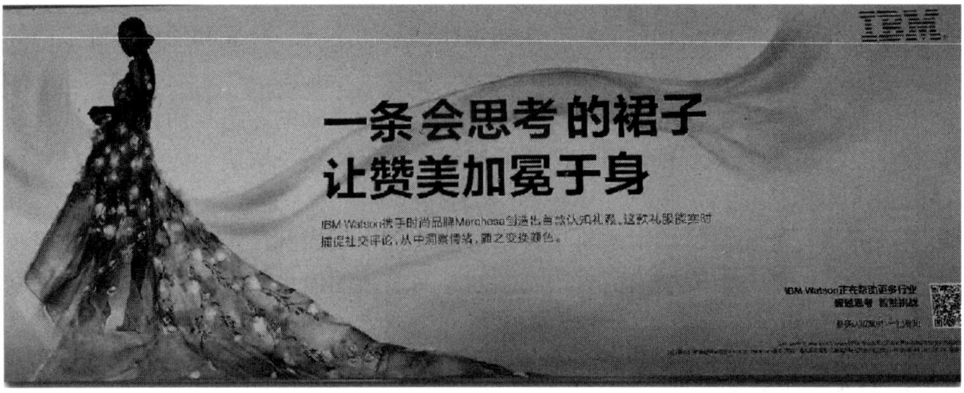


图1-3　一条可以与人“交互”的裙子

① 摩尔定律是由英特尔（Intel）创始人之一戈登·摩尔（Gordon Moore）提出来的。

拓展阅读 “互联网+”的由来

2012 年 11 月

易观国际董事长于扬在易观第五届移动互联网博览会上首次提出“互联网+”理念，他认为，“在未来，‘互联网+’公式应该是我们所在的行业的产品和服务，多屏全网跨平台。”

2014 年 11 月

时任国家总理李克强出席首届世界互联网大会时指出，互联网是大众创业、万众创新的新工具。其中“大众创业、万众创新”正是此次政府工作报告中的重要主题，被称作中国经济提质增效升级的“新引擎”。

2015 年 3 月

在全国“两会”上马化腾提交了《关于以“互联网+”为驱动，推进我国经济社会创新发展的建议》的议案，提出从国家战略层面推动以“互联网+”为驱动，鼓励产业创新，促进跨界融合，惠及社会民生。

2015 年 3 月 5 日

在十二届全国人大三次会议上，时任国家总理李克强在政府工作报告中首次提出“互联网+”行动计划。他在政府工作报告中提出，“制订‘互联网+’行动计划，推动移动互联网、云计算、大数据、物联网等与现代制造业结合，促进电子商务、工业互联网和互联网金融健康发展，引导互联网企业拓展国际市场。”

2015 年 7 月 4 日

国务院印发《关于积极推进“互联网+”行动的指导意见》。

2015 年夏天，时任国家总理李克强来到吉林大学，提议由吉林大学举办“互联网+”大赛，风靡全国的“全国大学生‘互联网+’大赛”从此拉开了帷幕。随着大赛的深入，创新被提到了前所未有的高度。创意和创新从来都是和创业分不开的。创意一般都具有创新的特征，而任何创新都需要经过创业来实现。任何一个新企业的诞生，无疑都会带来新的就业岗位和创造新的价值。

在未来，人工智能、大数据、共享经济都将随着社会的发展和科技的进步，逐步改变我们目前的社会经济各方面，给中国乃至“一带一路”沿线的世界人民带来的生活便利和经济增长，让世人有目共睹。

拓展阅读 AI 的发展

AI 的历史可以追溯到 20 世纪 50 年代，当时计算机科学家开始研究如何模拟人类智能。早期的 AI 系统使用符号逻辑来模拟人类思维，但这些系统很快就遇到了瓶颈。在 20 世纪 80 年代，连接主义 AI 开始流行，这种方法使用神经网络来模拟人类大脑的工作方式。这种方法在一些任务上表现得比符号主义 AI 更好，但它也有一些局限性。

在 20 世纪 90 年代，机器学习开始成为 AI 领域的主流方法。机器学习是一种让计算机从数据中学习的方法，它可以用于许多不同的任务，包括图像识别、语音识别和自然语言处理。随着计算机硬件的不断改进和数据集的不断增大，机器学习在过去几年中取得了巨大的进展。

最近，深度学习已经成为 AI 领域的主流方法。深度学习使用深度神经网络来学习复杂的模式，它已经在许多任务上表现得比以前的方法更好。例如，深度学习已经在图像识别、语音识别和自然语言处理等任务上取得了巨大的成功。2024 年大火的 chatGTP 是 OpenAI 的一个用于对话生成的语言模型。它专注于生成与用户进行对话的连贯、有意义的回复。Sora 是由 OpenAI 开发的一个多模态 AI 模型，旨在实现文本、语音和视觉的多模态交互。它可以处理输入的文字、语音和图像，并生成相应的回复。尽管它们在设计目标、数据集、数据输出形式、对话流程、使用场景和训练推理效果方面都有所不同，但是，无疑都大大提高了人们的工作效率和准确性，是人类在 AI 领域的一大进步。

# 第三节　创业与职业生涯发展

## 本节要点

使学生了解创业与职业生涯发展的关系，认识创业能力提升对个人职业生涯发展的积极作用。

## 一、创业的含义和创业者的特征

### （一）创业的含义

广义的创业，顾名思义，就是开创或者创建自己的事业，而人们通常狭义地认为创业就是开办一家企业。

创业者的
十大特征

### （二）创业者的特征

（1）敢于冒险，敢于尝试新鲜事物。
（2）能够在逆境中坚持不懈，有极大的韧性，能承受较大的压力。
（3）善于学习，悟性极高，有方法、有思路、有创意。
（4）对项目有极高的敏感性，善于辨识并快速抓住机会。
（5）有优秀的领导力，能够吸引和留住人才与之一起艰苦奋斗。
（6）责任心极强，在打工时就具有老板心态，将老板的事当成自己的事。
（7）坚定、执着、专注，认准的事就会坚持到底，遇到困难绝不轻易回头。
（8）思想积极正面，懂得欣赏别人；广结人脉，社会资源丰富。
（9）有极强的团队合作精神，能够高瞻远瞩，凡事从大局出发。
（10）重视经验的积累，不断修正错误，有优秀的管理能力。

## 二、创业能力源自创新

### （一）创业与创新

创业过程中往往风险与机会并存。通常创业者都是在开始创业之后，不断根据市场调整计划，边干边学而走向成功的。创业的价值之一就在于创新，敢于走前人和别人没有走过的路。苹果公司之所以能在激烈的竞争中不断打败对手，就是因为其孜孜不倦的创新。

### （二）产品创新的特征

（1）完全是一个新的想法。
（2）是现有产品或服务的升级版本。
（3）找到了更好的营利模式。
（4）有更好的销售渠道和售后服务。
（5）更便于顾客消费。
（6）更适合网络销售。

### （三）创业能力具有普遍性与时代适应性

创业能力是一种多方面综合的能力，与创业的成败直接相关。在知识经济时代，要适应时代的发展，跟上时代的节奏，大学生的创业能力要着力从以下四个方面来培养。

**1．提高诚信力和守时意识**

一个成功的创业者，不仅要建立良好的企业运营机制，还要明确自己的社会责任，以德为本，诚信创业，只有这样才能谋求企业长远的发展和生存。诚信是企业立业之本，人无信不立，没有诚信就没有一切。而守信是从守时开始的。守时的好习惯，就是从年轻时的日常小事开始养成的。

⊙ 企业家提示

“人无信不立”，这句古话大学生们都知道，但是“守信是从守时开始的”却没有第一句那么广为人知，有些人也许知道但是没做到。例如，约会迟到是不守时，上课迟到同样也是不守时；而作业要准时交，约好的合同也要准时交付。

**2．提高开拓创新能力**

开拓创新能力是成功创业者所需具备的最重要的能力之一。开拓创新是创业的灵魂和赢得竞争优势的关键。一个优秀的创业者，必须敢于创新，长于创新，乐于创新。

**3．提高组织管理能力**

在市场经济条件下，市场充满了竞争和风险，创业者要使自己的创业实践活动获得成功，必须重视经营管理。经营管理能力是创业者在管理上的体现。管理活动贯穿于组织运行过程的每一个环节，不仅是组织正常运行的前提，也是组织生存与发展的基本条件。

**4．提高人际协调能力**

要想创业成功，大学生还需要培养自己的人际协调能力。因为包括创业在内的任何活动都离不开人与人之间的交往和协作。因此，大学生在校期间有意识地培养与他人的协作能力是获得他人和社会支持的重要前提条件，对大学生创业成功具有重要的作用。

## 三、创业能力对个人职业生涯发展的意义和作用

创业成功是可以规划的，创业能力对个人职业生涯发展起着至关重要的作用。

### （一）职业生涯规划的定义

职业生涯规划是指个人和组织相结合，在对一个人职业生涯的主客观条件进行测定、分析、总结研究的基础上，对自己的兴趣、爱好、能力、特长、经历及不足等各方面进行综合分析与权衡，结合时代特点，根据自己的职业倾向，确定其最佳的职业奋斗目标，并为实现这一目标做出行之有效的安排。

### （二）创业能力对个人职业发展的意义

对年轻人而言，职业选择是否适当，将影响其将来事业的成败以及一生的幸福；对社会而言，个人择业是否适当，能决定社会人力供需是否平衡。如果每个人都适才适所，那么，不但每个人都有发展的前途，而且社会也会欣欣向荣；相反，则个人贫困，社会问题丛生。因此，职业选择与个人及社会都有极大的关系。

如今，创业已经成为大学生职业选择的一种。但是，创业是一个实践性很强的过程，要求创业者不仅要拥有创业精神、创新意识，还要具备足够的创业能力。创业能力与新创企业成败直接相关，创业能力强，则创业成功率高。

当大学生选择了创业这个没有上司的职业之后，就成为一名真正的创业者，这时就需要自我管理、自我决策、自我规划。因此，在选择创业前，应该进行创业实践训练，向成功的企业家学习，在实践中提升和练就自己发现问题、解决问题的能力，然后再去创业，这样无疑可以大大提高创业的成功率和成就感。

### （三）创业能力对个人职业生涯发展的作用

创业能力对个人职业生涯发展的作用有以下两方面。

**1．让人更具有执行力**

无论拥有怎样的梦想，只有行动才能拉近现实和目标的距离。再好的计划，如果不去行动，也将是一纸空谈，正如周恩来说的那样：“坐着谈，何如起来行！”

**2．让人更具有决策力**

职业生涯发展的过程中经常会面临各种选择，需要做出正确的决策。结合主客观条件来确定职业的方向、目标、战略，并去实施，都需要决策力。

任何一个职场上的成功人士，在成功之前都是普通人，与常人不同的是，他们拥有创业能力。创业能力是可以在实践中提升和培养的，而提升创业能力的途径就是学习和实践。

## 四、大学生职业生涯规划现状

创业规划的重要性

通过对大四学生进行的职业准备情况的调查研究，以及对刚工作不久的毕业生进行的回访调查，发现大学生在职业准备方面呈现出以下几个明显倾向。

（1）在职业能力的自我评估上，许多大学生存在高估或低估的倾向，呈现出明显偏差。

（2）在职业信息的了解上，大学生们过于关注职业是否符合自身需要，却忽略了职业要求与自身素质的匹配程度。

（3）在职业准备的投入上，大多数学生比较被动。

（4）在创业前普遍没有接受创业培训或实践训练。

## 五、创业成功是可以预先规划的

创业也是职业生涯中的一种选择。因此，创业者在创业前必须做一个创业规划，最好是一个具体的计划或时间表，把每个阶段的大目标分解为几个小目标，一个一个地去实现，循序渐进地迈向成功。

**⊙ 企业家提示**

创业能力与学历不是完全正相关的。现实中部分成功的企业家学历并不是很高，但是在商场上却能很敏锐地洞察商机、灵活应变，这是与他们自身的创业精神和创新意识相关的。有人说创业者是天生的，是指他们在潜意识里存在着创业的因子，但是成功的企业家一定是靠学习走出来的，只不过学习的形式不局限于教室里，更好的学习形式是在实践中增长和强化他们的创业能力。

### 【案例学习 1-10】　一个园林绿化工程公司老板的创业成功规划

现实基础：徐良是一名职业院校毕业的学生，在校学习了两年，具有与园林绿化相关知识的基础。

第一阶段目标：通过拜师学艺的方法，在实践中边干边学积累实际操作经验。

第二阶段目标：在了解掌握园林栽培技术后，调查了解花木市场前景，建立花木市场。

第三阶段目标：花木市场运营后，组建园林绿化工程队，加长产业链。

远期目标：完全掌握园林绿化的全套技术，具备独立开办园林工程公司的经验和能力。

园林绿化工程公司创业规划如图 1-4 所示。

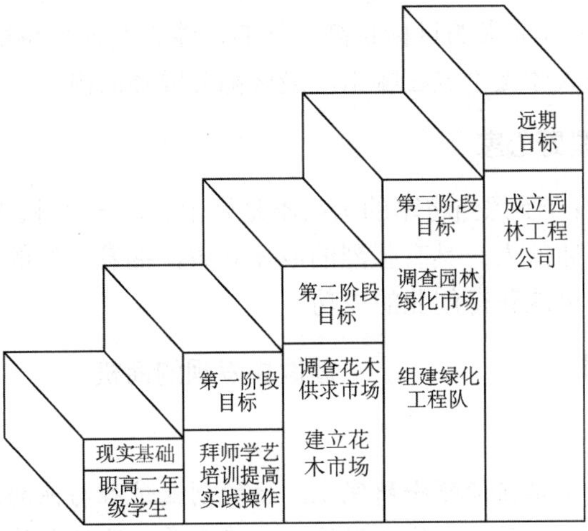


图 1-4　园林绿化工程公司创业规划

为什么同样是一个时代的人，创业的结果却又那么不同呢？有没有一些方法和规则可以让后来者也步入成功的殿堂呢？这个答案是肯定的。因为人生需要理想和目标，创业也需要提前规划，古人常说的“立志要早”，用今天的话来诠释，就是早做职业生涯规划。也就是说，立志于创业的青年在二十岁时就要明确自己到三十岁时要成为一名企业家，并且在十年间矢志不渝，这样就会因为目标明确而成为创业的成功者。例如，2009 年“饿了么”创始人张旭豪开始启动项目，到了 2018 年以 95 亿美元全资收购了“饿了么”，张旭豪十年坚守，成为成功的企业家，这样的例子不胜枚举。图 1-5 为创业者的人生策划路径。

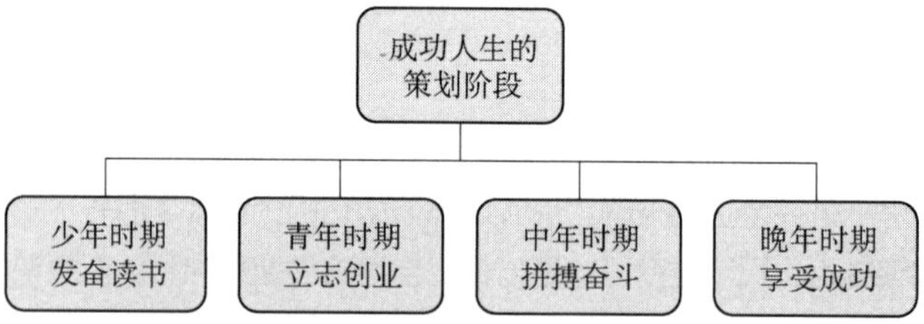


图 1-5　创业者的人生策划路径

⊙ 企业家提示

一个人的人生规划和计划不管多么好，多么严密，只要没有行动起来，就毫无意义。立即行动，是实现梦想的唯一途径。

## 六、创业需要目标明确、坚定

俗话说：“条条大路通罗马。”成功的路有千万条，总是踩着别人的脚印前进，不敢另辟蹊径的人，创业很难成功。创业的魅力就在于没有固定的模式，只有敢走别人从未走过的路，才能走出自己的创业之路。要善于总结成功企业家的经验，善于观察和发现新的机遇、新的商机，用创新的思维来规划自己的创业设想，站在成功创业者的肩膀之上，确立自己的目标。

高尔基说：“一个人追求的目标越高，他的才能就发挥得越快，对社会就越有益。”是金子总会发光的，是人才无论放在哪里，最终都会脱颖而出。

### （一）创业者都是野心家

就像拿破仑说的：“不想当将军的士兵不是好士兵。”一个根本没想过要出类拔萃的人，最后注定就是一个平庸的人。具有强烈的成才欲望，揣着美好的梦想，坚信“天生我材必有用”的创业者，才可能获得创业的成功。

**【案例学习 1-11】　　就医中发现的商机**

代峰是西安交通大学在读硕士研究生。他的创业过程与他的就医经历有关。在一次生病去社区卫生服务中心就医时，他发现医护人员需要一边忙着诊疗，一边答疑解惑还得维护现场秩序，有些“分身乏术”。而社区卫生服务中心主要服务人群是母婴和老人，需要医护人员耗费大量时间与之沟通。

瞄准了这一堵点，代峰谋划着提供具有创新技术的解决方案，帮助医疗机构实现服务效率、质量双重提升。2022 年他成立了一家信息技术有限公司，带领团队研发的医疗信息管理系统帮助医疗机构实现全业务流程电子化管理，提供区域医疗解决方案，实现医生与患者之间的远程交流和医疗服务；开发出医疗领域的移动应用程序，为医疗机构和患者提供便捷的移动医疗服务，如健康监测等，推动医疗行业的信息化建设由数字化向智慧化转型。

如今公司步入发展快车道，实现年营业收入近 500 万元，拥有各项自主知识产权 13 项。

（资料来源：https://c.m.163.com/news/a/INM81KC20530QRMB.html）

### （二）创业要趁早，年轻就是最大的资本

纵观历史和现代社会，年轻的成功者和富翁数不胜数。每个人都在追求自身的进步和成长，只有在年轻时就确立自己的创业目标，选定自己的发展方向，成功创业才有了前提。

### （三）自古英雄出少年

人，最大的财富是青春。人在年轻时开始创业，也许成功率最高。年轻人即使做错了，还有改过的机会；即使失败了，也还有东山再起的时间。“自古英雄出少年”，年轻时的勇气、胆识和魄力，也是其他年龄段不可比拟的。

### （四）少而好学，如日出之阳①

“六月里开的花，不是四月里撒的种吗？”一个人如果在青年时代就播下创业的种子，在中年时也许就能收获成功，在晚年时便能享受成功的果实。从来就没有什么救世主，就像歌德说的“凡是自强不息者，终能得救”，每个人的命运都掌握在自己手里。

**【案例学习 1-12】　　高校科研成果转化助力乡村振兴**

马尧是宁夏大学一名在校生。他的另一个身份是宁夏夏之彩农业科技发展有限责任公司总经理。在宁夏黄花菜精深加工领域，马尧小有名气。他的公司研发了四个系列黄花菜产品，充分发挥技术研发优势推动产业发展、助推革命老区盐池县的乡村振兴。

“2012 年，宁夏大学受盐池县委托，集合农学、生物学专业师生组成黄花菜产业团队，将黄花菜种植技术推广至全县及其周边地区。”马尧表示，随着黄花菜种植规模及产量的迅猛发展，强化黄花菜精深加工、提质增效，突破产业发展技术瓶颈迫在眉睫，宁夏大学食品与葡萄酒学院食品科学专业的师生接棒奔赴盐池县，深耕黄花菜精深加工领域，“我也是黄花菜产业创新团队的一员”。说起“双创”经历，马尧显得自信沉稳。

在宁夏大学、盐池县政府的支持鼓励下，2020 年马尧注册成立公司，打造自有品牌，推进黄花菜产业的专业化、集约化、标准化。公司组建了包括农学、食品加工等学科在内的技术团队，成员以硕士、博士生为主，邀请了学校指导教师作为技术顾问，将黄花菜种

---

① 汉·刘向《说苑·建本》，全句为：“少而好学，如日出之阳；壮而好学，如日中之光；老而好学，如炳烛之明。”意思是少年好学如同初升的太阳那么鲜亮；壮年好学如同中午的阳光光芒四射；老年好学如同燃烛照明。

植、保鲜、晾晒、烘干、深加工等诸多核心技术推广到盐池等地，带动3000多种植户户均年增收2万多元。在盐池县，黄花菜已从昔日的“脱贫菜”变成了乡村振兴的“希望菜”。

（资料来源：https://c.m.163.com/news/a/INM81KC20530QRMB.html）

## 第四节　创业与自我认识

### 本节要点

**使学生明白并不是每个人都适合创业，知道创业前的准备包括正确地认识自己，明白认识自我的意义，理解只有正确地认识自己，找到自身优势，才能找到正确的职业方向。**

《礼记·中庸》有言：“凡事预则立，不预则废。”自从创业者决定要开始创业那一刻起，就应该为创业做准备了。首先必须静下心来，认真思考一下如何去做，从哪里开始做。也许此前从未想过，但是在决定创业时必须认真思考下面的几个问题，为今后的创业历程做好心理和思想上的准备。

### 一、你是谁

创业者的自我认识（上）

开始创业前，创业者首先必须确定自己目前的实际状况：我的处境如何？我的优点有哪些？我的缺点有哪些？总之，必须“认识自己”。给自己画一幅自画像：你了解自己吗？你知道自己的处境吗？

#### （一）人贵有自知之明，扬长避短是成功的捷径

古人云：知人者智，自知者明。尺有所短，寸有所长。每个人都应该正确认识自己，认识自己的长处和短处。只有真正了解了自己的优点和缺点，知道自己适合做什么，才能扬长避短，充分发挥自己的潜能。

每个人都有其优势所在，而自己最大的成长空间就在其最强的领域。只要善于发现、发挥优势，必能技压群雄，脱颖而出。

**【案例学习 1-13】　　从“偏科少年”到作家的韩寒**

韩寒现在已经是一名作家了，但是在学生时代，有一次他的成绩单上竟然有7门功课不及格，在老师眼里他可真是一位“偏科少年”。韩寒的写作能力非常突出，初中时写的短篇小说《弯弯的月亮》《书店》等多部作品被《少年文艺》选用。

如果当时他想方设法提高自己的薄弱学科以求平衡，也许最后会平衡发展。但他在自己最有优势的科目上下足了功夫，发挥自己的最大优势，在2000年作家出版社出版了他的21万字的长篇小说《三重门》，并由北京大学中文系教授曹文轩作序，这在当时引起了极大的轰动，该书刚发行就销售一空。

> ⊙ 企业家提示
>
> 世界上很少有人是因为减少了缺点而取得成功的，而通常是因为发挥了长处才走向了成功。

世界上每个行业都有其自身的规律和特点，而任何人也不可能是万事俱能的完人。创业者面对形形色色的行业选择，有擅长的，也有不擅长的，但是总会有最适合自己的。认识自己，就是为了清醒地找到自己的长处和短处。

**（二）有自信才能成功，找到优势就找到了信心**

人的一生所能达到的高度，不会超过自己自信可以达到的高度。如果拿破仑认为他的部队攀不过阿尔卑斯山，那么他的部队就永远也不可能攀过阿尔卑斯山。创业者必须有坚定的信心，才可以达到梦想的目标。

自信是创业者走向成功必备的心态。“自信者不疑人，人亦信之；自疑者不信人，人亦疑之。”你对自己创业的能力和企业的未来充满信心，别人也会相信你，愿意和你走到一起，共同奋斗。一个不自信的创业者，是不会给别人带来信心的。

美国盖洛普公司前任董事长唐纳德·克利夫顿博士说过：“在成功心理学看来，判断一个人是否成功，最主要看他能否最大限度地发挥自己的优势。”每个人自我价值的实现都来源于对自身价值的认定，而人的自信来源于自己的优势。可见，正确地认识自己在人的一生中有多么重要。找到了自己的优势，就找到了自己的信心。

> ⊙ 企业家提示
>
> 在创业前问问自己：我是谁？我想干什么？能干什么？我喜欢什么？擅长什么？我哪些方面是弱项？找准自己的定位，客观冷静地分析自己，深刻清醒地认识自己，对创业者来说非常重要。
>
> 盖洛普倾其一生发现了成功的定律，他的“成功定律”就是：“找到你的优势，然后再放大你的优势。”几乎每一个成功的人，都会在自己喜欢或擅长的领域里把自己的优势发挥得淋漓尽致。

## 二、你要成为谁

第二步是规划“未来的自己”——未来自我发展的理想状态。未来的我应该是怎样的？作为企业家我应该具备哪些素质？我发展了哪些品格？除此之外，创业者需要确定自己的发展目标，确定在未来应该具备的能力。

**（一）找出你的偶像**

一个人能够成为什么样的人，是因为他相信自己能成为什么样的人。如果相信自己能行，那就一定能行。《诗经》里有这样几句诗：“高山仰止，景行行止。虽不能至，然心向往之。”应该说，每个人的心里都有自己所向往的东西和自己所崇拜的人，那么，你自问：你最崇拜谁？你将来要成为谁？人们说：榜样的力量是无穷的。你崇拜谁，喜欢谁，就会自然而然地去学习与他相关的一切，关注他的一切。榜样可以给你一种激情，而模仿和学习就是你成为他的开始，就像学习书法和绘画都是从描红临摹开始的一样。

### （二）创业需要对成功有饥饿感

成功还需要一点饥饿感、一点渴望。就像一群人中第一个闻到饭香的一定是最饿的那个人一样，一群人中最成功的那个人，一定是最想改变自己命运的那个人。因此，只有当人渴望成功时，才有可能取得成功。

⊙ 企业家提示

一个创业者，最大的忌讳就是没有激情。没有激情的人，也很难有进取心和创造力；没有激情的人，是与成功无缘的。有没有明确的目标和方向，对创业者来说是至关重要的。

### （三）激情成就梦想

创业者唯有找到自己的人生目标，找到自己最希望成为的人，并且由内心深处生发一种要成功的激情，才会焕发出自身的活力。唯有渴望创业成功的激情不绝，在变幻莫测的创业历程中保持清晰的方向，才会充满活力地成就创业梦想。

【案例学习 1-14】 智慧城乡新航程

王同学是某师范学院资源管理系的 2017 级优秀毕业生，她在校期间就一直关注着河北省乡村振兴、城市治理能力现代化、智慧城市监测等方面的问题，她怀揣着对技术创新的热情带领团队探索新的城乡发展监测预警及智慧城市建设技术。

利用遥感技术、实景三维云 GIS、AI 技术，她的团队构建了一套先进的城乡发展动态监测预警及智能城市管理平台。通过对脱贫县发展、城市建设与环境要素之间的关联性进行深入分析，她的团队综合运用计算机图像识别处理技术及 CA-ANN 预测算法，实现了城乡发展的动态监测与预警。

在项目的运行过程中，团队不仅完成了系统的搭建，更在各项竞赛中获得了丰硕的成果。学生负责人第一作者论文荣获全国高校 GIS 技能大赛论文组二等奖一项，三等奖一项。阶段成果还在易智瑞杯中国大学生 GIS 开发竞赛中获得了地理分析组二等奖，GIS 应用开发组三等奖。

这支团队以专业技术和创新思维为城乡发展做出了良好的可行实验。这个项目不仅是技术的突破，更是对智能城市建设的积极探索，为未来城市治理和发展提供了可行的解决方案。

### （四）物以类聚，人以群分

和什么样的人聚在一起，就会成为什么样的人。创业者如果想创业成功，那就要多与成功的企业家为伍，而不要与失败者、悲观者为伍。如果身边没有成功企业家或者创业导师，那么可以多去阅读成功企业家写的书，在书中与他们的灵魂“互动”，他们那平和的心态和世界观、价值观，以及对待失败和挫折的乐观淡定，都会在潜移默化中影响、感染创业者。

⊙ 企业家提示

虽然目前大学生创业失败有缺乏职业经验的原因，但是，创业需要的职业积累不仅包括职业技能、学识、意识，还包括相应的资源、人脉、经验和渠道。

## 三、如何拉近你与心中目标的距离

图 1-6 为拉近与心中目标距离的过程。

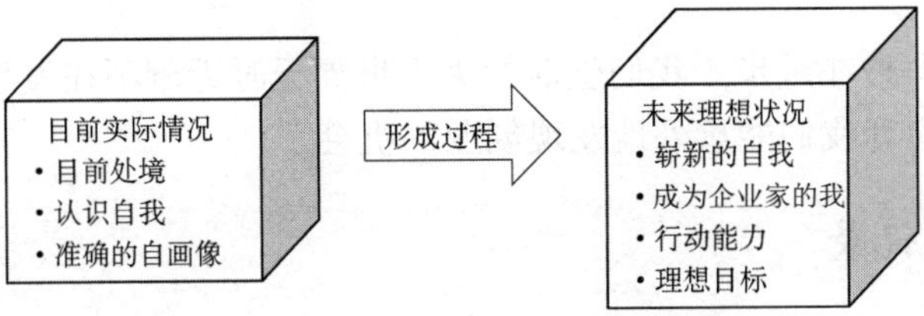


图 1-6　拉近与心中目标距离的过程

### （一）用成功者的心态处事

如果一个创业者立志要成为一名优秀的企业家，那么从今天开始，就要用一名企业家的心态、思维模式和眼光来学习、观察、分析、处理身边的人或事，并且要用企业家的标准要求自己，从思维方式到心态，都要向他们学习，就好像自己已经成为成功的企业家一样。

### （二）做好迎接挑战的准备

成功从来都不是一蹴而就的。创业者一旦明确了创业的目标，那么不管这个目标多么难以达到，也要认为自己一定可以达到，只不过正在达到的路上。如果拥有了这样的心态，就会进入一个可以最有效帮助创业者实现愿望的状态，从而逐步接近目标。

### （三）机会永远靠自己创造

从来就没有救世主，一切都要靠自己的努力。创业者只有把现在的自己和心中目标的自己比较一下，看看距离在哪里，差距有多大，把这些差距变成动力，一天天、一点点地缩短与目标的距离，最终才能实现创业的愿望。

**【案例学习 1-15】　“红与推理”剧情交互型红色旅游**

孙某，一位来自某师范学院外国语学院的学生，有着深厚的爱国主义情怀，通过自己的亲身经历，他深刻地认识到红色景区不仅仅是一个旅游胜地，更承载着爱国主义教育功能。在景区中，人们可以感受到革命先烈们为了民族解放和人民幸福所付出的巨大牺牲和努力。这种精神力量对于激发人们的爱国情怀和民族自豪感具有极大的推动作用。于是，他决定开创一种与之相关的新型游戏。

他与几位志同道合的同学进行分析研究，打造了一款名为“红与推理”的 VR 交互型推理游戏，游戏结合了历史故事与真实情境，以此提供一种独特而沉浸式的红色旅游体验。通过虚拟现实技术将用户带入历史场景，让玩家扮演侦探角色，在红色旅游地点中解决各种谜题和推理任务。这种游戏模式将剧本杀模式创新应用于红色旅游中，将其内在的参与感、共情感、沉浸感融入红色历史场景。游客扮演不同的历史人物，通过剧情交互，还原一段真实的历史，解决传统红色旅游形式单一、参与感低等缺陷。此外，通过引入推理元素，增加了游戏的趣味性和参与感。同时，利用 VR 技术，使用户能够身临其境地体验历史场景，加强了沉浸式的体验感，并帮助游客更好地了解和感知红色文化。

该游戏上线后，迅速在社交媒体上引起了热议，越来越多的游客被吸引到了红色旅游景区，他们在游戏中了解了革命历史，感受到了革命先烈们的英勇事迹，深刻体会到了爱国主义精神的伟大力量。

时代在发展，科技在进步。我们生活的大千世界无时无刻不在发生着变化，正是在适应生活的过程中，也许我们能意外地发现创业的机会。

## 四、清理你的通讯录

创业者的自我认识（中）

管理学大师德鲁克有一句名言：“清理你的人脉就像清理你的衣柜一样，将不合适的衣服清出衣柜，才能将更多的新衣服放入衣柜。”

### （一）交友要有取舍

俗话说：一个好汉三个帮。意思是说，有本事的人也需要别人的帮助才可以把事业做好。现实中大多数人都是“在家靠父母，出门靠朋友”，在社会上、在人生的每个阶段、在每个人的身边，都会有朋友的身影。但是，“近朱者赤，近墨者黑”，因此，有选择、有取舍地交友，对一个人的成长很重要。

人的一生中，不断面临着取舍的问题，孟子曰：“鱼，我所欲也；熊掌，亦我所欲也，二者不可兼得，舍鱼而取熊掌者也。”为了实现创业目标，就必须舍去一些朋友，多腾出时间来为自己的创业梦想而努力奋斗。

### （二）交友须胜己

当创业目标确定以后，就要分清哪些人是与目标一致的，哪些人是与目标相悖的，必须做到“道不同不相为谋”，不要浪费宝贵的青春，要惜时如金。一个人的精力是有限的，只有把有限的光阴专注在自己的创业目标上，才可以实现创业成功。俗话说“交友须胜己，似己不如无”，多与成功的企业家接触，时间长了，你一定会有所得。

### （三）密切联系你的客户

创业者在决定创业以后，就要时时关注市场的发展变化，与目标顾客保持密切的联系，竭尽全力地工作，创造出令人信服的业绩，致力于维护好稳定的客户群体。

**⊙ 企业家提示**

创建公司时必须投入全部的精力，任何人都不可能只拿出一部分时间就可以把企业做好。在创业的初期，时间永远是最稀缺的资源。即使是周末，你也无法与家人和朋友分享快乐，甚至还要放弃你喜欢的娱乐活动。

### （四）靠近你的目标市场

开始创业以后，创业者就要把全部精力都放在市场和顾客身上，只有靠近市场，才可以找到市场的需求；针对市场需求而生产的产品和服务，才会有人购买；有了顾客的购买，才有可以维持企业生存下去的利润，点点利润的积累，就是未来的财富。这就是企业家都把顾客看作上帝的原因。

## 五、创业前的心理准备

### （一）创业过程需要忍耐

生物学家巴斯德说过：“告诉你使我达到目标的奥秘吧，我唯一的力量就是我的坚持精神。”没有人可以随随便便成功，没有一个人的成功是一帆风顺的。创业初期的独立和自由是和寂寞紧密相连的。创业成功者在遇到挫折时，总是充满信心地忍耐和等待事业光明的到来。

创业者的自我认识（下）

### （二）遇到挫折需要有信心

创业历程也与四季一样，既有高峰低谷，也有暖春寒冬。记得一位诗人说过：“冬天到了，春天还会远吗？”成功的创业者在战胜各种困难和坎坷的过程中总是用“天将降大任于斯人也，必先苦其心志，劳其筋骨”来鼓励自己坚持下去，于是，心智得到了提高，品格受到了考验，意志也更加坚定，在战胜困难的过程中成就了完美而成功的事业。

### （三）成功需要毅力和坚持

如果立志命运从创业开始改变，就要咬定目标不放松，矢志不渝地付出努力，这样就一定会得到回报。有思路才会有出路，有作为才会有地位。人首先必须敢想，其次必须敢做，只有这样人生才会改变，理想才会实现。不去播种，就永远也不会收获果实。

**【案例学习 1-16】　　转变商业模式赢得新的商机**

周某是上海某职业院校2020届毕业生，他一直对体育有着浓厚的兴趣，在学院政策支持下在校期间就开始创业，成立了健身工作室，在中国“互联网+”大学生创新创业大赛中获上海赛区金奖，并获上海市大学生科技创业基金（简称：天使基金）50万元的资助。

2020年年初突如其来的疫情打乱了所有人工作、生活的计划和脚步，尤其是对依重于线下、业务单一的中小企业冲击巨大，不可避免的，周某的公司也是其中之一。在停业休息期间，周某与团队一起深刻探讨了未来商业模式的调整，坚定地开展了自救之旅。

2022年年底全面复工后，周某将公司定位转换为新型体育综合体，以家庭用户为主体，提供“一站式”运动健身服务；与优质体育品牌合作，为品牌提供场地和运营服务，降低了经营成本和风险，并由此发展了青少年和成人全品类的体育培训；拓展户外活动、房车售卖与租赁等户外衍生品业务和赛事承办业务。商业模式的转变获得了巨大的成功，2023年公司固定员工人数增至150人，营收近1亿元，成为松江区体育行业的领头羊。

创业不会是一蹴而就、一帆风顺的。成功的创业者不是在创业过程中没有遇到问题，而是他们在遇到问题时，及时解决问题，顺应形势变化，改变商业模式甚至是经营模式，及时调整了方向，才使得创业这条船在风浪中一直前行，直到到达目标。

**（四）成功需要胆识和魄力**

所有成功的企业家并不是因为具有天生的才能而成功，而是因为具有过人的勇气、坚定的信念、执着的精神、不屈不挠的意志，才会在历经风雨之后取得成功。一个创业者想要成功，应该具备胆识和魄力。党的二十大报告中提出“全面推进乡村振兴”“坚持农业农村优先发展”，为青年学子创业拓宽了视野，指明了新的方向，“创新是第一动力”,用创新去带动创业，一定会大有作为。

⊙ 企业家提示

通常人们认为新办企业要么在前两年失败，要么在前两年迅速壮大。对创业者成长历程的调研结果显示，这个观点是不全面的。事实上，企业的成长是缓慢的，在竞争中站稳脚跟所需要的时间更多的是十年，而不是两年。

这意味着每个企业在成功的历程中，几乎都经历过失败，但是一次失败并不代表最后的失败，一旦创业者克服这些困难就还有东山再起的可能，在经历一次失败时放弃，就会直接导致创业失败。

# 第五节　创业与目标管理

## 本节要点

**使学生明白聚焦一个方向努力的重要性，通过反复的实践获得真知，尤其是创业，更需长期的付出和坚持才有可能获得成功。**

很多同学大学时代碌碌无为，就业后的数年频繁跳槽，迷失方向，最核心的原因是缺失目标。

作家格拉德威尔在《异类》一书中指出：“人们眼中的天才之所以卓越非凡，并非天资超人一等，而是付出了持续不断的努力。一万小时的锤炼是任何人从平凡变成超凡的必要条件。”这就是著名的“一万小时定律”。英国神经学家 Daniel Levitin 也认为，人类脑部确实需要这么长的时间，去理解和吸收一种知识或者技能，然后才能达到大师级水平。顶尖的运动员、音乐家、棋手，皆需要花一万小时甚至更久，才能让一项技艺至臻完美。

沿着一个方向努力，1 年可以入门，3 年可以精通，5 年可以成为专家，10 年可修成大师。

## 一、目标创造奇迹

一旦有了目标驱动，年龄、性别、专业这些常规的条件约束都将不再是成功的障碍。

大量的实用知识和当下的主流技术更需要同学们借助互联网自学获得，或者在企业与社会的真实环境中学习掌握。

所以目标变得尤为重要，这是真正将知识转化为真知、将知识转化为成果的关键一步。

**【案例学习 1-17】　15 岁少年的智能发明**

15 岁的 Kenneth Shinozuka 是美国的一名初中生。他的爷爷得了阿尔茨海默病，不认识人也不认识路了。在他 4 岁时爷爷就曾在公园散步后失踪，发展到后来他爷爷常常会半夜里自己下床到处走动，出门后就迷路了，要发动全家人出去找他。这样的情况发生了 30 多次。

后来在一个晚上，正要起床的爷爷给了他灵感，为什么不在他的脚底放一个压力传感器呢？当脚着地时，传感器就能检测到体重造成的压力，然后利用无线传输警报信号给看护人，这样就不用时时盯着他了。

有了这样的明确目标后，他便开始着手设计产品，并在网上自学了当下流行的主流技术。首先是利用电子墨水技术打印了薄膜式传感器，使得按钮超薄适用于袜底，并自学了低耗蓝牙技术，使用纽扣电池来驱动。

最后一步是向手机发通知，也就是必须用手机 App。Kenneth Shinozuka 自学了 Xcode 和 Objective-C，自己动手做了一个苹果 App。

他的第一双袜子穿在了爷爷的脚上，一年时间里成功捕获了爷爷超过 900 次的发病情况，准确率几乎 100%。他的故事被媒体报道后，美国许多护理院开始找他试用这些设备，结果大大提高了医院的看护效率。事实上这种病折磨着 4000 多万个家庭。2011 年的数据显示，全球每 7 秒就会新增一位阿尔茨海默症病人，因此，这种设备有着广泛的应用前景。

Kenneth 说他永远忘不了这双袜子第一次检测到爷爷下床的时刻所深切地感受到的科技的力量，这是让生活更美好的力量。

在没有目标前，Kenneth 只是美国的一名普通中学生，正是明确的目标促使 15 岁的他在短时间内自学并掌握了大量的智能技术，研发出了令人惊叹的产品。

**【案例学习 1-18】　积极探索 AI 对学生学习效果评价的影响**

2023 年“挑战杯全国大学生课外科技学术作品竞赛”中，冀东地区的一所师范院校的学生敏锐地观察到了 chatGPT 等人工智能和 AI 产品已经渗透到了校园,作为师范院校的学生，他们马上成立了一个创业团队，开始了对所在省、市的多所学校的调研，通过走访、问卷、专家访谈等多种形式，最后收集到了足量的数据，并通过建立模型，对数据进行了分析，最后得出来“AI 对教育效果的影响”“AI 环境下学生学习效果评价方法”“chatGTP 在各年级学生中的使用率”“如何应对 AI 环境下的学生教育”等热门问题的数据分析结果和建议，得到了相关部门的重视。

该项目也在由共青团中央、中国科协、教育部和全国学联共同举办的全国性的大学生竞赛中获得了特别奖。他们在参赛过程中通过团队合作发现问题、解决问题，体现出了当代大学生关注社会热点问题、积极投身祖国建设洪流的社会担当。

⊙ 企业家提示

每天 8 个小时，每周 5 天，5 年就是 1 万小时。我们看到很多人突然成功了，其实不知道他们在背后长期的努力和坚持。比尔·盖茨 13 岁时有机会接触到世界上最早的一批电脑终端机，开始学习计算机编程，7 年后他创建微软公司时，已经连续练习了 7 年的程序设计，超过了 1 万小时。创业的一开始也许是因为兴趣，但最后的成功靠的是朝着目标的不断努力。

不管你做什么事情，只要坚持 1 万小时，基本上都可以成为该领域的“专家”。

## 二、目标改变心态

### （一）对待工作的两种心态

工作中有两种人：一种是为老板打工的人；另一种是为自己工作的人。

前者缺的是长远目标，衡量的标准更多的是钱，老板给多少钱，他就做多少事，无利不起早，讲求即时回报。我们更愿意称他们为“钟点工”。他们一生的价值基本上可以直接用时间乘以工资计算，他们永远不可能成为企业家或创业者，因为他们忍受不了创业漫长的投入期和失败的风险，他们相互之间的区别仅在于选择打长工还是打短工，最短的短工是按小时计算当天回报的，就像肯德基钟点工每小时 8 元，好一点的按周结算，大部分人都选择按月来兑现他们的回报，只要回报少了或者没有按月兑现，马上就会表现在脸上，因为他们工作是为了别人。

有的人成为后者，他们愿意花上一年时间来达到自己的目标，用成果来对价回报，他们成为拿年薪的职业经理人，更有少数的人愿意花更长的时间、更多的投入来证明他们的梦想是可以实现的，他们终能成为企业家。对这些人而言，投入工作的时间多少已经不重要，他们不以时间赚取工资，他们靠成果证明价值，也正因为如此他们比普通人更努力，更勤奋，更愿意付出，面对困难有更坚定的意志力。大量优秀的职业经理人和创业者们每天工作的时间超过 12 小时，剩下的时间也往往和工作有关联，即使是打高尔夫球也是为了拓展人脉。

事实上，从获得第一份工作开始，目标已经决定了你未来的职业之路能走多远。

### （二）享受你的事业

对事业没有追求和目标的人，仅仅将工作当成一种谋生手段，他们的工作和生活泾渭分明，一讲到生活立马联想到郊游、美食、家人、好友，美不胜收；一想到工作，辛苦乏味，痛苦不堪。他们在工作中体验不到成长和快乐，愤愤不平，永远觉得自己的工作回报太少了，想尽办法逃避付出，稍有些委屈，这种感觉就会愈发强烈。

实际上，正是因为仅把工作当作任务，没有全力投入，能力的提高也极其有限，特别是对责任的理解，他们不太会主动承担责任，主动帮助团队拿到成果，所以很少能获得重用提拔的机会。工作能力的提升开始时来自简单工作的重复，更大的提升则来源于不断解决新问题的能力的积累，如同一个医生，总是看感冒，把复杂的病症推给别的医生，那么时间再长，他的水平也是不会提升的。如果你期望能力突飞猛进，那就需要挑战和突破你的职业极限，这很像体育竞技中体能的提升，你只有每次跑到筋疲力尽，每次比上一次多跑 100 米，你的体能和耐力才能快速提升。我们在电视上看见刘翔在比赛中以 12 秒 88 的成绩打破了世界纪录，非常伟大，其实他并非这一次全力以赴了，而是在平时的练习中已经无数次全力以赴，想要在竞技场上保持巅峰状态的秘密就是把每次练习都当作决赛，让打破纪录成为一种习惯。我们再来看看身边的同事，特别是业务人员，有多少是把突破自己或团队业绩纪录作为习惯的？所以也注定了大部分人都是平凡的人。

工作在我们的一生中会占据 1/5 甚至更多的时间，既然我们无法绕过，为何不能试着热爱我们的工作呢？世界上几乎所有伟大的成就都来自对事业的热爱、对困难的挑战。梵高因对生命、阳光的狂热诞生了《向日葵》，他创作的巅峰状态是在他生命的最后两年，而这两年他是在精神病院度过的；贝多芬在失聪的情况下写下了不朽名作《第九交响曲》；霍金 21 岁时就不幸患上了使肌肉萎缩的卢伽雷氏症，演讲和问答只能通过语音合成器来完成，他却写下了著名的《时间简史》。任何人处于事业的巅峰状态都不是出于对金钱的追求，那些陷入狭隘的得失观，还在计较加班少发了工资的人是永远无法成为真正的大师的。各个领域内的大师无一不对工作、对事业存有发自内心的热爱甚至狂热。你如果不热爱你的工作，你的一生将注定平淡。

### （三）把目标刻在石板上，把计划写在沙盘上

目标是一切的源头，人生应该以终为始，不要担心自己的目标太大太夸张，一切皆有可能，怕就怕你没有为自己规划未来。以下是笔者的亲身经历。

有位创业导师曾在一家公司做过一个关于“目标与承诺”的分享，当时还让部门内的成员每人邀请一位其他部门的同事来见证承诺，方法很简单，把可量化的愿望或目标写在纸上，大声分享给到会的每一个人，并且承诺如果做不到会如何惩罚自己。在会上同事们表达了各种各样的愿望，有人想两年结婚，有人想三年买房子，有人想未来有自己的公司，看得出来公开承诺的力量是巨大的，会后他们真的开始认真地思考如何达成这些已经公开承诺的目标，把目标转变成了行动力。

老师当时也分享了他的愿望和实现的计划。他一直痴迷于营销战略。这是种很神奇的能力，能够左右企业生死，扭转市场乾坤。他期望自己 10 年后能成为营销战略的专家，下定决心长期钻研此道。商场即战场，为了达到目的，他还给自己制订了一个特殊的行动计划：每年无偿地帮助 5 家企业，帮助其突破营销、战略、品牌、团队上的瓶颈。这招果然奏效，虽然他一开始就很热情地凑上去，但是却遭人白眼，但持续的努力终有回报，现在他已经帮助了多家企业，有的因此业绩倍速地增长，带给导师的经验和成就感不是金钱可以替代的。

第一次成功的经验是在 2007 年中秋前的一个月，他在聚成听课的时候认识了一家月饼加工厂的老板王总，他的工厂做月饼代工，年销售近亿元，却苦于没有自己的品牌。课上了一半，他一直在想这个工厂如何突破，突然灵光一现，他把想法写在了小纸条上递给王总，看得出来当时他就兴奋不已。他在纸上写：“可以开创一种新的月饼品类，与传统月饼形成差异，从而构建全新的品牌，建议做成拇指大小可以一口一个的迷你月饼，取名叫‘一口香’月饼。”王总如获至宝，当天就回去和研发部同事探讨可行性，最后采纳了这个建议，把这种月饼卖给了小学、幼儿园，结果中秋一轮这个单品就创造了 300 多万元的利润。

如果真的想要成长，那么请把目标刻在石板上，把计划写在沙盘上，沿着一个方向持续地努力，每天进步一点点。

### （四）人生是一种修炼

人生其实就是一种修炼，无论你愿不愿意，你的生命都在逝去，不要等到古稀之年才感叹还有很多事没有做，还有很多心愿未了。只要坦然面对顺境和逆境，对你来说都将是一种收获，正如范仲淹所说的“不以物喜，不以己悲”，人生定是种别样的境界。

## 三、创业与目标管理

美国管理大师彼得·德鲁克于 1954 年在其名著《管理的实践》中最先提出了“目标管理”的概念，其后他又提出“目标管理和自我控制”的主张。德鲁克认为：先有目标才能确定工作，所以“企业的使命和任务，必须转化为目标”。如果一个领域没有目标，那么这个领域的工作必然被忽视。

### （一）目标管理的具体做法

目标管理的具体做法可分为三个阶段。

第一阶段为目标的设置。可以细分为以下几个步骤。

（1）企业管理层根据企业的使命和长远战略及内部资源情况提出目标讨论案，并与执行部门达成基本共识。

（2）确定组织结构和职责分工，明确目标执行人、责任者。

（3）分解目标到具体职能部门。

（4）明确期限、需要的资源、奖惩措施，达成书面共识文件。

第二阶段为实现目标过程的管理。目标管理重视成果导向，建立检查机制、检查人、措施和补充措施。

第三阶段为测定与评价所取得的成果。达到预定的期限后，上下级一起考核目标完成情况，兑现奖惩。

### （二）目标制订的基本原则

**1．有挑战性**

目标要有一定的压力，是必须跳一跳才能够得到的那种。

**2．明确时间期限**

一定要有明确的时间期限来管理它。

**3．量化指标**

对预期的成果，应该有一个明确的量化指标，如营业额、利润、满意度、粉丝量等。

**4．可实现**

制订目标要符合常识，要能够实现。

**5．建立考核与奖惩机制**

没有考核与奖惩机制，执行必然没有力度。所以必要的检查和考核是保障成果的重要手段。

**思政案例**　“品虾论稻”奔小康

# 思考与训练

**1．认真填写表 1-1，同时让了解你的家人和同学也给你写一份，互相打分，看看你的自我认知和你在他人眼里的印象是否一致，这样能帮助你正确地认识自己。**

表中：5 代表非常符合；4 代表比较符合；3 代表一般；2 代表比较不符合；1 代表非常不符合。

表 1-1　正确认识自己分析表　　姓名：　　日期：

| | 详细内容 | 符合程度 |
|---|---|---|
| 优　点 | | 5 4 3 2 1 |
| 缺　点 | | 5 4 3 2 1 |
| 综合评价 | | 5 4 3 2 1 |

**2．你想在未来如何描述你的一生？你将来要成为什么样的人？认真填写表 1-2。**

表 1-2　创业者思考表　　姓名：　　日期：

| | | |
|---|---|---|
| 描述一下现在的你 | | 满意度<br>满意 A<br>一般 B<br>不满意 C |
| 描述一下未来的你 | | 自信度<br>自信 A<br>一般 B<br>不自信 C |
| 列出你要联系的人的名单 | 姓名　目前职业职务　电话　地址<br>1.<br>2.<br>3.<br>4.<br>5. | |

**3．认真填写表 1-3，并且保存起来，到既定日期对比一下。为了实现这个目标，应该多联系什么样的人，一定要明确，越详细越好。**

表 1-3　人生规划设定表　　姓名：　　日期：

| | 五年后达到 | 明 年 达 到 | 今 年 达 到 | 本 月 达 到 | 本 周 达 到 |
|---|---|---|---|---|---|
| 生活目标 | | | | | |

续表

| | 五年后达到 | 明 年 达 到 | 今 年 达 到 | 本 月 达 到 | 本 周 达 到 |
|---|---|---|---|---|---|
| 家庭目标 | | | | | |
| 教育目标 | | | | | |
| 经济目标 | | | | | |
| 个人发展 | | | | | |

**4．阅读以下案例并回答问题。**

### 不甘平庸　自主创业

刘尊众在大学里学的是经济管理专业，毕业后顺利地到一家企业做起了文秘工作。这对有理想的刘尊众来说，并不是他想要的生活，于是他辞职离开了企业，走上了自主创业的人生之路。

刘尊众在创业前，曾经在多个行业打过工，但唯独在澡堂中看到一位修脚工为患者解除了痛苦，并赢得了赞许之后才深感修脚这个普通的行业其实是人们生活离不开的。通过拜师学艺，他掌握了修脚的技能。于是，他便同房东商量，用仅有的180元租用了一间房子，开办了他的第一家“瑞德脚病防治所”。

与其他修脚师傅不同的是，刘尊众是一名学习经济管理专业的大学毕业生，他把经济管理的知识运用到了创业中。如今的刘尊众不仅拥有7家连锁店，还培训了2000多名来自全国各地的学生，并帮助这些学生中的很多人也走上了自主创业之路。

现在，刘尊众在西安又开办了一家脚病专科医院，还热心参与公益事业。在刘尊众自强不息的努力下，他的事业蒸蒸日上。

学习案例并分成3～5人的小组讨论以下问题。

（1）刘尊众的创业属于哪种类型？

（2）创业项目成功与否，关键取决于哪些因素？

（3）学习经济管理的刘尊众去开修脚店，是不是“不务正业”？他后来开的连锁店、职业培训、脚病专科医院，与他本人大学所学专业有关吗？

（4）你怎样看待创业项目与所学专业的关系？

⊙ 企业家提示

任何一个成功的企业家，都是从小处做起，慢慢壮大起来的。困难，原本就没有想象中那么可怕，跨越了困难，就走向了成功。这个世界上至今还没有一蹴而就的成功企业家。

**5．简述你对“AI”的理解，并写出一个“AI应用”的案例。**

# 第二章

# 创业者和创业团队

**学习目标**

通过本章教学，使学生形成对创业者的理性认识，纠正神化创业者的片面认识，了解创业者应具备的基本素质，认识创业团队的重要性，掌握组建和管理创业团队的基本方法。

## 第一节 创 业 者

**本节要点**

**使学生认识创业者的基本素质，了解创业者动机及其对创业的影响，注重识别创业活动的理性因素。**

创业的行为是在市场经济条件下应运而生的。企业的创建者可以是个人，也可以是团队。通常是一些有着共同愿景和价值观的人，怀着对梦想的渴望而走到一起，形成了最初的创业团队。他们通过对资源和生产要素的重新组合，来开发自己的产品或服务，满足市场上人们的某种需求，这时，企业就诞生了。

### 一、创业者需自由

创业者具备一些独特技能和素质有助于创业成功。

创业者拥有三种自由。

第一是时间自由。创业者是自己时间的主人，因此可以由自己来支配时间，不必朝九晚五地去上班。但最初的创业者，加班是经常的，甚至要为此放弃自己的业余爱好而专注于自己的事业。

第二是决策自由。创业者是自己活动的主人，在法律范畴内的决策可以完全自由。没有人告诉他该做什么不该做什么，什么是正确的什么是错误的，但是聪明的创业者往往都是善于整合资源、利用外脑的。

第三是拥有对公司财务的支配权。创业者拥有的自有资金如何投资、和谁商量、投资什么，可以不受别人干涉，自由支配；同时，当他创业成功以后，他在购买物品时，可以不受价格因素的约束而仅仅考虑是否需要。

## 二、创业者的素质与能力

人并非生而知之，大多数创业能力可以通过后天培养而习得。

### （一）创业者应具备的素质

创业者应具备以下几种素质。

（1）有强烈的事业进取心，追求出类拔萃。

（2）勇于承担风险，敢于做前人没有做过的事。

（3）善于解决问题，从不回避问题。

（4）不看重个人地位，只看重企业成功所带来的满足感。

（5）具有充沛的体力和过人的精力，充满激情。

（6）自信心强，对自己从事的事业充满信心。

（7）遇事冷静、理性，不会陷入感情纠葛。

小测试　　你是一个创业者吗

1. 追求什么？
   A. 安稳　　B. 自由
2. 哪一种情况更可怕？
   A. 不知道明天怎么样　　B. 每天都一样
3. 人生更重要的是：
   A. 挫折少　　B. 经历多
4. 哪一种情况更有安全感？
   A. 有人可依赖　　B. 独立
5. 面对未知的难题：
   A. 看别人怎么做　　B. 我试试
6. 哪种情况更容易？
   A. 遵守别人的规则　　B. 自己制定规则
7. 遇到问题更倾向于说：
   A. 这不是我的责任　　B. 我承担全部责任
8. 更愿意思考什么问题？
   A. 有标准答案的　　B. 没有标准答案的
9. 哪一种情况更有优越感？
   A. 做得比别人好　　B. 做别人没做过的事
10. 更喜欢哪个头衔？
   A. 大公司高管　　B. 小公司老板

【结论】创业者基本更倾向于B类答案。

### （二）学会用人是创业者的必修课

都说领导要“用人不疑，疑人不用”，但是，“人尽其才，物尽其用”也非常重要。就像世界上没有完全相同的两片叶子一样，世界上也没有完全一样的两个人，每个人都有自己的个性，都有自己的性格偏好和个性特征。因此，创业者作为团队的领头羊，就要熟悉和了解团队里每个人的特点，并根据他们的特点把他们安排到合适的岗位上，这就是知人善任。

### （三）善于识人是创业者的基本功

对于一个创业者来说，正确的用人之道是要充分发挥一个人的长处和优势，避开其短处和劣势，知人善任。用人可以按特长领域来任用，也可以根据人的变化特长来任用：同一个人在不同的时期可能表现不同，用人者还应把握人才的最佳状态，充分调动人才的能动性和创造性。

创业者的特征与分析

**【案例学习 2-1】　在申请人中发现“潜在创业者”**

2010 年，张元刚写了一份创业计划书交给了上海市杨浦区 YBC 办公室，他当时的创业项目是开发一款餐饮管理软件，定价 18 万～28 万元。当时担任张元刚创业项目初审的是 YBC 导师李肖鸣，恰好李老师开过两家咖啡馆。李老师开在复旦大学东边的 100 平方米左右的咖啡馆使用的是在网上下载的免费餐饮管理软件；另一个 300 平方米的较大的咖啡馆，使用的是花 6800 元人民币购买的某品牌餐饮管理软件。这 18 万～28 万元的定价，能接受的企业一定不是中小企业了。但是，一个刚创业的大学生如何去开发这些客户？如何打动和说服他们购买呢？李老师又看了张元刚的简历，没有在餐饮企业工作或者实习的经历。于是，她给张元刚发了一封长长的邮件，里边分析了目前我国餐饮管理软件的发展现状，同时她分析这个价位的软件最大的竞争对手是一家美国的 IT 企业，他们不仅占有全国 75%的市场份额，而且是国际知名企业；又分析了中低端市场、免费餐饮管理软件市场等，婉转地告知张元刚这个项目的成功概率不大。

就在张元刚的创业申请被“枪毙”不久，恰逢杨浦区创业青年俱乐部成立，李肖鸣老师受邀去给俱乐部揭牌。在成立大会那天，李老师问 YBC 杨浦办主任杨航春：“张元刚今天来了吗？”“来了。”“那好，我可否跟他聊聊？”“好呀，我通知他。”就这样，晚饭后，李老师第一次见到了张元刚。从张元刚从事过的行业、过去打工时所在的公司到目前还有什么梦想等，李老师同张元刚聊了一晚上。之后李老师找到杨主任说：“可不可以把张元刚的计划书让他修改一下，让我再来审议一次？这次我要给他通过。”“为什么？”杨主任一脸惊讶地问。“因为他就是一个创业者，他不仅具有创业者的热情和潜质，关键是他有强烈的愿望。”在接下来的书面评审和公司面试等环节，李老师认真听取了张元刚团队关于“农产品安全追溯软件”的策划和远景，又让他们当场演示了餐饮管理软件的功能，感觉比其他餐饮管理软件有创新，给予了通过。张元刚于是得到了 YBC 10 万元的创业种子基金。

如今的张元刚团队不仅在 2011 年上海市政府招标中拿下了“智慧陆家嘴”6800 万元的订单；还在 2012 年上半年的竞标中一举打败其他强大的竞争对手，得到了天津滨海新城标的1亿元的软件开发项目。

2012年年底，上海泽阳智能科技有限公司CEO张元刚荣获杨浦区2012年度“终身学习大使”。他还代表全球杰出青年社区参加了达沃斯会议，见到了他的偶像比尔·盖茨。

正如党的二十大报告中提出的：“青年强，则国家强。当代中国青年生逢其时，施展才干的舞台无比广阔，实现梦想的前景无比光明。”只有发现和挖掘潜在的创业者，帮助和扶持他们，“做青年朋友的知心人、青年工作的热心人、青年群众的引路人”，青年创业者才能在全面建设社会主义现代化国家的火热实践中绽放绚丽之花。

⊙ 企业家提示

只有一流的人才才可以打造一流的企业。在创业中，创业者的素质远远重于项目本身和资金。创业者在经营中也应该掌握选人、育人、用人和留人的本领，团队出击，同舟共济，成就梦想。

## 三、创业动机的含义与分类

### （一）创业动机的含义

创业动机是创业者由于个体内在或外在的需要而在创业时所表现出来的目标或愿景，其在创业过程中驱动着创业者行为，激励创业者不断发现问题、解决问题，直至实现自己的梦想。

### （二）创业动机的分类

按照马斯洛的需求理论，现实中创业者的创业动机各有不同。创业者的动机可以分成以下五类。

（1）生存的需求。有的人创业是为了不依赖他人独立地生存。

（2）安全感的需求。有的人创业是为了拥有永远不会失业的安全感。

（3）归属感的需求。有的人放弃可以无忧无虑满足其生存需求的工作，创业是为了拥有更宽广的发展空间和人脉。

（4）受尊重的需求。有的人放弃高薪而去创业，是为了过一种更加受人尊重的生活，用自己的能力去打拼属于自己的自由王国。

（5）自我实现的需求。有的人干脆在创业成功的时候，卖掉自己的企业，转身去做咨询、做公益、做慈善等，这也是一种追求体现自身价值的生活方式。

由此我们可以看出，如果创业仅仅是为了赚钱，奋斗仅仅是为了当官，这都还不算是真正的成功，因为这样的追求还只是为了满足自己最基本的需求，就算你经过奋斗满足了生理需求（有吃、有穿）、安全需求（有房子、有固定收入）、归属需求（有家、有爱人、有天伦之乐）以及尊重需求（有钱、有权、有势）的时候，你依然还不能算是一个成功者，因为你目前拥有的这一切仅仅是为成功所做的一种准备和铺垫，或者说是一种积累和储备。

⊙ 企业家提示

成功是由一点一点的成就积累起来的，你不断地取得阶段性的成果后会变得越来越自信，追求目标也会越来越高。

## 四、产生创业动机的驱动因素

### （一）创业者可以通过创业教育培养和提高自身的创业素质与能力

创业者是可以培养的。培养创业者的最佳途径是让他去切实参与一个企业的创建过程，但是这样的培育模式在大学教育体系里并不现实。因此，我们可以通过直接经验和间接经验双重渠道的传授来培养未来的创业者。

直接经验的获得来自创业教育中设置的实践课程，间接经验来自已成功企业家的经验传递。很多现在已经创业成功的大学生，至今认为创业前所学习的关于创业方面的知识非常重要。

**拓展阅读　　德鲁克经典五问**

有时间，请静下来思考：

（1）我是谁？什么是我的优势？我的价值观是什么？

（2）我在哪里工作？我属于谁？是决策者、参与者还是执行者？

（3）我应做什么？我如何工作？会有什么贡献？

（4）我在人际关系上承担什么责任？

（5）我的后半生的目标和计划是什么？

### （二）创业行为的产生受创业者的动机驱动

创业是寻找、评估和开发机会，以生产未来所需的产品或服务的过程，这一过程会受到人的动机的影响。

根据需求层次理论，准创业者一般会受经济需要激励和社会需要激励而生发创业动机。创业者选择创业的动机受诸多直接和间接因素的影响。

**【案例学习 2-2】　一次环保企业研学之旅激发的创业梦想**

王曦锐是南京交通职业技术学院2024届应届毕业生，他的创业缘起于大一期间一次充满启发性的环保企业研学之旅。参观过程中，王曦锐发现，目前淤泥的处理方式主要有海洋倾倒、填埋和焚烧，但海洋倾倒会导致水资源污染，填埋占用了宝贵的土地资源，焚烧则会释放有害气体。这些处理方法的局限性激发他深入研究并寻找解决方案。

后来在市人社部门组织的创业导师进校园活动中，王曦锐遇到了行业创业资深导师于磊。于磊提供了相关市场化的资源，同时推荐王曦锐参加人社部门针对有创业意愿和想法的大学生开展的GYB创业培训项目。

在创业导师的指导下，王曦锐组建创业团队，制订了创业计划和目标。团队改良了淤泥原位固化的方法和施工工艺，研发出一种新型淤泥固化剂，不仅降低了环境污染和经济成本，还提高了淤泥的资源化价值。2023年公司正式注册取得营业执照，并通过市级优秀项目遴选，拿到了第一笔创业启动资金。

（资料来源：https://baijiahao.baidu.com/s?id=1787406599059502263&wfr=spider&for=pc）

⊙ 企业家提示

王曦锐的创业行为源于一次企业研学活动，但根源是受他要改变环境、改变淤泥处理方式的动机所驱动，加上自身具有的大学生的社会责任感，他才克服了重重困难，创立了自己的公司。

## 第二节 创 业 团 队

### 本节要点

使学生认识创业团队对创业成功的重要性，学习组建创业团队的思维方式及其对创业活动的影响，掌握管理创业团队的技巧和策略，认识创业团队领袖的角色与作用。

### 一、创业团队及其对创业的重要性

创业团队是由两个以上具有一定利益关系、共同承担创建新企业责任的人组建形成的工作团队。

创业团队是团队而不是群体。团队中成员所做的贡献是互补的，而群体中成员之间的工作在很大程度上是互换的。

### 二、创业团队的优劣势分析

与个体创业相比较，团队创业具有多方面的优势，对创业成功起着举足轻重的作用。创业者可以依靠团队的力量，展示自己超凡的领导力。但创业者应该学会的首要管理技巧就是“让合适的人做最合适的事”。

#### （一）互补型合作伙伴

对一个企业家来说，最难的事有两件：一是寻找到能够胜任业务的人；二是寻找到可以信赖的人。如果你能与可以信赖的人在一起合作，而他又可以处理重要的业务，那么无疑你们将是最好的拍档，他可以助你一臂之力。经验表明，如果一对能人要在一起工作，那么关键的一点就是：这两个人必须是并列的关系，不应让团队中的两个能人做同一类事，最好两个人是互补型的。

#### （二）多用外脑，团队出击

在创业初期，你的事业就像刚刚出土的幼苗，稚嫩、脆弱、经不起打击，也许一点失误就会让大家前功尽弃。因此，遇事要多利用外脑来帮助你思考，有事多与团队的人商量，每一步投资和决策都应该如履薄冰，力求万无一失。

#### （三）正确的决策，需要倾听反对的意见

协调是创业过程中最好的一种方式，创业者需要有人给他提出忠告。当然，他不必对

别人的忠告言听计从，他可以自己做出最后的决定，这样他可以得到不同的观点，在自己愚蠢行事时有人指出来。

有一位老板竟然拥有一群挑剔的朋友，这种挑剔不是理论上的，而是操作范畴的。他希望这批人天天围住他，必须指出他的诸多错误。只有从不同的角度去看待问题，才会得出相对正确的答案。

### （四）谁拥有人才，谁就拥有未来

现代社会已经不是个人英雄主义的时代了，现在的竞争都是团队合力的竞争，竞争到最后，就是看谁拥有最好的人才、最紧密的合作伙伴、最多的资源。因此，要重视团队荣誉，时刻给你的顾客一个团结向上、乐观进取的团队形象。也只有这样，你才可以在激烈的竞争中取得最后的胜利。

我国古代最成功的团队合作的典范应该是“三个臭皮匠，顶个诸葛亮”了。这句谚语充分说明了团队合作成功的力量和必要性。但是也有关于团队合作不成功的俗语，如“一个和尚挑水吃，两个和尚抬水吃，三个和尚没水吃”，就是典型的团队合作失败的写照。因此，团队合作是否和谐、有力，对创业能否成功非常关键。

## 三、组建创业团队的策略及其后续影响

### （一）当前大学生常见的创业方式

#### 1. 网络创业

利用网络平台建立电子商务体系，开办网店、微店，微电子商务、跨境电子商务的创业模式在大学生创业项目中是很常见的。甚至在2016年爆发性地出现了网络主播创业，网红经济成为新潮流。

#### 2. 加盟创业

加盟已经成熟的企业，做大企业的小伙伴，无疑可以降低大学生创业的门槛，成功率也明显高于自主创建商业模式的创业项目。

#### 3. 兼职创业

在课余时间到企业、商业店铺去兼职，增加就业体验，或者是自己经营一些小生意，积累市场经验，也在大学生中有一定的比例。

#### 4. 团队创业

创业项目中以个体户形式创业的个人英雄主义时代已经一去不复返，而有共同理想和价值观的同学或朋友共同创业，已经成为新的潮流。

#### 5. 大赛创业

目前各级各类的创业大赛应运而生，本来为参赛而组建的团队因为富有创新的商业模式得到认可后，或者是在大赛中得到了创业启动资金、风险投资的大学生，从此走上创业之路的大有人在。

#### 6. 概念创业

一个全新的理念得到有识之士的认可，并使之完善而演变成创业项目，这在大学生中

也不鲜见。

**7. 内部创业**

企业内部同样需要一种创新的意识和能力。

依据不同创业方式和逻辑组建创业团队既可能带来优势，也可能带来障碍，对后续创业活动带来潜在影响。

### （二）组建创业团队的策略

**1. 团队成员应有相同的价值观**

人们常将“成家立业”放在一起说，其实“成家”和“立业”这两件事有很多地方是一致的，如一个幸福的家庭和一个成功的团队，都需要成员们拥有相同的价值观，这是最为重要的基础。我们常说的“求大同存小异”中的“大同”的意思就是“价值观相同”。可以说，没有相同的价值观，很难保证一个团队可以共同渡过创业初期的坎坷艰难，可以共同分享创业成功的喜悦成果。

所谓价值观，是指一个人对周围的客观事物（包括人、事、物）的意义、重要性的总评价和总看法。价值观存在于人的潜意识里，一般不易从表面看出来，但是人的价值观一旦形成，很难改变。所以，我们在组建团队时，就要选择价值观相同的人，而不要去试图改变某人的价值观以求一致，这是徒劳的。团队成员有一个共同的目标、相同的价值观是相当重要的。

**2. 团队成员的能力、性格应互补**

如果一群能人在一起工作，大家的能力和性格最好是互补型的。

### （三）团队组建方式对团队后期管理的影响

创业团队最初组建的方式有很多，这些组建方式对后来的公司运作都是有影响的，具体组建方式及其优劣势分析如下。

**1. 亲友组合型**

好多创业者最初的融资都是亲情融资，这个传统的融资方式其实也是最容易的融资方式，随之而来的是由各出资方组成的创业团队。

这类团队的好处是在创业初期由于有之前的感情基础和彼此的了解，可以很快进入创业的实质进程；缺点是有了感情的掺杂，创业者在决策和管理时，也不能太理性，否则就会影响感情，而因亲情组建的团队，也很容易因亲情而分手、翻脸。

**2. 同学组合型**

最初的创业团队是为了参加创业比赛而组建的，随着时间的推移和创业项目的不断推进，好多创业者最后就决定真的要付诸实践了，这时的同学团队也就自然演变成了创业团队。

这种团队组合的好处是项目是大家亲手打造出来的，大家很了解细节。但是，如果团队成员没有相同的价值观，也很难走远。

**3. 志趣相投型**

有时就是由原来的志趣相投的朋友，其中一人创业成功了，其他成员也就自然而然地加入进来，逐渐成了团队成员。

这种组合的好处是在创业之初大家都不怎么在乎金钱，维系大家在一起的是友谊和志向，但是往往在创业成功之后，大家有时会因为做法、想法的分歧而分道扬镳。

**4．志同道合型**

这种团队是在创业过程中不断磨合而组成的坚固的团队，大家是因为有着共同的愿景，并且愿意为了同一个目标而付出自己的青春，这时就是付出很多，计较较少，所以，那些最后可以取得成功的团队大都是这样的团队。

通常志同道合的团队带头人也善于管理人心，善于管理公司，在股份、用人和薪酬计划上设计得较为合理，执行力较强，通常制订的目标和战略都可以按期实现，慢慢地就形成一种相互信任的氛围。这需要创业者自身具有很好的人格魅力和很强的创业能力。

## 四、创业团队的管理技巧和策略

创业团队管理的重点是在维持团队稳定的前提下发挥团队多样性优势。人才的选、育、留、用都是有一定管理技巧的。

### （一）让合适的人做合适的事

从人力资源管理上“人岗匹配”的原则来说，让合适的人做合适的事，是科学的用人原则。这样做的结果对个人来说，可以调动团队成员的潜能，把人才的优势发挥得淋漓尽致；对团队来说，扬长避短无疑是提高效率的最佳配置。

**1．团队成员有一个共同的目标**

人们互相吸引的因素不外乎外貌性格相似或互补。一个团队的成员有相同的价值观也相当重要。

**2．团队成员之间合作既有原则又有风度**

因每个人所处的角度不同，要有自己的原则，说出自己的见解，但意见不同时，又要有风度，站在他人的角度再考虑一下。

**3．团队成员要能力互补，各有所长**

结构决定属性，属性决定功能，功能决定绩效。能力互补，各有所长，独当一面，优化结构很重要。郎平时代的女排就是因为有一个好的团队结构，所以取得了五连冠的成绩。

> ⊙ 企业家提示
>
> 如果团队成员都很注重团队合作，那么一个团队取得成功的概率就会大很多。

### （二）团队合作的成败直接影响企业的成败

这是一个铸就团队的时代，同舟共济要求创业者用心搞好团队建设。企业的管理活动都是围绕企业的目标展开的，而企业的目标需要通过许多人的集体活动才能实现。即使企业制订了明确的目标，但是由于企业中的成员对目标的理解、对技术的掌握以及对客观情况的认识不同，或者因为他们个体在知识、能力、信念上的差异而表现各有不同。如果大家在思想认识上有分歧，就会在行动上出现偏差。所以，创业者要懂得团队建设，让团队成员都树立同舟共济的意识，只有这样才能成就梦想。

【案例学习 2-3】 同舟共济，才能成就梦想

在上海某大学里，有一个攻克了某种高级观赏鱼人工养殖课题的学生，名叫王楠。王楠在毕业时，就用这个颇有技术含量和难度的科技项目开始了自己的创业之旅。

他首先攻克了这种鱼在人工海水下的养殖难题，紧接着又在老师的帮助下成功地解决了人工繁育课题。于是，他创业的企业里，从此就有了漂亮的观赏鱼缸，类似我们常见的热带鱼缸，在清澈的水里，彩色的观赏鱼游动着，美丽而可爱。

为了开办公司，他找到了一个与他性格不同但优势互补的搭档张玉。王楠是技术型的，可以负责公司的技术问题；而张玉是营销型的，可以负责公司的销售和外联工作。

公司在天使基金的帮助下顺利开张了，由于产品填补了市场空白，一时间生意兴隆，他俩很开心。但是好景不长，渐渐地王楠发现公司的业务很好，可就是不赢利。他细心地观察和打探之后，发现张玉已经在外边又重新开了自己的公司。

是沟通不够？是利益分配不均？还是其他原因？一心只顾技术改进的王楠，也确实缺乏企业管理知识。总之，在他们创业失败的诸多原因里，这个因为彼此优势互补而结合的团队，却因为彼此之间的诚信问题导致团队合作失败了，也导致了创业失败。

由此可见，建立良好的诚信不仅是企业对外开展营销时应注意的问题，也是企业内部团队成功合作时必须遵守的前提。

⊙ 企业家提示

有资料分析近年来大学生创业的个案，因为财务问题导致经营失败的占 48%，处于第一位；因为信息匮乏而过高估计自己产品的市场需求而导致失败的占 29%，居于第二位；因为团队不和而导致企业失败的占 23%，居于第三位。可见，铸就一个配合默契的团队多么重要！

### （三）营造相互信任的团队氛围

在情感上相互信任，是一个团队最坚实的合作基础，只有这样，才能给团队成员一种安全感。只有信任他，他才会把公司当成自己的，并以之作为施展个人才华的舞台。李嘉诚曾说，自己经商其实并没有掌握什么，如果非说有什么秘诀，那就是“我与人合作，如果赚 10%是正常的，赚 11%也是应该的，那我只取 9%，所以我的合作伙伴就越来越多，遍布全世界”。

【案例学习 2-4】 三个臭皮匠赛过诸葛亮

周某、申某、张某是上海某职业院校花艺专业的同学，他们怀揣梦想在大学相遇，在校期间就非常投缘，成为了好朋友。他们都对花艺很感兴趣，一起加入了花艺社团，并一起策划过多次校园花艺活动，在此过程中彼此的配合和默契度也有了升华。申某专业素质

最强，在比赛中多次获奖；张某善于沟通，喜欢与人打交道；周某性格沉稳，细心，做事情有规划有目标。三人凭着热爱、闯劲儿和默契，决定创业。

三人自筹资金成立了上海市星魁花艺有限公司，从一个小小的花店开启创业之路。创业初期肯定是艰辛的，他们骑着自行车、乘坐公交和地铁出去进货、谈业务，每天起早贪黑，经常入不敷出，靠着互相鼓励打气坚持下来，走过了最初的艰辛时光。由于公司坚持诚信经营，热情周到，专业度高，逐渐有了较好的口碑和稳定的客户。随后他们逐步拓展了中高端婚庆、会展服务、阳台和庭院景观设计、社区活动等业务，不断提升公司的创造力和竞争力。随着生意越做越大，他们不断学习财务和管理学知识、网络宣传技能等，目前公司发展稳定，收获了较高的诚信度和美誉度。

与此相反，我们看到过许多曾经一起艰苦创业、"同甘苦"的伙伴，却在创业刚刚取得一点成绩时，做不到"共富贵"。创业者队伍中也有些"吃独食"的老板，这样的老板最后必将失去合作伙伴。

### （四）有良好的约束机制

建立一个良好的约束机制对团队的后续发展至关重要。创业团队为了创业而组合，或者为了一个项目而组合，通常生命周期不是很长，随时处于变化之中，所以具有随机性。因此，在团队里除分工明确之外，每位成员还应该跟团队签署一项协议，明确每个人的权利和义务，制订好要达到的目标和必要的奖惩措施。

**【案例学习 2-5】　懂得授权的总经理**

有一家经营环保材料的公司，总经理就跟员工同在一间大厅里办公，每个员工站起来就可以看到总经理在干什么。大家遇到问题时一起商量，凡是经过总经理授权的事，员工都可以自己发挥主观能动性去完成，完成得好的，还会得到表扬和鼓励。

> ⊙ 企业家提示
>
> 授权，不但可以把老板从事无巨细一把抓中解脱出来，而且是对员工的一种信任。信任会激发员工的心理依从感，也会增加员工对公司的情感认同。

### （五）团队领导需要有宽广的胸怀

刘备是个非常注重别人对他的态度的人，三顾茅庐请来了诸葛亮，但是，这个团队最后还是没有逃脱失败的结局。曹操不管这些，唯才是用，最后成就大业。

创业是使一个企业从无到有的过程，这个过程既是对个人意志力的考验，也是对创业者胸怀的考验，看你能不能听取不同意见者的建议，看你能不能正确看待手下人的顶撞，因为一个企业要获得利润，依靠的不仅仅是顺从的人，更是有才能的人。

**【案例学习 2-6】　一个人的成就大小取决于他的度量**

林肯是一位深受美国人民爱戴和怀念的总统，但其貌不扬，没有显赫的出身，于是在他刚刚入驻白宫担任总统时，有很多部长并不买账。

斯坦东声称："我不愿意同一个笨蛋、老憨、长臂猿为伍。"他甚至公开对林肯冷嘲热讽："人们为什么要去非洲寻找大猩猩，现在坐在白宫中抓耳挠腮决定命运的不就是吗？"林肯听后说："我决心牺牲一部分自尊，要委派斯坦东任陆军部长。因为他绝对忠于国家，富有力量和知识，像电动机一样工作不息。"

⊙ 企业家提示

一个人的度量决定了他成就的高度，尤其是团队的带头人，一个胸怀宽广的人，一定可以得到有才能的人的帮助，所以创业者应该时刻牢记要以大局为重，不计较眼前的得失，高瞻远瞩。

（六）建立有效的沟通机制

信任和理解不是一句空话，交流和沟通可以消除一切误会。有时，员工的人心不齐，或者对公司信心不足，都是上下沟通不畅造成的。创业者要不断地把企业的愿景描述给员工，同时也要让员工理解要实现这个美好的愿景，就需要大家每天都踏踏实实地工作，一点点地为未来添砖加瓦。

【案例学习 2-7】　　振华港机的细节

上海财经频道的主持人叶蓉采访振华港机的董事长管彤贤时，发现他的名片上手机号码、办公电话号码、家庭电话号码一应俱全，好奇地问他："您不怕被打扰吗？"管董说："属下有委屈需要诉说，我要听；举报干部有贪污受贿等违纪违规事件的，我也要听，并且要亲自处理。"

可见，不论企业大小，保持畅通的沟通渠道，对企业的良性发展是很重要的。

## 第三节　以唐僧师徒为例谈领导者魅力

### 本节要点

**以文学名著《西游记》中的唐僧师徒为例，阐述创业中领导者的重要性以及领导者的魅力所在，目的是使准创业者明白自己身上肩负的责任。**

从唐僧师徒谈领导者魅力

无论是怎样的团队，都有一个核心人物，就是这个团队的领导者，在企业初创期，创业者就是这个领导者。而一个团队的绩效如何，关键也取决于这个领导者的胸怀和魅力。

### 一、领导者的概念的发展阶段

（一）最初的领导者称为 leader，是领导者

作为一个优秀的领导者，他有能力、有权威，可以发号施令，能带领下属达成目标，

但是，若这个人倒下，集体就不复存在了。

（二）20 世纪中叶的领导者称为 manager，是管理者

这个时期的领导者作为一个团队的负责人，并不是最优秀和最有权力的。

（三）新世纪的领导者称为 coordinator，是协调者

21 世纪，作为控制人流、物流、现金流的负责人，领导者可以让人力、财力、物力以一种合适的方式对接、搭配和流动。

在企业发展的最初阶段，创业者的个人魅力确实在企业凝聚力上发挥了重要的作用。但是，当企业发展到一定阶段之后，就需要创始人启用具有高超的协调和处理各方面关系的能力、情商高于智商的人来当领头羊；因为依靠个人英雄主义的企业是长不大的。有前途、有潜力的企业一定是一个要求团队作战，谋求共赢的团队，个人英雄主义已经不符合成熟企业发展的要求了。

## 二、创业领导者的角色与行为策略

创业团队领袖是创业团队的灵魂，是团队力量的协调者和整合者。

最令人敬佩的团队是《西游记》里的师徒四人，他们历经磨难，实现了最后的目标。四大名著中，只有《西游记》中师徒四人是一个成功的团队，其他的到最后都是一盘散沙。究其根本原因，是《西游记》中的团队组合中拥有一个好领导——唐僧。

## 三、领导者的个人魅力表现

从唐僧师徒团队来看领导者的个人魅力，主要表现在以下几点。

（一）优秀的协调者

唐僧不高估自己，有自知之明，他不会用自己的短处来应对这个世界，这就是他的长处。领导不需要专业技能特别优秀，但他要善于把最优秀的人集合到自己手下，让他们为自己工作。

（二）对下属宽容

唐僧对自己的徒弟很宽容，特别是对最重要也最有个性的孙悟空。

（三）善于用人

领导者要让每个下属的长处都有施展的空间。唐僧就是很好地发挥了他三个徒弟的长处。一个团队需要个性化的成员共存，“二八定律”应用在团队中是指 80%的工作是由 20%的人做出来的，剩下的 80%的人只做 20%的工作。

（四）有明确的愿景

唐僧对团队的目标坚定不移，信心坚定。有位管理学家说过：用一句话来概括领导，就是为团队成员提供一个愿景。下属都愿意跟随一个有愿景的领导。

（五）心态平和，不急功近利

唐僧遇到阻碍不灰心，取得成绩不沾沾自喜，一步一步接近自己的目标，始终保持良好的心态。这是领导者魅力的核心部分，因为一个领导者遇到的困难要比任何一个下属遇到的都要多，都要严重。

（六）对下属恩威并重

唐僧对每一个徒弟都有恩情，但对他们从来都赏罚分明。

（七）有贵人相助

人脉关系是领导者至关重要的资源，充分利用这个资源有利于团队目标的实现。关键时刻，观音菩萨出手，有助于唐僧师徒实现自己的目标。

（八）形象好

团队形象最主要取决于领导者的形象，这个形象是指外在和内在的结合。保持良好的形象是领导者必备的素质之一。

## 第四节　创业团队的社会责任与合作

### 本节要点

**本节重点介绍创业团队的社会责任和分工合作的原理，强调创业并不是创业者的个人行为，创业是与团队和社会息息相关的。**

每一个创业团队组建的企业同时也是一个社会细胞，都肩负着义不容辞的社会责任。而团队成员的境界和世界观也会影响团队的发展和未来。因此成员之间合作的成败就不仅仅是团队自身的问题，也是具有一定社会影响力的社会问题。

### 一、创业团队的社会责任

（一）企业的社会责任

企业是由创业团队创建的，它的社会责任就是在遵纪守法的前提下追求最大的利润，谋求企业更大的发展。企业利润增大就意味着依法纳税数额的增加，国家就更有能力从事各种公共事业建设以及开展慈善、扶贫等社会事业。企业更大的发展就意味着可以吸纳更多人就业，让更多人的生活得到改善。

（二）企业的社会道德

**1．企业的产品都是可以满足社会发展需要和人们日常生活需求的**

制造高品质的产品既是企业立身之本，同时也是企业推卸不了的社会责任，任何为了单纯逐利而做出的有损于社会公德的产品，都是企业不负责任的表现，都将被法律所不容，这是创业团队社会责任的底线。

**2．企业应关注社会发展，关注弱势群体，关注公益和慈善**

企业除了关注自身发展外，还应关心自身所处的社会环境。就捐赠慈善扶贫而言，企业本着回报社会的原则，为弱势群体和社会公益做出自己力所能及的贡献；但从社会角度来讲，企业捐赠多少都是一份爱心，都应给予尊重和感恩。

## 二、创业团队的分工合作

下面以弦乐四重奏为例，来阐述团队合作的分工与合作的原理。

### （一）目标一致，分工明确

参加弦乐四重奏的四个人就是一个团队，他们合作的目标就是共奏一曲。就跟我们说的几个人一起创业的团队一样，互相配合，各有分工，共同的目标是把企业做好，获得利润。

弦乐四重奏的乐器是由两把小提琴、一把中提琴和一把大提琴组成的。每个演奏者除了要有高超的技艺，还要有合作的技巧。他们每个人要独自负责一个声部，没有指挥，因为每个声部都不是同时出现的，每个人都要全神贯注地聆听合作者的声音，准确、恰当地发出自己的声音，合成一曲美妙的音乐。四人之中任何一位单独出来演奏，都没有四个人合作后的效果那样令人震撼、令人陶醉！

团队的分工与合作

> ⊙ 企业家提示
>
> 著名作家雨果曾经说过：弦乐四重奏就像四个人在交谈，第一小提琴是一位中年人，他负责引出话题；第二小提琴发出附和的声音；大提琴是位老者，发出肯定的声音；中提琴是位老妇人，在一边讲着无关紧要的话。

### （二）配合默契，出奇制胜

演奏者技艺精湛，分别占不同的声部，互相认真聆听，准确、适时地发声，合作共谱一曲，这就是弦乐四重奏对演出人员的要求。同样，一个创业团队要合作默契，也离不开创业团队成员之间的明确分工与互相配合。“罗马军团”的成功案例告诉我们，单人作战并不出众，团队合作才可以出奇制胜！

> ⊙ 企业家提示
>
> 研究表明，组建团队和管理团队是成功企业家需要具备的主要能力之一。团队合作的基石是有共同的愿景和价值观，因此，创业者是否可以提出一套凝聚人心的愿景和经营理念，作为互信和利益分享的基础，对团队合作成功起着非常重要的作用。

## 思考与训练

**1．思考并回答以下问题。**

（1）假如你要创业，你会如何选择合作伙伴？

（2）如果你是一个创业者，你将如何建立团队的管理制度，以保证沟通及时？

（3）你认为一个团队需不需要定期的人事变动或者岗位轮换？

（4）假如你开始创业，将怎样进行人才选拔和任用？是用猎头公司挖人还是在熟悉的人里寻找？

**2．分析以下案例并回答问题。**

### 团队的股权结构设计

你公司的股权设计合理吗？建立新的公司该怎么跟股东、合伙人分股份才最合理？

公司股权结构合不合理并没有固定的判断标准，适合公司实际情况的股权结构就是最合理的股权结构。一般来说，从历史上众多的创业案例中可以总结出一个大致规律，那就是合理的股权结构比较能够提高创业的成功率。

这个合理的股权结构就是：实际控制人是公司的大股东，大股东与小股东的持股有一定的比例差，还有一个股权期权池，用来留给未来引入关键人才作为股东或者做股权激励计划使用。对于初创公司来说，比较合理的股权结构是有一个能够确保公司做出决策的大股东，能对公司起到辅助作用的小股东，以及20%左右的股权期权池。

但这也不是一概而论的，倘若公司各股东投入的资源基本差不多，或者发挥的重要性也都差不多，那么很可能股东的持股比例相差不大才能达到股东合作的微妙平衡。

如何建立适合企业的股权结构，什么样的股权结构最有利于企业更好、更长远的发展？适合企业的股权结构，就是确保企业能够做出决策，又能充分调动大小股东的积极性并能够激励关键员工努力工作和未来引入优秀人才的股权结构。

初创企业一般需要有持股51%以上的大股东，才能确保公司的基本运作在大股东的把握之下。

例如，著名案例“真功夫”的股权结构，两个股东的持股比例在投资者入股之前是5∶5，投资者入股之后持股比例分别是4∶4∶2，两个主要股东持有相同的股权和表决权，导致在主要股东之间出现矛盾时，任何一方都没有对公司的控制权，后来也出现了一系列的狗血事件。

主要股东之间出现矛盾是主要股东夫妻感情破裂导致的，所以这个案例也提醒我们，如果主要股东平等持有公司股权，并且夫妻婚姻关系是维系主要股东和谐相处的关键因素，那么在感情破裂前，最好先解决主要股东持股比例相同、表决权相同的股权结构隐患。

在过去，如果公司启动资金是100万元，出资70万元的股东即便不参与创业，占股70%是常识；而现在，只出钱不干活的股东“掏大钱、占小股”已经成为常识。在过去，股东分股权的核心甚至唯一依据是“出多少钱”，“钱”是最大变量。而现在，“人”是股权分配的最大变量。

许多创业公司容易出现的一个问题是，在创业早期大家一起埋头打拼，不会考虑各自占多少股份和怎么获取这些股权，因为这个时候公司的股权就是一张空头支票。等到公司的“钱”景越来越清晰时，早期的创始成员会越来越关心自己能够获取到的股份比例，而如果在这个时候再去讨论股权怎么分，很容易使分配方式不能满足所有人的预期，导致团队出现问题，影响公司的发展。所以，在创业早期就应该考虑好股权分配，签署股权分配协议。

合伙人股权战争最大的导火索之一，是完全没有退出机制。比如，有的合伙人早期出资 5 万元，持有公司 30%的股权。干满 6 个月后由于与团队不和主动离职了，或由于不胜任、健康原因或家庭变故等被动离职了。离职后，退出合伙人坚决不同意退股，理由很充分：①《中华人民共和国公司法》(以下简称《公司法》) 没规定，股东离职得退股；②公司章程没有约定；③ 股东之间也没签过任何其他协议约定，甚至没就退出机制做过任何沟通；④ 他出过钱，也阶段性地参与了创业。

其他合伙人认为不回购股权，既不公平也不合情不合理，但由于事先没有约定合伙人的退出机制，对合法回购退出合伙人的股权束手无策。

阿里巴巴创办八年，有 65%的员工拿到了股权激励；京东员工股权已超过刘强东个人持有的 70%；华为成立三年之时，至今已实施了四次大型的股权激励计划……他们的成功并不是做大了之后才做股权激励的，而是通过股权激励一步步把事业做大的！赚小钱靠个人，成大业靠团队。通过股权激励把老板个人的梦想变成全体员工的梦想是企业发展过程中必须做的一件大事，是企业成长过程中最重要的一次变革！

**问题：**

（1）苹果公司创始人乔布斯股份比例的演变是 45%→30%→15%→离开；1 号店创始人于刚、刘峻岭的股份比例的演变是 100%→20%→11.8%→离开。分析他们最后分道扬镳的原因，想一下，如何做才能挽回和避免这样的结局？

（2）“真功夫”联合创始人蔡达标股份比例的演变是 50%→47%→入狱；雷士照明创始人吴长江股份比例的演变是 100%→45%→33.4%→29.3%→6.79%→2.54%→入狱。他们创业到最后为什么会落得这样的下场？

# 第三章

# 创业机会与创新技术

**学习目标**

通过本章教学，使学生了解创业机会及其识别要素，了解创新技术发展，以及如何用创新技术产生原生创意，了解由创业机会开发商业模式的过程，掌握商业模式设计策略和技巧。

## 第一节　创业机会识别

**本节要点**

使学生认识创业机会的概念、来源和类型，了解创意与机会之间的联系和区别，了解识别创业机会的一般步骤与影响因素，学习有助于识别创业机会的行为方式。

### 一、创意与机会

创意是具有一定创造性的想法或概念，其是否具有商业价值存在不确定性。创意是一种普遍的智能，艺术家可以用创意来表现艺术，科学家可以用创意来表现创造力，而创业者可以用创意来创建产业。

创意经济（creative economy）又叫创意工业、创造性产业等，是指那些从个人的创造力、技能和天分中获取发展动力的企业，以及那些通过对知识产权的开发可创造潜在财富和就业机会的活动。

创意经济并不是与农业、制造业和服务业并存的又一门类，而是对所有产业的转型。创意经济被称为建立在头脑态度上的经济，这种智力对所有经济领域都会产生影响。创意经济转变了网络、技术和消费者需求，在客观上改善了人们的生活方式，提高了人们的生活品质。创意经济最早起源于欧洲和美国，时至今日，创意经济已经被视为一种全球现象。

**【案例学习 3-1】　传承弘扬红色精神的教育创业**

李某、王某、张某是某师范学院2022届的毕业生，就是这样一支年轻而富有激情的团队，致力于响应习近平总书记的指示，弘扬红色资源，用心保护、管理和运用这一最宝贵的精神财富，共同创办了一家企业。

该团队的项目以冀东革命历史和红色文化展馆为依托，结合党的二十大报告和唐山市委会议的要求，为全国大中小学生及企业提供红色文化培训研学教育服务。他们运用现代科技手段（如 3D 和 VR），通过虚拟场景体验，使学员真切感受红色历史和文化。

该团队成绩斐然，在 2023 年挑战杯红色专项中获得省级一等奖。同时，该项目成为华北高校最大的红色 VR 体验中心。团队的成员更受到唐山市教育局邀请外出宣讲，并在环渤海新闻网、《唐山劳动日报》等多家媒体上被报道。此外，该团队还创作了 3 篇相关论文，为红色教育事业的发展贡献了力量。通过全方位的教育手段，该团队使学员深入了解红色资源的意义和价值，传承弘扬红色精神，提高学员的思想素质和综合能力，取得了显著的社会影响和业绩成果。

不同人对创意经济的定义不同，从创意和机会的角度来看，创意经济是与创业密切相关的。下面从产业角度来理解创意与机会。

### （一）“创意产业化”意义上的创意与创业

这是指把创意经济理解为创意产业。创意产业是指将内容作为最终消费产品加以产业化的产业。英国创意产业特别工作组的创意产业部门划分，基本限制在文化产业范围内。这是最狭义的创意产业定义，它排斥了创意作为生产方式对国民经济所有部门具有的普遍意义，而将创意视为特殊产业现象。

### （二）现代服务业意义上的创意与创业

这是指创意作为中间产品意义上的内容产品，即由内容生产资料形成的产业；也是指将创意方法和工具产业化而形成的服务产业。

### （三）“产业创意化”意义上的创意与创业

“产业创意化”有不同的含义。一是将创意作为生产非内容产品的方法，并加以专业化，如策划；二是使内容作为物质产品的高端附加值部分的产业延伸方式；三是指利用广告、营销等创意环节带动其他经营环节的商业方式。

**拓展阅读　　创意产业——经济发展寒冬的一股暖流**

创意产业，主要是把技术、文化、市场、产品这四个方面有机地结合起来。创意产业能提供文化含量高的产品和服务，来满足人们的精神需求，有效地刺激内需，并与其他产业融合发展，促进产业创新和结构优化，有效地推动经济发展方式的转变。正因为如此，我们称其为经济发展寒冬的一股暖流。即使是金融危机的时候，创意产业也能够找到它发展的新机会。金融危机中，人们巨大的心理压力需要缓解，以需求为导向的创意产业能为公众制造一个缓解现实生活压力的欢乐时间。

1997 年亚洲金融危机的时候，韩国的经济出现衰退，许多失业的人购买《星际争霸》的光盘以消遣。韩国政府因此发现了一个机会，人们需要快乐，而优秀的作品可以带给他们很廉价的快乐。抓住这个机会，韩国政府开始发展动漫产业，从而成就了电子游戏产业在危机中的另类崛起。

好莱坞的电影也是如此，早在20世纪三四十年代的大萧条中，人们希望在虚幻的世界中寻找快乐，所以一些无厘头的搞笑片、歌剧片和充满幻想的作品市场前景被看好。

## 二、创业机会与商业机会

创业机会是具有商业价值的创意，表现为特定的组合关系。一个好的商业想法未必是一个好的商业机会，还需要经过商机评估来最后确定是否值得经营。

**【案例学习3-2】　　数字科技赋能红学新生态**

有一支充满创意和激情的创业团队——“红流文化”，由唐山师范学院文学院的一位毕业生刘某发起。刘某深深热爱中国文化，特别是《红楼梦》这部巅峰之作。她深知文化是国家和民族的灵魂，而为了让更多人了解和热爱中国文化，她决心通过新的方式推广《红楼梦》。

刘某在大学时对红学产生了兴趣，她在校期间观察到在华留学生对于《红楼梦》的研究兴趣浓厚，但由于专业术语和语言障碍，使得许多留学生对红学研究的理解变得困难。这激发她创办“红流文化”——一个致力于推广红学知识的创业公司。

刘某和她的团队通过深入分析在华留学生的学习需求，制定了全新的推广策略。他们结合现代科技手段打造了一款名为“红流学馆”的在线学习平台，以便留学生更轻松地学习和掌握红学知识。

通过不断创新和调整，他们成功地推出了一系列红学在线课程，吸引了大量留学生的关注。《阅红楼，品经典》杂志的成功发行标志着“红流文化”在红学领域的初步成功。他们的努力不仅在国内得到认可，还为中国文化在国际上的传播和推广做出了贡献。这个团队以梦想和创新为驱动，用自己的方式为红学文化注入新的活力。

## 三、创业机会的特征与类型

创业机会来自一定的市场需求和变化。蒂蒙斯说：“创业过程的核心是创业机会问题，创业过程是由创业机会驱动的。”目前中国的创业活动特征表现为创业机会多、创业动机强，但是创业者的创业能力不足。

### （一）创业机会的特征

（1）市场层面的特征，主要是指创业者所面临的市场环境的特征，包括市场的规模、潜力和竞争形势。

（2）产品层面的特征，主要是指产品本身的技术优势，包括产品进入时的技术壁垒、成本优势和技术优势是否持久等。

⊙ 企业家提示

就像一首歌里唱的那样："没有人可以随随便便成功。"成功有时靠的就是创业者非同寻常的思路。俗话说得好："有思路才会有出路，有作为才会有地位。"在创业的道路上，有时需要的恰恰是发现一般人没有看到的机会，或者说做了一般人不屑于去做的事，最后把平凡的事做到了不平凡。创业无大小，在成功者面前，财富无处不在，就看你有没有一双发现财富的慧眼。

【案例学习 3-3】 **空刻意面，狂卖 1 亿盒！**

618 大促全周期全网销售额超过 1 亿元，在天猫、抖音、京东三大平台上实现连续 3 年意大利面类目 TOP1；2021—2022 年全国意面零售额第一；截至 2023 年年初，其累计销量已超过 1 亿盒……

一个 2019 年成立的品牌如何造就销售神话？在空刻诞生之前，速食行业多数品牌集中在中式方便速食品类，比如拉面、自热小火锅、螺蛳粉、酸辣粉等，而西式速食市场尚处于起步状态。同时，国内消费者对于意大利面的认知已初步形成，但市场上的意面售卖逻辑和挂面类似，仍需要消费者回家自己动手烹饪调制，速食意面仍处于"有品类无品牌"的发展阶段。

基于此，空刻意面开创了"方便意面"新品类，将意大利面"方便面"化，并首创小彩盒的形式，以一盒配齐星级意面烹饪所需的所有料包，15 分钟就可以在家里吃上餐厅级的、米其林三星总厨打造般的意大利面，让消费者轻松拥有"随便做，都好吃"的美好体验。

空刻在发展过程中与线上终端合作促增量，与线下渠道伙伴探索品类新增长，用产品创新推动自身品牌提效。随着除一、二线城市外的下沉市场的巨大潜力被持续开发，空刻线上头部优势和线下经销商渠道优势的叠加，相信不仅仅是简单的 1+1>2。

### （二）创业机会的类型

#### 1．从市场需求的角度，可分为未识别和已识别

一个好的商业想法需要通过市场调研和商机评估来确定是否值得经营，是否确实存在一个未被满足的市场。如果评估结论是确实找到了未被满足的需求，那么这就是创业的机会。

也有一些创业机会不需要识别，因为已经存在，或者是别人已经开始创业、经营，这样的创业机会就是已经被识别和确定为商机的，但是，这时的创业机会存在于你将如何创新而使这个机会利益最大化，优势更持久，是否是原有产品或服务的升级。

当然也有一些市场需求是被诱导出来的，这样的商机也许是潜在的需求。例如，听了一场讲座，就会有人来购买演讲嘉宾推荐的保健品；在人类未攻克登月难题之前，人们的登月需求也是未被识别的。

#### 2．从创业资源和能力的角度，可分为不确定和确定

创业机会的不确定性表现为：创业梦想是否可以被实现，计划实行中的团队、资金、战略问题是否可以得到解决。

创业机会的确定性表现在：拥有创业的技术或能力，或者拥有创业的能力和条件，如

图 3-1 所示。

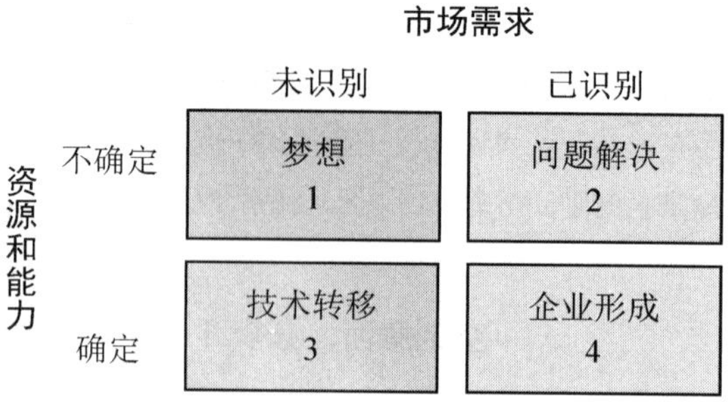


图 3-1　创业机会的类型

## 四、创业机会的来源

对于创业机会的来源，不同学者有不同的看法。

### （一）彼得·德鲁克的研究

（1）意料之外的事件：意外的成功、意外的外在事件。

（2）不一致的状况：实际现状和预料中的状况不一致。

（3）基于程序需要的创新和发明。

（4）基于产业和市场结构上的变化，以出其不意的方式降临到每个人身上。

（5）人口统计特征（人口变动状况）。

（6）认知、情绪和意义上的改变。

（7）新认识：包括科学和非科学的。

创业机会的来源

### （二）Olm 和 Wddy 的研究

（1）先前的工作经验，曾经在此获取市场机会、供货商和客户。

（2）从有创意的他人处得到机会。

（3）得到某一权利、授权或者特许权，购得一个未完整发展的产品。

（4）与熟知某一社会、专业或科技领域的专家接触所引发的。

（5）研究资料所得，如最新研究报告、搜寻最新的公告专利、与特殊领域专家面谈等。

（6）搜寻研究先前市场失败的案例，在不同情境下可能成功。

（7）复制别人的成功经验，应用于不同市场。

（8）把嗜好、兴趣、业余喜好转化成事业机会。

（9）在个人的经验基础上，发展出事业化的需求。

（10）根据个人所需，进行研究发展。

### （三）熊彼特的研究

（1）创造新产品或服务。

（2）对现有产品或服务的品质或等级引入明显的改善。

（3）引入生产的新工艺。

（4）打开新市场。
（5）创造或获取供应的新来源。
（6）产业内组织的新形态。

### （四）蒂蒙斯的研究

（1）法规的改变，如电信法松绑。
（2）技术的快速变革。
（3）价值链或供销渠道的重组。
（4）技术的创新。
（5）现有管理或投资者的不良管理或没落。
（6）具有创业精神的领导。
（7）市场领导受限于客户需求，忽视下一拨客户需求。

## 五、影响创业机会识别的因素

识别创业机会受到历史经验等多种因素的影响。创业者及创业机会本身的属性、创业者所处的社会网络以及外界环境等因素，都对创业机会识别有着不同程度的影响。分析影响创业机会识别的各主要因素及其相互关系，有助于深入把握创业机会识别的内在规律。

> ⊙ 企业家提示
> 通俗地讲，如何识别创业机会也就是如何选择创业项目和如何评估创业项目的问题。

# 第二节　创业项目的选择

### 本节要点

**使学生了解选择创业项目的基本步骤、创业前的心理准备以及初选项目时的原则，知道识别创业机会的一般过程，掌握识别创业机会的行为技巧，了解未来社会的消费趋势。**

## 一、选择创业项目的基本步骤

创业项目的确定一般需要经过这样几个步骤：项目预选、市场调研、商机评估和确定立项。各个阶段的具体操作方法和实施思路将在下文逐一讲解。

> ⊙ 企业家提示
> 创业者确定创业项目时一定要清楚：可以成功经营的创业项目一定不是“你想做什么”，而是“你能做什么”；不是“你喜欢什么”，而是“顾客喜欢和需要什么”。因为不能满足顾客的某种需求的产品或服务，是不会有顾客来购买的；有了顾客购买，才会有源源不断的资金流进来，企业才可以发展壮大。

## 二、选择创业项目前的准备

选择创业项目前应做好以下两点准备。

### （一）选择创业项目前应该把信念变成行动

创业者确信“天生我材必有用”，并且下定创业决心以后，就需要行动了！仅有信念是不够的，现在，创业者需要用行动来实现创业梦想。创业是一个漫长的过程，而且是一条没有终点的路，一旦开始创业，就不能轻易放弃。如果你没有坚持到底的心理准备，就不要盲目地选择创业，因为在今后任何时候的中断或放弃，带给你的只有沮丧和挫败感。成功需要的不仅是激情和决心，还有坚持不懈的努力和执着。

### （二）选择创业项目前就应该对市场做综合考量

在创业之前，每个创业者都必须对市场做一个综合的考察，进行清晰的分析，时刻注意市场上最细微的发展变化，抓住商机，选好项目，确定行动计划，然后有目标、有步骤地实现创业愿景。

> ⊙ 企业家提示
>
> 在创业初期遇到的第一个课题就是：你要做什么？就是说，首先要确定好你的创业项目，越具体越好，有了确定的创业项目以后，才可以做出行动规划和创业计划书。

## 三、初选创业项目时应注意的问题

### （一）创业者开始创业的第一个选择

用一句话来形容选择创业项目的过程，那就是：“众里寻她千百度，蓦然回首，那人却在灯火阑珊处。”面对社会上种种创业项目的诱惑，面对眼前林林总总的创业题材，创业者必须做出选择：到底哪个项目最适合自己？如何知道哪个项目最容易成功？这个市场还有什么需求没被满足？

### （二）在初选项目前首先要正确认识自己

在这个世界上，没有完全相同的两片树叶，同样也没有完全相同的两个人。作为独立的创业者，一定有自己独特的气质风采和与众不同的地方。创业者首先需要认清自己，找到自己独特的价值，进而去挖掘那个最适合自己的创业项目。

### （三）根据自身特点，借鉴他人模式，进行全新设计

有资料表明：在德国的创业者中，只有5%的创业项目是真正别出心裁的；而在这5%中，还有50%的创业设想来自美国。可见，创业项目不一定都是独创的，即便是独立创新的，也并不意味着就可以经营成功。创业者可以这样来思考：有哪些现成的经营项目可以改进得更好？有哪些经营项目适合自己的个性？还存在什么缺陷？如何改进它？

【案例学习 3-4】　　　　创业激活冀东三支花的非遗之美

王某是唐山师范学院2022届毕业生，她组建了一支名为“花韵文化创意工作室”的年轻团队，团队成员均来自她的大学好友。王某和她的朋友们深深热爱非物质文化遗产，并尤其关注河北唐山的非物质文化遗产——冀东文艺三枝花。她意识到这一非遗面临着失传的危机，于是决心通过创业的方式为这一传统艺术注入新的生命力。

他们通过深入调研和走访，了解到“冀东三枝花”面临的问题，包括继承人不足、技艺失传、社会对非遗的冷漠等。这些问题激发了他们的创业灵感，于是他们制定了全方位的保护和传承计划。首先，王某团队通过挖掘老艺人的传承经验，寻找新一代艺人，搭建了非遗传承的桥梁。他们还注重保护地方特色，通过与各县市文化的交流，挖掘并加强“冀东三枝花”的独特之处。为了提升非遗的传播力，团队创新传播方式，利用新媒体平台制作文创产品，推动“冀东三枝花”艺术形象更好地走进现代生活。

“花韵文化创意工作室”团队不仅仅停留在保护和传承，他们还积极进行演出活动，将“冀东三枝花”艺术带到更多观众面前。他们的努力不仅在文化传承方面取得了成功，还在推动唐山市的经济发展和“文化唐山”的建设中发挥了积极作用。他们用心呵护这份非物质文化遗产，让“冀东三枝花”在当代焕发新的生机。

⊙ 企业家提示

借鉴别人的经验并不是什么可耻的事情，关键是不要侵犯别人的知识产权或者仅仅是拙劣地模仿。考虑创业项目时主要有以下三种思路。

一是全新设计，发现市场空白。

二是现成业态，但市场还未饱和。

三是改造或更新现有业态，使之更加完善。

这三种思路没有最好的，只有最合适的。最适合你的就是最好的。

## 四、识别创业机会

识别创业机会是思考和探索互动反复，并将创意进行转变的过程。初选创业项目时有以下几种方法可供参考。

### （一）做你最擅长的事

俗话说“万事开头难”“良好的开端等于成功的一半”。比尔·盖茨曾经说过：“做你自己最擅长的事。”人们在做自己擅长的事时，自信心和勇气最强，因此成功率最高。

创业者最擅长的事，也就是最有可能干好的事。擅长，就是跟别人竞争时具有的优势。只有发挥自己的专长，成为专家，才会和别人拉开距离，在竞争中脱颖而出。

**【案例学习3-5】　　耕耘忆农，新生农业的绿色篇章**

创业始于一个个对土地充满敬畏的大学生们。来自某师范学院的他们心怀对农业的热爱和责任感。他们深知传统结球甘蓝存在的问题，于是发起了耕耘忆农项目，以培育新品种为使命。

在这个项目中，他们通过结合游离小孢子培养和分子标记辅助聚合育种技术，成功创制出了“博美48”品种。这个品种不仅具有商品性好、抗病的特点，更是耐裂球的佼佼者。通过田间综合农艺性状的调查，他们筛选获得了优质、耐裂、抗病的优良新品种，为农业生产提供了更好的选择。

他们不仅满足于品种培育，还在研究结球甘蓝露地越冬高效繁种技术体系上有所突破。这一技术不仅为河北地区提供了科学的指导，也为农民提供了更加高效的种植方案，降低了种植成本，提高了产业竞争力。

在这支团队的耕耘下，乡村的农田如画卷般展开，新品种的耀眼光芒照亮了农业的未来。这是一曲承载着耕耘者梦想和责任的农耕之歌，也是对土地深情的注视。

⊙ 企业家提示

你需要认真地分析你自己的特点，找出你最擅长的领域，然后，决定你从哪里开始，策划一下如何入手。记住：没有人是选择了自己的短处而获得成功的。

### （二）做你最喜欢的事

“知之者不如好之者，好之者不如乐之者。”只有在做自己最喜欢的事时，人们才会废寝忘食、不知疲倦。这种乐在其中的感觉，会叫人乐此不疲，而创业最需要的是创业者坚持不懈的热情和执着。爱迪生一天平均有十八个小时待在实验室里，当他的家人劝他休息时，他说：“我没有在工作，我一直在玩。”所以，爱迪生的成功是因为他做了他自己最喜欢的事。

**【案例学习3-6】　　梦境田园：乡村文化的艺术长廊**

有一支充满梦想的某本科学院美术学院创业团队，他们执着于将乡村变成一个富有文化底蕴的田园梦境。这支团队正是“寻梦田园”。他们的创业故事如一幅壮美的墙绘，镶嵌在乡村的岁月长廊中。

团队的领导者代某是一位深爱乡村的年轻人。他怀揣着美好梦想和对传统文化的热忱，带领团队推出了“墙绘”项目。这个项目不仅仅是对墙体的美化，更是一次对文化传承的呼唤。通过墙绘，他们传达着乡村的故事，使文化成为村容的一部分，成为每一个乡村居民心中的风景。2022年中央一号文件提出了全面推进乡村振兴的号召。团队看到了这个机遇，迅速推出了乡村VI体系设计，让每一个乡村都能有自己独特的文化符号，塑造出独一无二的乡村形象。

他们的努力和创新没有被忽视，团队在2022年获得了多个荣誉，包括挑战杯省赛特等奖、创青春一等奖等。这一系列的荣誉使得寻梦田园走上了更为光明的发展之路。而更令人振奋的是，寻梦田园还获得了大中学生科技创新能力培育专项项目，这是对他们探索乡村文化、推动乡村振兴所付出努力的认可。

在这个团队的梦想中，乡村不再只是庄稼和房屋，更是一个散发着文化气息的田园梦境。通过墙绘，他们打造了一道乡村的艺术长廊，让每一个走过的人都沉浸在文化的海洋中。这支团队以自己的方式为乡村的振兴献上了一份独特的文化礼物。

⊙ 企业家提示

做你最喜欢的事，你才最有可能坚持到底，才不至于在遇到坎坷和困难时半途而废。

### （三）做你最熟悉的事

在做同样生意的人群里，如果只有一个人赚钱的话，一定是那个最熟悉该生意的人；同样在这个群体里，如果只有一个人赔钱的话，一定是那个最不谙此道的人。这就是民间商人常说的“不熟不做”的道理。

“春江水暖鸭先知”，是因为鸭子经常在水里玩耍，它最熟悉一年四季的水温，所以在春天到来时，它会第一个感觉到。

⊙ 企业家提示

各行各业都有它自己的规律，只有你具有了相当的职业经验，你才会在机遇来临时，率先看到；在行业发展不利时，才能第一个意识到。这些直觉往往就是依靠经验的积累而产生的。俗话说“熟能生巧”，在你最熟悉的领域里，你会游刃有余，无往而不胜。

### （四）做你最有人脉关系的事

（1）合伙创业，团队作战。人们都说“一个好汉三个帮”“孤木不成林”，创业成功也同样离不开他人的帮助。著名成功学大师卡耐基说过：“成功依靠的是15%的专业知识和85%的人际关系。”反过来说，在人们最喜欢、最擅长、最熟悉的行业里，朋友也会越多，共同的爱好和志趣会使创业者在创业初期很快找到志同道合的新朋友，从而建立起对创业有利的人脉关系。

（2）善于用人，增加助力。“登高而招，臂非加长也，而见者远；顺风而呼，声非加疾也，而闻者彰……君子生非异也，善假于物也。”善假于物，就是善于利用其他人和物，来整合现有的资源。合作就像一部机器，机器需要不同的零件。一个优秀的合作团队，不仅能够给创业者的能力发挥创造良好的条件，而且还会产生合作双方彼此都不曾拥有的新力量。

拓展阅读　　《山海经》里的故事

长臂国的长臂人和长腿国的长腿人各有各的长处，同时也各有各的短处。当他们下海捕鱼的时候，一个涉不深，一个却够不着。可是当长臂人骑在长腿人肩上时，就能既涉得深又够得着了。取长补短，优势互补，就可以做到独立个体做不到的事。

在西方有一句谚语："我们都是独臂天使，只有相互拥抱才可以展翅飞翔。"这说的也是同样的道理。

⊙ 企业家提示

《三国演义》里的刘备不会用刀，但他可以用关云长；《西游记》里的唐僧不会捉妖，但他可以用孙悟空。就是说，即便创业项目不是创业者最熟悉的，但在创业团队里，一定要有最熟悉、最擅长此道的人才，一个高明的领导者一定是一个会识人、善用人的高手。

（3）整合资源，寻求共赢。现代企业管理中的领头人已经不再是以前的个人英雄，而是一个团队合作的协调高手。创业成功既需要个人的努力，也需要搭建一个资源整合平台，在这个协调整合过程中，需要把市场信息、人际关系和个人职业技能综合起来（见图3-2）。如果这三项合起来，创业者感觉总分不错，也可以列为初选的创业项目。

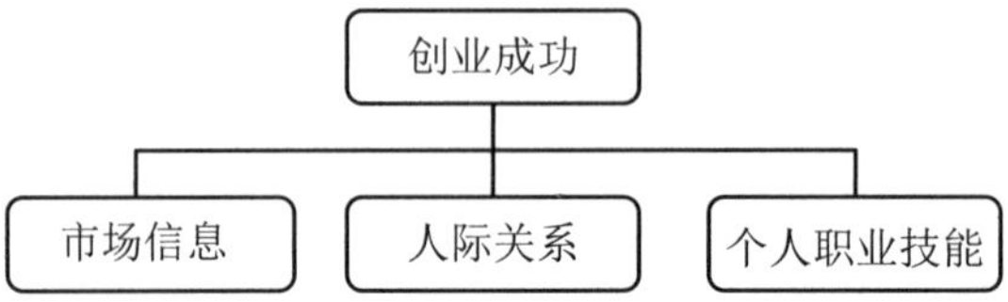


图3-2 创业成功的三项资源

⊙ 企业家提示

如果你想做一件事，但并不是你的最长项，那么你可以选择你的亲朋好友里最熟悉、最擅长的人参与你的创业，如果你可以用好这样的人才，也同样可以成功。

### （五）收购现有企业

收购是指用现款、股票、债券或其他资产购买一家公司的股票或资产以获得对目标公司本身或其资产实际控制权的行为，被收购企业仍然保持其原有的独立法人资格。

（1）收购的误区。通常人们都把创业简单地理解为一定要亲手创立一家企业，并从小做大。其实，收购现成的企业（并购经营成功的企业、收购待起死回生的企业），购买他人智能（知识产权收购、特许经营）等，对经营已经稳定或有一定规模的企业注入创新元素，以适应新的市场需求，也是一种创业。

（2）收购的优点。收购现有企业可以减少对企业基础的创建时间和开办成本，被收购企业往往在商誉、产品、客户、广告促销等方面具备一定条件，稍加改变就可以掌控。近年来很多创业者就是通过收购企业，使其扭亏为盈或者改变营利模式，而迅速完成资本积累的。这对于资金少又期望快速拥有自己的企业的创业者来说，不失为一条捷径。

（3）收购企业的缺点。收购价值的评估是非常重要的环节，有时还需要做好企业报表审核、企业债权债务调查、销售业绩评估和无形资产价值估算。同时，有的企业原有的管理制度和企业结构不甚合理，收购后需要进行改造和重新设计，如果是连员工一起收购过来的话，还需要对员工进行再培训。

（4）收购的程序和关键。一般来说，收购一家企业需要经过确认目标、考察与评估、交易谈判、签订合同这样四个过程。关键点就在于收购前的调查与分析、对未来的预测、被收购企业财产法律责任认定等，不要收购有违法劣迹、债权债务理不清的企业。

总的来说，对于资金少却期望迅速创业的创业者来说，收购现有企业是一个可行的方法。上海的沈晓琪就是在八年前收购了一家企业，并且对其改造后再出让而赚得第一桶金的。因此，收购后也可以卖出，不一定非要自己经营。

### （六）特许经营和加盟连锁企业

一般来说，特许经营和连锁经营是两种不同的营销模式。特许经营的核心是特许权的转让，需要特许人和受许人一对一地签订特许合同。特许经营是指签约后，受许人可有偿使用其名称、商标、专有技术、产品及运作管理经验等从事经营活动。经营的各个分店之间是独立的。而连锁经营的核心是同意资本拥有，经营的是同类商品和服务，由同一个总部集中管理领导。总部对分店拥有所有权，对分店经营中的具体事务有决定权；分店需上缴给总部一定的利润，分店经理实际上是总部的一员，完全按总部要求行事。

## 五、识别创业机会的行为技巧

识别创业机会

### （一）做未来市场即将兴旺的事

（1）看清大势，顺势而为。如果确实是创业者很熟悉也很擅长的项目，但属于市场需求越来越少或者即将衰退的行业（通常被称为夕阳行业），那创业者也不要去做。与时俱进，顺势而为，才是最明智的选择。

（2）趋吉避凶，规避风险。大丈夫应相时而动，趋吉避凶。人们应该审时度势地去选择自己要做的事。如果预感到这件事未来的发展不好，没有前途，就要果断地舍去；如果感到这个行业在未来一定会有发展（就是所谓的朝阳行业）或者是国家提倡和即将大力发展的行业，创业者就可以去做。

（3）目光远大，抢占先机。大海涨潮时，大海里所有的船都会上浮；而在大海退潮时，海里所有的船都会随着河水下降。如果恰好是一艘大船的话，搞不好还会搁浅，怎么还会前进呢？因此创业者必须学会判断趋势，谁的目光更远，谁就是未来的领跑者。

（4）群策群力，调查研究。怎样才能看清趋势，发现未来市场将要流行的产品或服务？创业者可以请一些了解行业趋势的朋友一起来讨论这个问题，或者向经验丰富的企业家请教。同时也需要研究国家和地方政府的一些现行政策，或者同一些想象力丰富的伙伴一起来讨论这个大家感兴趣的问题。从大家身上收集尽可能多的主意和点子，并且经过创业者的调研论证，没准儿就会发现一个绝妙的经营设想。

自发性、创新性和直觉性是创业者开始考虑未来趋势的原则。

（5）审慎决策，适时进退。李嘉诚说：当你开始做一件事时，就要想到怎样退出。前进需要勇气，退出更需要智慧。

⊙ 企业家提示

要选择那些朝阳行业去创业，而不要选择夕阳行业，你需要观大势，顺势而为。同样一个朝阳项目，也有淡季和旺季，如果你要进入，最好选在淡季时进入，这样你可以有时间学习，当旺季来临时，你已经做好了准备。

### （二）做最有市场潜力的事

**1．研究顾客的需求**

（1）认真做好市场需求的调研。苏格拉底说："最有希望的成功者，并不是才华出众的人，而是那些最善于利用每一个时机去开拓的人。"创业成功的关键，在于创业者能发现和找到顾客的需要。要想知道什么项目是有市场潜力的，什么项目是未来有潜在市场的，就需要创业者做一个详细的调研和论证，多分析国家发展的宏观规划，认真做好市场调研，最后综合起来，分析和归纳这些信息，得出正确的结论。

（2）找出需求：人类都有哪些基本需求？如何去发现顾客的需求呢？马斯洛动机理论的核心是需求层次理论。他认为，人的动机是由生存、安全、社交、尊重和自我实现这五种需求构成的，按其重要程度和发生顺序，从低级的需求开始发展到高级的需求，是阶梯式往上发展的。当低层次需求获得相对满足之后，才能发展到较高层次的需求。而当高层次需求被满足以后，低层次的需求依然存在，只是对行为的影响作用降低而已。

需求可以分成自然需求、社会需求和精神需求三个层次，如图3-3所示。

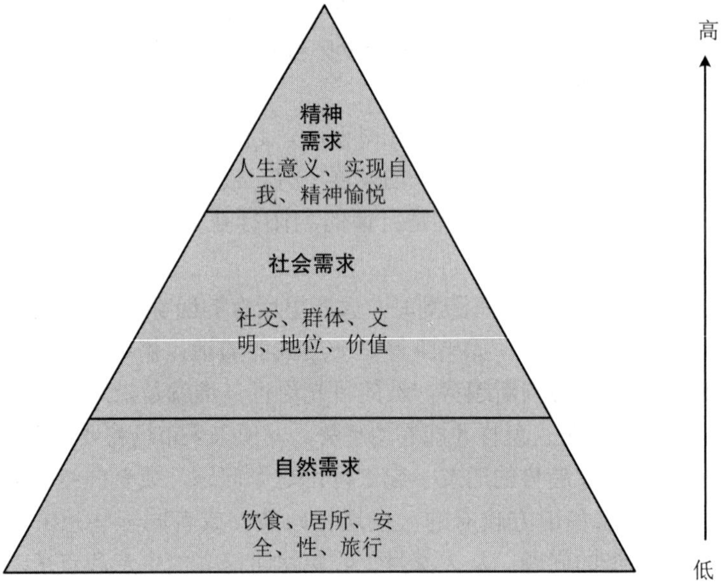


图3-3　人类需求金字塔

① 自然需求：指人们对于饮食、居所、安全、性、旅行等基本生活的要求。

② 社会需求：指人们对社交、群体、文明、地位、价值等较高层次生活的要求。

③ 精神需求：指人们对人生意义、实现自我、精神愉悦等高级生活的要求。

（3）需求分析思考：满足顾客这些需求的商品是什么？首先，要研究满足顾客自然需求的商品和行业有哪些；其次，研究满足顾客社会需求的商品都有什么；最后，还要考虑满足顾客精神需求的商品有哪些。

（4）对找到的需求进行比较：满足这些需求的渠道和形式是什么？显而易见，自然需求的获得渠道和形式很多，但价值都不大，如水、馒头、普通平房等；当需要满足社会需求时，水就变成了牛奶，馒头变成了比萨，平房变成了楼房；当满足精神需求时，牛奶变成了白兰地，比萨变成了满汉全席，楼房也变成了别墅。

⊙ 企业家提示

满足需要的层次越高，商品价格越高。

精神需要的满足始终只能由少数商品和服务来实现。

（5）有限的商品就是最贵的商品。可见，那些限量的高档名牌商品除了满足顾客的自然需求、社会需求，还可以满足顾客的虚荣心和荣耀感等精神需求。

⊙ 企业家提示

创业者应从研究人类三大需求的观点出发来设计自己的产品。经验表明：产品满足的范围越广，购买的顾客越多。

**2．研究企业组织的需求**

如果创业者所要创业的项目是为企业服务的，那还需要研究企业有哪些需求，找到了需求，你才找到了产品的设计方向：只有满足企业某种需求的产品或服务，才会有企业购买。

企业的需求金字塔与人类需求金字塔相似，企业需求也分为生存需求、发展需求和领导需求三层（见图 3-4），同样满足需求的层次越高的产品或服务，价格也越高。

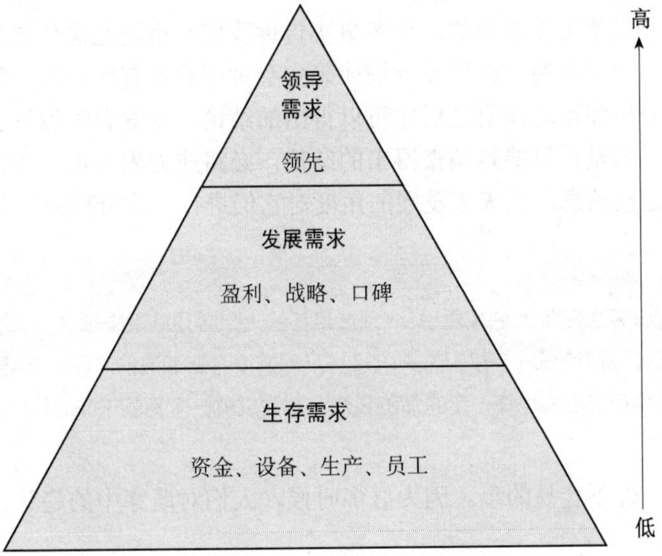


图 3-4 企业需求金字塔

（1）生存需求：在激烈的竞争中，企业最基本的需求是生存。这里需要的就是满足企业最基本生存和运作需求的所有环节：运作需要从银行获得资金，生产需要设备和原材料，企业管理需要计算机，员工需要招聘，等等。

（2）发展需求：企业生存得到保障之后，就是发展壮大的需求了。这时一切可以帮助企业扩大客户群体、提高盈利的服务都是企业需要的：要站在客户的角度去思考问题，找到满足该企业发展需求的方法。

⊙ 企业家提示

在提供这类属于企业发展需求的产品和服务时，首先必须确认该企业的目标市场和目标客户，然后才能找到为他们提供产品或服务的商机。

（3）领导需求：与人类需求金字塔相似的是，企业的需求也逐级提高，而且需求的层次越高，在市场上的价格也越高。如果你的产品可以满足该企业领导行业的欲望，你就能获得最大价格的回报。

**3．需求分析的目的**

凡是消费者，不论是企业还是个人，在购买商品或服务时，完全根据是否可以满足他们的某项需求而定。而这些需求并没有写在顾客的脑门上，而是需要创业者去分析和研究的。

⊙ 企业家提示

研究客户的需求永远是第一位的问题，因为产品对消费者需求满足的程度绝对是消费者购买与否的决定因素，可这一点往往被初创业者忽视。

**4．研究市场潜力，掌握未来趋势**

市场并不是一眼就可以看透的，众多事实告诉我们：市场是进化式变动的，顾客会自己去寻找替代品。一些普遍的市场发展规律确实会对创业者有所启发，但是潜在市场应该是创业者在仔细分析和市场调研之后才可以得出的结论。尽管有时也许会感觉一些调查结论有点不合时宜，但是，只要是调查得出的结论，必将成为未来市场和消费的主流。希望创业者不要忽略这些信息，从未来发展的角度对它们进行一次分析研究是值得的。

⊙ 企业家提示

美国大趋势研究家费斯 • 伯克恩说：“创造趋势的人，必须认识未来。”因此，创业者应该把自己的目光放远，只有这样才会找到未来的趋势，创造符合新潮流的产品。不要以为创业者一定做小生意或者高科技项目，也许一个偶然的设想，就会成就一个新的未来。

发现趋势是一件不容易的事。因为好多时候，人们对萌芽中的趋势认识不足，往往将其忽略。

**【案例学习 3-7】　　立足环保视域，致力于材料创新**

党的二十大报告指出，实现“碳达峰”“碳中和”是一场广泛而深刻的经济社会系统性变革。随着石油资源日益紧缺，全球环境污染问题日趋严重，石油基高分子材料价格持续上涨，且愈发不能满足绿色可持续发展的需要。

在老师的认可和同学的鼓励下，张同学下定决心研究聚乳酸基生物质复合材料，率领团队攻坚克难，力图开发高性能、高附加值和用途广泛的聚乳酸增强型复合材料产品。

聚乳酸（PLA）被认为是最有可能在取代石油基型高分子材料上取得实质性进展并推动塑料工业发展的生物降解材料之一，但是PLA热稳定性差和冲击强度低等缺点阻碍了其在工程塑料领域的广泛应用。

这成为摆在张同学团队面前的现实问题，在巨大的压力下，张同学没有丝毫犹豫和迷茫，从聚乳酸/纤维素纤维生物质复合材料的增容改性出发，从纤维素纤维表面改性、聚乳酸接枝共聚改性，以及增容剂增容改性等方面，探索高强度、高韧性、高耐热性等综合性能优良的聚乳酸基纤维素纤维生物质复合材料的制备方法，从而使其产品能广泛地应用到建筑、家具、医疗、海洋设备和其他高性能领域。获得相关发明专利 4 项，助力我国绿色可持续发展。

随着环境污染的加剧和人们健康意识的提高，这一市场日渐壮大，并且很快出现了同类产品。如今，关注环境保护，控制碳排放这一概念几乎被全世界的人们所接受。

**5．未来趋势预测**

早在 1992 年，美国的费斯·伯克恩就提出了未来趋势预测，结合目前社会发展，本书作者也总结出一个未来消费趋势汇总表（见表 3-1），希望对创业者初选创业项目有所启发。

**表 3-1　未来消费趋势表**

| 序号 | 消费群体 | 消费特点 | 经营项目预测 |
|---|---|---|---|
| 1 | SOHO 一族 | 喜欢在家办公、购物、理财，喜欢家居井然有序、安全、舒适，重视家庭生活 | 家庭美化装饰用品及装修、家政服务、家庭保安设备、办公用品和网络维护服务、网上培训、理财顾问、宠物饲养服务市场 |
| 2 | 冒险猎奇者 | 喜欢旅游、野外探险、猎奇 | 冒险体验、极地探险、漂流、异国情调的产品经营、富有冒险倾向的娱乐市场 |
| 3 | 另类个性者 | 追求素食、香薰、修炼、秘术、健身、另类、天然营养 | 健康咨询服务、保健产品、生态市场、安全环保产品、品质超群的产品、健身器材市场 |
| 4 | 多维消费者 | 消费多元化、中西合璧、融汇古今，这类消费者已占 6% | 提供商品信息、消费指南及物美价廉、个性独特的商品，为多维生活方式提供便利 |
| 5 | 享受生活者 | 追求精致品位生活、注重生活质量、追求名贵奢侈独特极品 | 精心设计的优质服务、限量的奢侈品或者奢侈体验、服务极致的产品和服务 |
| 6 | 自由职业者 | 追求自由独立、返璞归真，不追求白领生活，崇尚自然 | 为年轻企业家提供的服务、网络服务、信息和渠道服务、娱乐业 |
| 7 | 延长寿命永葆青春 | 健康长寿、永葆青春是生活目标，追求新的医疗手段 | 健身及产品、瑜伽锻炼、保健用品、老年护理、体育用品、疗养用品、美容品和技术 |

续表

| 序号 | 消费群体 | 消费特点 | 经营项目预测 |
|---|---|---|---|
| 8 | 社会环保 | 关注环保、伦理道德、文化教育等社会问题，探求内幕 | 获取新闻渠道、私家侦探、生化、生态和环保方面的服务和产品、废物利用回收渠道 |
| 9 | 消费维权 | 要求社会生产有诚信的安全产品，要求企业更有环保意识 | 诚实守信的产品、质量过硬的产品、关于食品安全和环保类的咨询和服务 |

有时，通过趋势分析，发现未来可能存在的问题，用创新的方式为顾客排忧解难，也是寻找市场机会的一种方法。表3-2为未来社会和经济生活变化趋势。

表3-2　未来社会和经济生活变化趋势

| 序号 | 社会现象 | 表现形式 | 消费需求倾向 |
|---|---|---|---|
| 1 | 独生子女较多 | 每个家庭只有一个子女或两个子女 | 儿童用品成人化、奢侈化、个性化，儿童教育、服装、食品多样化 |
| 2 | 社会老龄化 | 退休人数增多，平均寿命延长 | 养老院、老年护理、居家养老用品、高级陪护、家政服务 |
| 3 | 非家庭生活方式更加丰富 | 单身贵族、丁克家庭、周末夫妻、非婚同居、学生宿舍、三代同堂、养老院集体生活 | 方便食品、便携家具、简约生活方式、旅行社和旅游用品、自助游、自驾游社团、派对、聚餐用品 |
| 4 | 家庭结构变化 | 大龄青年、宅男宅女、独生子女增多，离婚率增高，职业妇女、失业青年增多 | 婚介服务、职业培训、心理咨询、职介中心 |
| 5 | 受教育水平提高 | 高学历无业人员增多，职场竞争更加激烈，创业者增多 | 在家办公、自由职业、短期劳务、便利交通、即时通信、技能培训、企业顾问、企业诊所、创业指导 |
| 6 | 实际收入提高 | 恩格尔系数提高 | 娱乐业、休闲业 |
| 7 | 高储蓄率和净资产提高 | 银行存款增多，家庭固定资产增多 | 轻型汽车、家庭娱乐用品、高科技通信用品、教育和信息市场、投资顾问、理财师 |
| 8 | 信息产业需求提高 | 信息庞杂，无纸化办公，大型展会增多 | 软件定制、信息管理、编程人员、会展服务、广告、传媒、出版市场 |
| 9 | 高科技产品增多 | 网络通信缩短了人与人之间的物理距离 | 简化、方便的高科技通信产品，便捷迅速的交通工具，新能源、新光源的需求 |
| 10 | 跨国企业、连锁企业增多 | 企业由集中经营转变为零散分工合作，企业分布在不同地区 | 统一管理的软件开发、网络视频会议、多方会话通信、物流业 |
| 11 | 强调个性化 | 不论是企业还是个人，都比以往更追求个性和特色 | 个性化产品、个性化标志、小批量产品、彰显个性的装饰 |

⊙ 企业家提示

你的创业项目要由市场需求来定。初步立项之后，还需要对此做认真详细的商机评估。一个项目是否有潜力，不要拍脑袋，不要人云亦云，要用数据、事实来判断并得出理性的结论。有市场需求的产品，才是值得去做的，也是会给你带来成功的项目。

# 第三节 创业机会评价

## 本节要点

**使学生认识有商业潜力和适合自己的创业机会，了解创业机会的评价，掌握创业机会评价的方法。**

## 一、有价值的创业机会的基本特征

### （一）创意与机会的区别

创意（idea）是一种思想、概念或想法。创意可能满足也可能不满足机会的标准。

机会（opportunity）是营造出对新产品、新服务或新业务有需求的一组有利环境。多数新创企业通过这种方式创建起来。

一个好的商业想法，未必是一个好的商业机会。创业者是先在创意中识别出问题或机会差距，然后创建企业来填补它。

### （二）机会的四个特征

一是有吸引力。这里指对创业者和用户有吸引力，对客户有价值，可以为用户解决问题。是高频痛点，或者是刚性需求。

二是持久性。是指不是时尚的、一时的，而是一种持久的改变，长期可以存续下去。

三是时效性。就是当创业者开始进入这个新市场时，机会窗口是打开的。

四是依附于为用户创造或增加价值的产品、服务或业务上。就是说你要有一个产品或者服务、业务，依附于这样的载体去为客户解决问题。

所谓机会窗口是一种隐喻，通常用来描述企业实际进入新市场的时间期限。一旦新产品市场建立起来，机会窗口就打开了。创业者利用机会时，机会窗口必须是敞开的。随着市场成长，企业进入市场并设法占据有利可图的地位。某个节点，市场成熟，窗口关闭。窗口关闭后，新建企业想成功，已经非常困难，除非专注细分市场。

有价值的创业机会首先一定要符合未来发展的趋势，正所谓顺势而上，逆势而亡。

> ⊙ 企业家提示
>
> 创业者在因商业创意而激动兴奋时，要了解创意是否填补了某种需要，是否满足了机会的标准，这是至关重要的。

## 二、确定与实施创业项目的要点

### （一）识别商业机会

**1. 观察趋势**

观察趋势并研究它如何创造可追求的机会。这里的趋势是指经济趋势、社会趋势、技术进步、政治活动、制度变革等重大社会活动。

通常创业者会因为找到了商业机会而激动、兴奋，同时这个机会是符合社会发展趋势的。例如，在人工智能（AI）发展迅猛的今天，科大讯飞的“智能语音”就是符合未来发展趋势的产品。

需要注意的是趋势不等于时尚。通常趋势是相互关联的。趋势是一种力量，通常会带来如下一些环境的变化。

（1）经济力量。人们经济状况的变化体现在可支配收入的变化上。理解经济趋势，有助于确定商业创意是出现在适宜领域还是回避领域。

⊙ 企业家提示

（1）理解经济趋势，有助于确定是进还是退。

（2）研究经济影响，看谁有钱，并消费什么。

（3）了解经济趋势，有助于识别创业的回避地带。

（4）研究经济因素，可以看清企业压力成本，有助于判断该不该进入。

（2）社会力量。主要是社会文化趋势与人们流行观的改变。理解社会力量对趋势的影响以及它们如何影响新产品、服务和业务创意，是识别机会的组成部分。社会力量带来社会变化，这会改变人们与社会的行为方式。例如，支付宝的出现让现金流通大大减少，人们出门带现金的少了。

（3）技术进步。主要是新、旧技术的新用途、新兴技术等。通常情况下，产品或服务存在的原因主要是满足了社会需求而不是满足的表面需求。例如，微信的兴起是因为它能满足人们彼此联系和交流的需求。

技术进步常与变化相结合。要学会识别技术如何被用来满足人们变化的需求。例如，无人超市、阿里淘咖啡等新零售的出现，大大缩短了人们的购物时间，也更加方便人们24小时购物和消费。

（4）政治和制度变革。主要是政治领域变化、新法律法规。每种趋势都是新商业创意的推动力，政治和制度变革为机会提供了基础。

**课堂讨论分析，找出佐证案例：**

1. 哪些企业或产业依赖政府支持性规定而存在？
2. 政策变化造成哪些新的业务和产品机会？
3. 新法律出台为创业者提供了哪些机会？
4. 政府规章变化会引起企业哪些创意变化？

**2. 解决问题**

机会一定是可以解决社会上某种问题和痛点的，意识到问题并找到解决方法，是创业者应具备的能力。

（1）寻找问题。人们抱怨的每个问题都是被精巧掩饰的机会（John Gardner）。

例如，2017年年中发生的多起幼儿园虐童案在社会上引起了巨大反响，暴露出的问题就是：目前社会上年轻女白领在产假五个半月后就要上班了，而幼儿园接收幼儿的年龄是三周岁，那么这段时期的孩子无人看管。因此说，接收年龄在 5.5～36 个月的孩子的幼儿园就是可以解决白领女性现实问题的市场机会。

（2）新技术推广。技术进步会解决一些以前不能解决的问题，但同时也给不会使用的人们带来问题。

【案例学习 3-8】 美国一家公司给鸡戴 VR 眼镜

来自美国的 second livestock 公司为了让鸡仔们在短暂的生命中生活得更好，于是发明了给鸡戴的 VR 眼镜（见图 3-5）。通过 VR 眼镜，鸡看到的地方全都变成了虚拟世界：红红的太阳，蓝蓝的天。让鸡以为自己是自由的状态，仿佛生活在世外桃源！

图 3-5 戴着 VR 眼镜的鸡

而现实中，这些鸡身处一个独立的空间，脚下踩着类似地球仪一样可以 360 度旋转的装置，这样不论鸡往哪个方向都可以不停地走。据说，用这种方式养的鸡，身心健康，肉质堪比野外放养的鸡。

（3）新兴趋势。新兴趋势会产生创意。有些商业创意产生于新兴趋势中遇到的问题。例如，近年来兴起的月嫂、月子中心，生意火爆，月嫂价格一路攀升，月薪甚至超过了应届大学毕业生。

总之，识别机会是创业过程的一个关键部分。许多企业失败，不是因为创业者工作不努力，而是没有从真正的机会去开始。

### （二）确定创业项目时的注意事项

**1．先调研后决策**

当创业者初选了创业项目之后，不要忘记还有一个重要的环节——市场调研。详尽的市场调研之后，就可以对创业项目的市场潜力有一个相当的了解。然后再结合其他因素，对创业项目进行一次严格的商机评估。

**2．先评估再立项**

商机评估是项目可行性调研的重要环节，并不是我们喜欢什么，就可以做成什么。任何一个创业项目的成功，都不是偶然的。创业者必须考量自己的产品或服务能否被市场接受，顾客是否会信赖自己的产品，市场上是不是早已经存在着很多强劲的竞争对手，谁在为自己的目标顾客提供同样的产品和服务。

⊙ 企业家提示

为了对自己十年后的企业负责，你一定要对创业项目有一个清晰的了解。首先要做市场调研和分析，对未来的创业项目做一个完整的商机评估。

### （三）方向正确，才能创业成功

当创业者迈入创业的大门时，会发现有些事和原来预想得并不一样。作为创业导师，我们曾目睹过许多创业的成败，它们有一个共同的特点：往往不是一些专业的问题决定了事业的成败，而是创业方向是否正确。

有了市场调研和商机评估，你就可以做出判断，你的设想是可以获得持久的成功，还是应该尽早放弃。在创业的过程中，最糟糕的感觉应该就是犹豫不决、惊慌失措了。一次成功的市场调研就是你事业稳步发展的基础。

⊙ 企业家提示

信息缺乏是导致创业失败的第二大原因。61%的创业失败可以归结为创业者的信息匮乏：创业者对市场发生的情况了解不多，过于乐观地估计了自己产品和服务的市场需求。

### （四）跟成功的创业者学习创业

企业经营管理咨询并非只有大企业才需要，对所有的创业者来说，向创业导师请教是非常必要的。当然，这位导师一定是有自主创业实践经验的企业家。就像我们学开车，不可能跟一位只知道开车的理论技巧而自己没开过车的人学习，创业也一样，是一个实践的过程。在实践面前，理论对你的帮助十分有限。

机会评估漏斗

## 三、对创业项目进行商机评估的内容

如图3-6所示，商机评估包括以下四个主要部分：自身条件评估、市场需求分析、竞争优势研究、营利模式探讨。

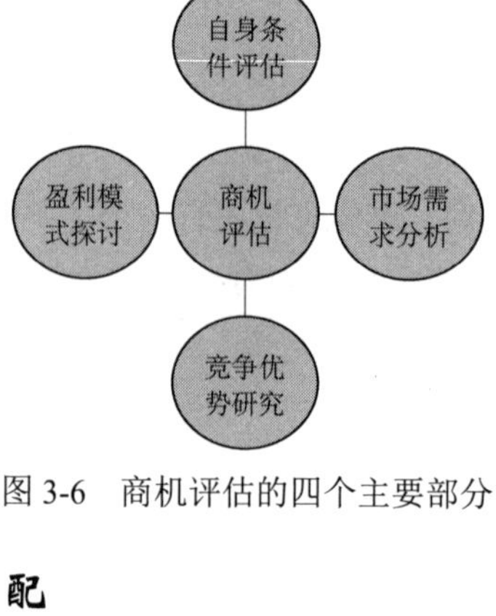


图3-6　商机评估的四个主要部分

## 四、个人与创业机会的匹配

创业机会是否适合自己的主要判断依据在于机会特征与个人特质的匹配。

### （一）自身条件评估

**1．失败是成功之母**

无数成功的企业家在成功之前都和大多数人一样平凡，唯一与众不同的是他们具有天生的乐观主义精神，坚定的自信和顽强的、百折不挠的毅力。困难也曾光顾过他们最初的事业，但最后都被他们踩在了脚下。

**2．认真审视自己**

首先你要了解创业过程中必须经历的几个阶段，然后衡量自己的性格、爱好、特点，看你是否适合创业，是否适合做这个项目。

（1）你是否为创业做好了心理准备？创业开始后的前三年，也称为企业的初创期，这时你不仅要有实现创业梦想的强烈欲望，还要能忍受创业初期的寂寞。要知道，不论多么好的项目，都要经历一个潜伏期才会赢利。这时的情形，就好像“野渡无人舟自横”，你必须做好忍耐的心理准备。创业中的自由和自己决策，是与寂寞紧密相连的。要有危机意识，时刻准备面对困难和坎坷，具有坚忍的心理素质，不要轻易喜怒，保持平和心态。

（2）你是否为创业做好了知识准备？创业是一个漫长的实践过程。创业之初的你一定是一个多面手。你的企业是否具有核心技术是生存的关键。你的营利模式要不断调整，因为一旦你踏上创业的征程，就好比你创业的帆船已经起航，“孤帆远影碧空尽”，你已经回不到起点了，必须用坚强的毅力坚持下去，并且为了企业生存要不断学习。是否会分析市场？是否懂得企业管理？是否会策划营销策略？是否看得懂财务报表？创业其实也是一个不断学习、不断提高的过程。干中学，学中干，不断提高自己的知识水平。

（3）你是否为创业做好了能力准备？创业也是分阶段的，不同的时期对经营者有不同的要求。当事业取得阶段性的成功时，你一定要清醒。企业的经营成果说明了你的经营能力，使你信心倍增，此时也许感到“轻舟已过万重山”。但是，你要用平和的心态去面对暂时的成功。美国最新的研究证明，成活十年的企业才可以算创业成功的企业。因为一个企业要建立自己相对稳定的营利模式，需要对市场进行长期的研究和适应。是否具有团队协调能力？是否会识人、用人？是否善于发现和预知市场？这些能力其实很大成分是创业者在创业过程中日积月累的一种直觉。因此，只要有勇气和信心，能力会慢慢提高。

**3．创业成功与否取决于创业者的素质**

有资料表明：在新办企业开业后的第二年，约有 50%的企业会倒下；到了第三年，存活下来的小企业只有 30%；到了第八年，存活的企业仅有 3%。

分析近年来青年创业的案例，可以得出这样的结论：创业成功的，大都是意志坚定、不屈不挠、不甘落后、自强不息的人；创业失败的，大都对创业过程中出现的困难和坎坷估计不足，在市场变化、家庭变化以及意外事件来临时，不能很好地调整自己的心态，继续创业的决心动摇了。

**4．不断学习，不断调整**

所谓自身条件评估，就是要思考一下你是否为你的创业做好了心理和生理的准备，是否做好了资金和场地的准备，是否做好了应对失败和成功的思想准备，是否具备了经营管理一个企业的基本技能，如果在评估中发现自己的素质还有欠缺，就要注意在创业中不断学习提高，以适应创业的需要。

⊙ 企业家提示

成功的路从来就没有平坦的。创业项目的成功与否，并不完全取决于资金、市场和营销，最关键的决定因素是创业者的素质。

（二）市场需求分析

这部分内容既是选择创业项目的关键内容，也是一个创业者必须学会的经营企业的第一步。任何成功的企业都是以市场需求为导向的。任何有市场的产品都是可以满足顾客某种需求的，所以说，企业的产品最终是由顾客来决定的，没有需求就没有市场前途。图 3-7 为市场需求分析的考虑因素。

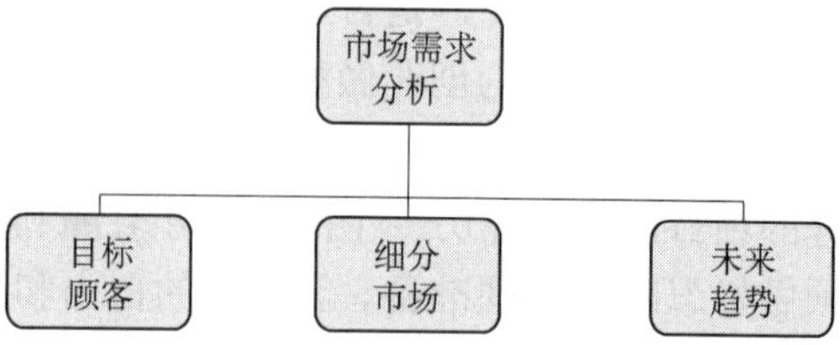


图 3-7　市场需求分析的考虑因素

【案例学习 3-9】　　诗乐行：诗词与音乐的完美融合

互联网的发达使得网络成为人与人之间建立联系和交流的最佳选择。胡某是唐山师范学院音乐系的学生，受艺术的熏陶和对诗词的热爱，在互联网发达的今天，他想将诗词与音乐进行结合，将中华文化瑰宝在形式方面进行创新并发扬。

人们利用网络平台传递信息，分享各种形式的创作，而“诗乐行”的推出为热爱创作诗词和音乐的年轻人提供了一个专属的网络社区。这个平台汇聚了大量具有创作才华的年轻人，他们可以在这里交流、创作并共同传播他们独特的诗词和音乐作品。他们通过“诗乐行”展示自己的创作才华，接受其他用户的评论和反馈，从而获得改善和进步的机会。

除了展示才华，“诗乐行”还促进了诗词和音乐的传播与推广，让用户可以轻松地发现和欣赏其他人的优秀作品，这无疑为诗词和音乐的推广提供了新的途径。它让诗词与音乐完美融合，为热爱诗词和音乐的年轻人提供了一个展示、交流、进步和传播的平台。

胡某对艺术的热爱和对诗词的追求使他在互联网发达的今天得到了良好展示。他希望通过“诗乐行”让更多的人了解并喜爱诗词与音乐的美。这不仅为年轻人提供了一个专属的网络社区，也为诗词和音乐的传播与推广提供了新的可能性。

是需求决定产品而不是产品决定需求。上述商业案例告诉我们：只要找到细分市场，瞄准目标客户，通过研究顾客的喜好找到他们喜欢的商业模式，就是创业成功的基础。

**1．找到了市场需求就找到了利润之源**

如何确定目标顾客和细分市场？为了确定你的产品或服务是否有市场需求，首先需要找出你的目标顾客，即你要卖给谁，顾客的利益是你行动的唯一指南。

**2．根据地域、文化、年龄、消费者偏好以及宗教等社会因素细分市场**

（1）地域。你的目标顾客分布在哪些地区？在消费习惯上各有什么异同？是本地顾客还是外地顾客？你的产品销售范围是国内市场还是国际市场？

（2）目标群体。你的产品是为谁服务的？谁最需要你的产品？对需要你产品的目标顾客按照年龄、性别、家庭收入、职业等进行划分，对批发客户可按行业、规模等划分一下。

（3）购买力与经营规模估计。你的销售额预计可达到多少？顾客需要的周期如何？各类顾客分别需要什么样的产品特性？你的产品可以满足顾客的哪些需求？

（4）顾客心理分析。你的顾客属于社会哪个层次？基本生活习惯和特点有哪些？

（5）顾客购买行为。顾客购买你的产品的动机是什么？你的产品的使用时间、频率和方式是怎样的？你的产品如何获得顾客的信赖？

表 3-3 为个人目标顾客调查表。

表 3-3　个人目标顾客调查表　　日期：

| 注：标有★号的行目是重要的区分标准，必填；标有☺号的行目需要特殊的市场分析，可忽略。 | |
|---|---|
| 顾客类型：…… | ★ |
| 地区/范围：…… | ★ |
| 地区范围大小：…… | ★ |
| 人口密度：…… | ★ |
| 年龄：…… | ★ |
| 性别：…… | ★ |
| 家庭规模：…… | ★ |
| 婚姻状况：…… | ★ |
| 收入/购买力：…… | ★ |
| 职业类型：…… | ★ |
| 受教育程度：…… | ★ |
| 使用该产品的目的：…… | ☺ |
| 对产品的认识程度：…… | ☺ |
| 对产品的评价：…… | ☺ |
| 预期月销售额：…… | ☺ |

⊙ 企业家提示

世上没有十拿九稳的事，想好了就应该去做。那些你没把握的项目，别人同样没把握。但是你做了，就有成功的可能；不做，就只能永远看着别人成功。创业不能盲目，但是必须敢于行动！

## （三）目标群体和市场容量分析

目标群体有多大，将直接决定你的市场有多大。在分析目标群体有多大的时候，要重点思考以下三个问题。

### 1．目标群体的数量有多少

目标群体的数量直接决定了利润空间的大小。因此，在选择进入一个行业之前，一定要做系统的分析，目标群体数量越大，发展的空间才会越大。

### 2．产品是否符合目标群体的特点

没有万能的产品，只有符合特定目标需求的产品。我们应当针对自己的目标群体，提供满足这一人群特点和需求的产品和服务，只有这样，开发出来的产品和服务才能最大限度地得到认可并被接受。

**3．目标群体是否具有稳定性和增长性**

需要我们对现状和未来趋势进行综合分析与把握。

认真调研，然后填写表 3-4，对创业者分析目标客户会有帮助。

**表 3-4　企业目标客户调查表**　　日期：

| 注：标有★号的行目是重要的区分标准，必填；标有☺号的行目需要特殊的市场分析，可忽略。 | |
|---|---|
| 顾客类型：…… | ★ |
| 行业：…… | ★ |
| 规模（销售额）：…… | ★ |
| 人数：…… | ★ |
| 驻地/地区：…… | ★ |
| 服务范围：…… | ★ |
| 消费该产品的目的：…… | ★ |
| 购买标准：…… | ★ |
| 现有供应商：…… | ☺ |
| 企业文化特色：…… | ☺ |
| 购买类型：…… | ★ |
| 月均订货量：…… | ★ |
| 信誉： | ☺ |

市场分析的步骤和需要思考的问题如表 3-5 所示。

**表 3-5　市场分析**

| 序　号 | 步　骤 | 问　题 |
|---|---|---|
| 1 | 信息需要 | 我应该问顾客哪些问题<br>我的销售对象是哪类人<br>目前市场上有哪些同类服务<br>我应该了解竞争对手的哪些情况<br>我应该对公司驻地周围做些什么调查<br>我应该了解本行业的哪些情况 |
| 2 | 信息渠道 | 从哪里可以得到信息数据<br>在哪里可以找到创业导师<br>哪些数据库和市场报告分析是对我有用的 |
| 3 | 顾客情况分析 | 怎样了解顾客对我的经营项目的反应 |
| 4 | 竞争情况分析 | 怎样对竞争对手进行分析<br>调查分析中的哪些结论是对我有用的 |
| 5 | 经营场地分析 | 如何选择合适的经营场地<br>我怎样知道这个场地对我是否适合 |
| 6 | 总体分析 | 预计经营项目的市场潜力如何 |
| 7 | 结论 | 从市场分析中可以得出什么结论 |
| 8 | 备注 | |

## 五、创业机会评价的特殊性

机会评价有利于应对并化解环境的不确定性。

创业风险评估

**（一）没有顾客，企业就无法生存**

创业就意味着你在为自己工作，没有谁可以给你和你的员工发工资，要时刻谨记：顾客是你的上帝，只有顾客不断购买你的产品或服务，你的企业才可以生存下去。因此，在创业的过程中，有很多繁杂的事情需要你去处理，但是，找到你的目标客户，与老客户建立良好的关系，并且不断赢得新客户，是最重要的一件事。

**（二）掌握了趋势就掌握了未来**

成功的企业家们正是凭着一种对未来趋势的直觉而比别人先抓住了市场未来的需求，从而成了高瞻远瞩者。成功永远属于勇者！你要做的就是把目光放远，紧紧地抓住趋势。你必须对该产品的未来趋势做一个深入的研究：未来它属于朝阳行业还是夕阳行业？估计一下，未来十年内这个产品的市场有多大？走向如何？

**（三）要对本行业进行充分的咨询和调研**

创业者应该向从事过本行业管理的开业指导专家咨询，或者向本行业自主创业并且成功经营的企业家咨询。创业者本人必须亲自到市场实地考察，向目前正在经营同类或类似产品的商店了解经营状况。同时，对国家宏观经济形势，项目的未来发展趋势和潜在市场、目标客户进行分析研究，也是十分必要的。

**（四）到工商联合会了解行业信息**

在确定创业项目之前，你还应该去一趟当地的工商联合会或者行业协会，因为那里可以给你提供关于创业和该行业的基本情况。

> ⊙ 企业家提示
>
> 没有创业经历或者具有官方身份的咨询人员，在创业问题上只能给你提供十分有限的帮助，因为他们没有亲身经历过自主创业。一个惧怕经营风险的人，不但不会给你动力，反而会向你提出种种疑虑，阻碍你事业的发展。因此，找一位体会过什么叫“自负盈亏”的，深知独立经营中存在着哪些陷阱、圈套的顾问和专家，才能真正给你帮助。

## 六、创业机会评价的技巧和策略

竞品分析

常规的市场研究方法不一定完全适用于创业机会评价，尤其是原创性创业机会的评价。图 3-8 为初次创业者应该记住的关键内容。

（1）问卷调查。如果条件许可，你也可以在你的目标市场中，针对未来的顾客群做一个问卷调查：你把你未来的产品或服务进行一个描述，在问卷中调查顾客对它的反应，通过这个调查，你可以确定这个项目是否可行。

（2）商机评估。如果你的创业项目经过商机评估的结果不够完美，发现市场或竞争情况并不是十分理想，或者在顾客调查时发现你的经营设想并不被大家看好，这并不意味着你不可以创业，而是意味着你要重新设计一个创业项目。

（3）求教咨询。多跟有经验的成功创业者交流，他们可以凭借在创业过程中对企业管理的经验来为同样是创业者的你提供信息、提出建议。一位成功的企业家会给你系统实用的建议，把你逐步引向成功之路。

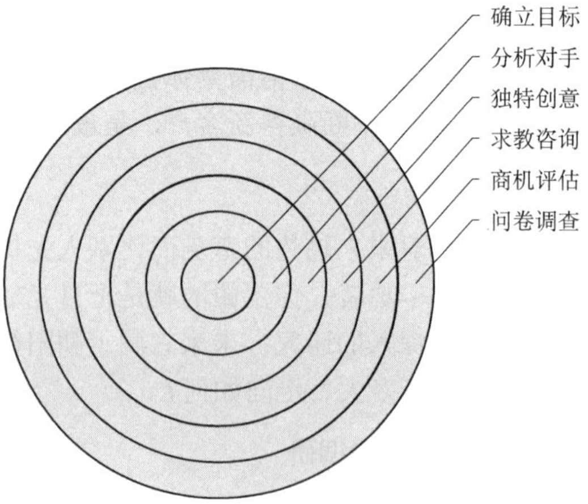


图 3-8　初次创业者应该记住的关键内容

（4）独特创意。记住这个重要的经营准则：以市场需求为导向，了解你竞争对手的优势和劣势。对你的项目所在的行业了如指掌，你才可以在同行中脱颖而出，做出你的特色，产品才会与众不同，你的企业在市场上才可以立足。

（5）分析对手。以市场需求为导向的经营战略包括：首先，对顾客的需求和竞争对手的情况做一次深入的分析；其次，推出符合市场需求的服务和产品。

（6）确立目标。只有你的商品或者服务被市场看好时，人们才会来购买它，钱才会滚滚而来，你才可以用这些钱来扩大业务。确立自己可达到的目标，然后去实现这些目标！

⊙ 企业家提示

在创业的初始阶段，你也可以同时考虑几个创业项目，然后通过商机评估来确定哪个项目值得经营。一个充分的市场调研可以给你一个有效的判断，通过以上这些可行性研究可以确定你的创业项目是不是潜在成功的。理性选择你的创业项目，是你创业成功的第一步。

## 第四节　创新方法和创新指导

### 本节要点

**使学生认识到创业离不开创新，了解创新的概念和创新技术的基本方法。增强学生对创新的理性认识，提高自身创新和创业的能力。**

提到创业，人们自然会联想到创新，因为创业离不开创新。创新是人类最高级的智力活动，所以它才显得那么神秘。正如人们说的“没有创新，何来创业”，没有创新的创业，走不长也走不远。纵观创业者群体，你就会发现，任何一位成功创业的企业家都离不开创新。

⊙ 企业家提示

创新具有如下特点：

（1）创新能力与学历没有关系；爱迪生没有学历，但并没有影响他成为发明家。

（2）创新能力与年龄无关；任正非 43 岁创建华为，他的创新能力不比年轻人差。

（3）创新是人类特有的天性；创新发源于人们的好奇心。

（4）创新不同于创造：创造是从无到有，从 0 到 1，而创新是从 1 到 100。

（5）创新不一定是全新的，也可能是旧的改造和更新。

（6）创新不等于发明：创新必须创造新的价值，而发明不要求一定带来价值和回报。

（7）创新不是某种天才的专利，而是人人可创新、时时可创新、处处可创新。

（8）创新是有路径有方法有原理的技术，其中最难的是原始创新。

（9）创新创业是可以学习的。

（10）学习创新的最好方式是“玩”，即实训，在实践中产生创新。

**【案例学习 3-10】　同仁堂、中石化、中国移动都开始卖咖啡了吗**

2021 年年初，人们惊奇地发现，同仁堂、中石化、中国移动都盯上了同一个万亿级市场。这种跨界行为对企业来说也是一种创新（见图 3-9～图 3-11）。

图 3-9　同仁堂卖咖啡

图 3-10　中石油卖咖啡

图 3-11　中国移动卖咖啡

⊙ 企业家提示

自从人类出现在地球上以后，创新就不断在发生。从石器时代到现在的“互联网+”时代，无处不存在着人类创新的成果。据统计，人们总结出的“创新”方法和体系，已有 300 多种。图 3-9～图 3-11 中的同仁堂、中石油、中国移动都开始卖咖啡的行为，可以被称为“跨界”，也是一种创新的方法。

【案例学习 3-11】 海底捞又一“变态”服务

海底捞真是越来越“丧心病狂”了。免费美甲、无限量小零食、甩面、变脸、擦鞋、辅导作业、代打游戏、尬式过生日……很多人都在思索，一家火锅店到底还能“不务正业”到何种地步。2021 年 2 月，广东清远的一家海底捞又推出了一项“免费洗头”的服务。专门隔出来一个小房间，里面有洗头床、镜子、毛巾等，还有专业的理发小哥。

海底捞永远都在尝试年轻人个性化消费需求的新风口。就是在类似的不断创新下，海底捞股价又大涨 10%，创出了上市两年多以来的新高。事实上，海底捞从来没有标榜过自己的火锅有多好吃，而在品牌创立之初，就一直在通过服务实现与同行的差异化。

⊙ 企业家提示

看了海底捞的不断进化、逐渐“变态”到极致的创新服务才知道：永远不要高估高手们有多拼。

从石器时代的创新开始，创新一直在不断地进化中，创新方法也从第一代慢慢演变到了第三代。

下面从创新的演变和发展历程来分析创新的思路和方法。

## 一、第一代创新技术注重思维方式的不同

第一代最具代表性的创新方法有头脑风暴、六顶思考帽、水平思考、奔驰法（SCAMPER）等，它们的共性是注重人的思维。

【案例学习 3-12】 奥斯本核检表法

奥斯本检核表法是第一代创新方法之一。它注重思维方式的不同：从不同的角度去思考某个事物，如图 3-12 所示。

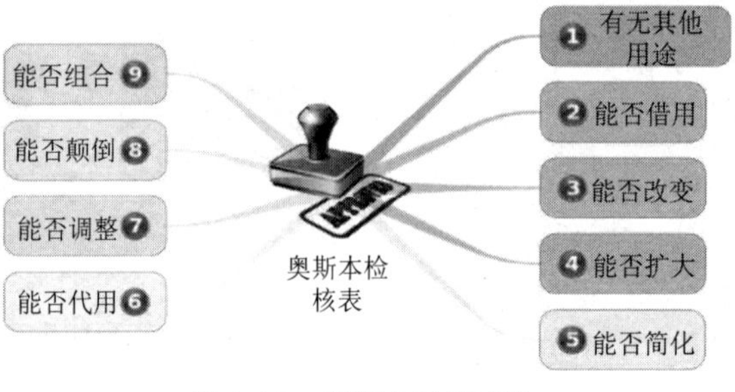


图 3-12 奥斯本检核表法

### （一）头脑风暴

众所周知，人很容易受群体观点的影响，为了抵抗这种“群体思维”，头脑风暴应运而生。它用自由、开放、去权威、去审判的形式来激荡个人的思维。在这种安全的环境下，人们踊跃地提出新观点、新思路、新想法。但这种方法对组织者与参与者的综合素质要求高。同时，这种方法更多依赖于大脑的灵光一现，本质上是一种没有规则的乱想。

### （二）六顶思考帽

六顶思考帽是一种有边界的思考，六种不同颜色的帽子代表从 6 个角度思考同一件事，如图 3-13 所示。

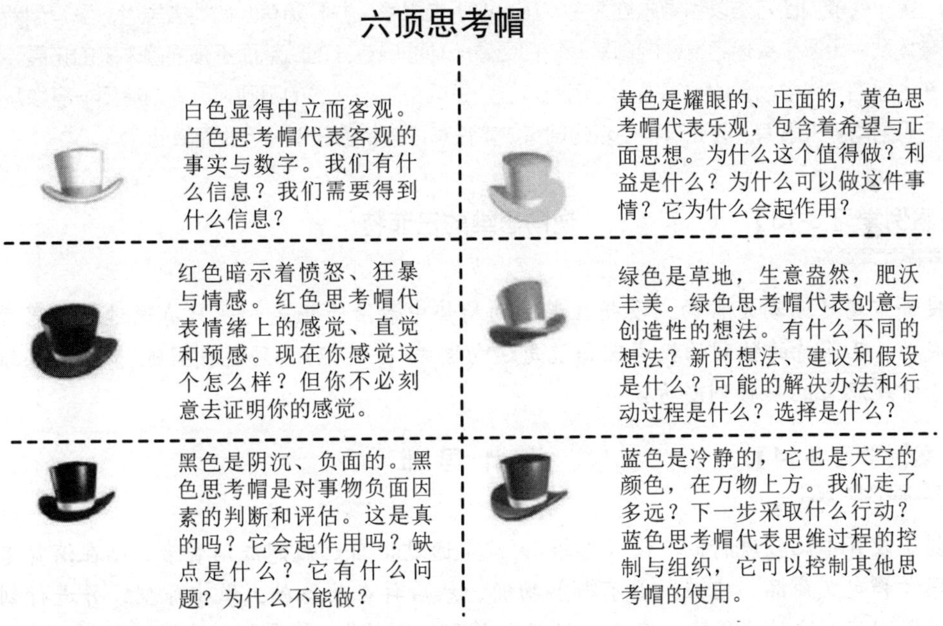


图 3-13　六顶思考帽

这种方法可以使团队中无意义的争执变成集思广益的创造力，为全面思考提供了训练模型，能有效提高团队的创新思维力。但六顶思考帽依然没有告诉人们怎样解决问题，没有告诉人们如何整合不同观点。它能有效提高团队智商，但没有产出创新成果的有效路径和理论依据，它只是一个创新思维工具。

### （三）水平思考

水平思考与垂直思考相对，垂直思考是对一个点的逻辑思考。这是人类自然的思考方式，因此会形成惯性思维。

水平思考是指多角度多侧面去观察和思考同一件事，换位思考、逆向思考都是常见的水平思考方式。

水平思考是在惯性思维上拦上一道门，堵住思维的主路，是一种用非逻辑的思考方式来解决问题的创新方法。

### （四）奔驰法（SCAMPER）

奔驰法也是一种常见的创新思考工具，能帮助人们拓宽解决问题的思路，在束手无策时，可以从 7 个方向重新思考问题，来打开创新思路。一般用于改进现有产品、服务或商业模式中。

7 个方向分别是替代、合并、改造、调整、改变用途、去除、反向。在这 7 个方向思考有助于检验是否有更好的改进现状的新方法。

奔驰法最早是为头脑风暴设计的，目的是激活参与人员的思路，起到发散思维的作用。

> ⊙ 企业家提示
>
> 第一代的创新方法以引导思维为主，让人敢于去思考，并开始有方向地去思考，没有创新路径与体系，更多是实现启发性的创新，它们更像一种面向过去的总结而不是面向未来的拓展。因此在企业的实践中创新的效率很低。创新方法注重的是思维方式的不同。因为对待同一事物从不同的思维角度去思考，因此这种创新的试错成本很高，创新的效率也因此而降低了。

【案例学习 3-13】　逆向思维的巴菲特

投资市场是波动无常的，要想在混乱的局势中看清市场走向，只有通过独立思考才能取得成功。巴菲特的独到的投资理念就是逆向思维——“别人恐慌我买进”。逆向思维也是不同于常规思考的一种创新方法。

【案例学习 3-14】　设 计 思 维

创业教育中比较流行的“设计思维”，就是通过把自己假想成消费者，站在消费者的角度去思考和定义商品，它应该具有哪些功能，然后再在此基础上做出原型，并进行创意验证和市场测试，这种“移情—定义—设想—原型—测试”，本质上也是第一代创新方法，注重的是思维方式的不同。

## 二、第二代创新技术注重创新体系的建模

第二代创新技术首先对创新体系进行了建模。这其中，不同的技术体系建模的方式又不尽相同。

### （一）萃智（TRIZ）体系

萃智（TRIZ）体系是最有代表性的第二代创新技术。萃智理论是从全世界 200 多万个高水平的发明专利中总结提炼出的一整套的创新发明理论，提出了一系列分析、解决问题的具体流程和方法。它使创新思维从发散走向收敛，使创新不再是灵光一现的偶然。它揭示了创造发明的内在规律和原理。

**【案例学习 3-15】** **苏联的航天技术**

根里奇·阿奇舒勒和他的研究团队通过分析大量专利和创新案例总结出了 40 个发明基本原理（见图 3-14）、39 个通用参数和阿奇舒勒矛盾矩阵、76 个标准解法。它能快速发现问题本质，加快发明创造的进程，提升产品的创新水平。

TRIZ 40个基本原理

| | | | |
|---|---|---|---|
| 1 | 分割原理 | 21 | 快速原理 |
| 2 | 抽取原理 | 22 | 变害为利原理 |
| 3 | 局部质量原理 | 23 | 反馈原理 |
| 4 | 非对称原理 | 24 | 中介原理 |
| 5 | 组合合并原理 | 25 | 自服务原理 |
| 6 | 多元性原理 | 26 | 复制原理 |
| 7 | 嵌套原理 | 27 | 替代原理 |
| 8 | 重量补偿原理 | 28 | 机械系统替代原理 |
| 9 | 预先反作用原理 | 29 | 压力原理 |
| 10 | 预先作用原理 | 30 | 柔化原理 |
| 11 | 预置防范原理 | 31 | 孔化原理 |
| 12 | 等势原理 | 32 | 色彩原理 |
| 13 | 反向作用原理 | 33 | 同化原理 |
| 14 | 曲线曲面化原理 | 34 | 自生自弃原理 |
| 15 | 动态原理 | 35 | 性能转换原理 |
| 16 | 部分超越原理 | 36 | 相变原理 |
| 17 | 多维运作原理 | 37 | 热膨胀原理 |
| 18 | 机械振动原理 | 38 | 逐级氧化原理 |
| 19 | 周期性动作原理 | 39 | 惰性环境原理 |
| 20 | 有效动作持续原理 | 40 | 复合材料原理 |

图 3-14 TRIZ

由于这些创新方法是统计了几十万项发明专利而得来的，因此实用性特别强，也因此迅速成为各国的国家战略级技术被加以保护和保密。TRIZ 最早在苏联发布，苏联的航天技术就是在 TRIZ 理论下创新发展起来的。

萃智理论经过半个世纪的发展，已经成为一套解决产品创新设计实际问题的成熟的理论和方法体系，具有很强的实用性。全世界更是以是否掌握这一方法作为高级创新人才的衡量标准。

### （二）SIT 创新体系

以色列的 SIT 创新体系改进了 TRIZ 的创新方法，将 40 个常见的创新方法简化为常见的 5 种。更关注创新解决方案的共同点而非不同点是 SIT 方法的关键。SIT 创新体系提倡盒内创新，利用自身内部资源实现创新最大化。它为众多知名企业创造了巨大利益，应用领域也从工程技术领域扩展到管理和社会等方面，受到很多国家和企业的重视。可以规模化产生创新成果是第二代创新技术的基本特征。

⊙ 企业家提示

第二代创新技术的缺憾在于，它们只能被用于改善具体的某个产品，比如功能、产品表现、服务等。它们无法解答与人性相关的创新，无法解答产品定位、商业模式、品牌营销及营利模式方面的创新。

## 三、第三代创新技术注重创新的路径和方法

第三代创新技术——CODEX 起源于 Google、Groupon、Rogers 等公司的创新实践，融合了 TRIZ、SIT、USIT 等创新领域的顶级方法论以及金融、心理学等最新成果。第三代创新技术是真正可以做到可复制、可大规模推广、可实际落地的创新技术。CODEX 创新体系最大的特点是按照人的思维成熟度对创新技术进行了分类。

从易到难的“5 层阶梯创新模型”也就是 5 层剖面上成功概率最大的创新，即复制（C）、优化（O）、维度（D）、生态（E）和元模式（X）5 个级别的创新，其在中西方的大量企业实践中，取得了令人瞩目的成绩，如图 3-15 所示。

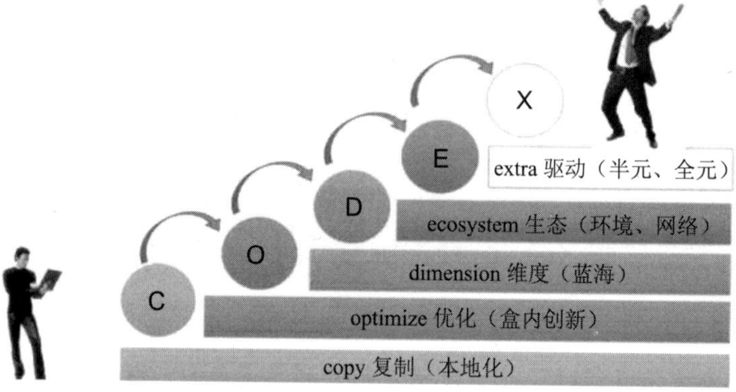


图 3-15　第三代创新技术

### 【案例学习 3-16】　“复制”是成功率最高的创新

在创新中一个重要的案例就是高铁的发展。高铁创意种子起源于日本，开花于德国，结果在中国。这里的“复制”不是简单的复制粘贴，而是跨界、跨领域的创造性“复制”，根本上是“受到启发而创新”。所谓的“复制”可以说是跨行业、跨类别、跨区域的再创新，例如，把人类的某种行为创新转化为机器人的动作，把人类的“眼镜”复制到“鸡”这种家禽上，“鸡用眼镜”大大减少了鸡群的打斗，极大地提高了鸡的产蛋率。

### 【案例学习 3-17】　“极简”带来激烈的创新

第三代创新技术的第二级是“优化”，优化又分为五种创新方法，其中的“极简”原理，就是对现有事物的基本部分做减法，减去某个部件、某道程序、某种配置等，结果就是带来激烈的创新。

人驾驶汽车，由核心部分“车”和基本部分“人”组成。如果减掉基本部分“人”，就变成了“无人驾驶”。

“一把钥匙一把锁”是过去常见的大门安保模式，它是由核心部分“锁”和基本部分“钥匙”组成的，如果应用“极简”原理来减掉基本部分“钥匙”，那么就产生了不用钥匙的创新：密码锁、指纹锁、人脸识别、瞳孔识别等激烈的创新。

**【案例学习 3-18】 F57 隐形战机的“倍增”**

在全球现有的几种五代机之中，苏-57 一直被外界认为是准隐形战机。2020 年 7 月，苏霍伊总设计局总设计师米哈伊尔·斯特列利茨在接受俄新社采访时表示，苏-57 未来在全球的主要竞争对手就是 F-35，F-35 在机动性能、加速性能和多任务能力方面远远落后于苏-57。苏-57 相比 F-35 拥有一系列优势，苏-57 就是 F-35 和 F-22 的叠加，而这种把两种不同的事物叠加在一起的创新方法，就是 CODEX 中的“倍增”。

在手机摄像头领域，华为第一个在智能手机上使用多摄像头，从最初苹果手机的单摄像头，到华为手机的双摄像头、三摄像头，都利用了 CODEX 中的倍增原理。

⊙ 企业家提示

创业是从 0 到 1，创新是从 1 到 100。在 2021 年国家发布的十四五规划和 2035 年远景目标中，提得最多的就是“创新”，面对飞速发展的科技和经济，各行各业都面临着“创新”趋势。但是要记住这样几个原则：

（1）创新需要产生回报，但这个回报也许不是立竿见影的，因此创新和创业一样，都需要坚持。

（2）创新需要超越产品层面，因此需要创新者具备心理学、社会学、美学等多学科知识，因此创新具有偶然性，但也需要知识积累。

（3）知道在何处创新与知道如何创新同样重要。创新很多时候是持续的，即便是前人已经有了公认的成熟模式，依然可以再创新。

（4）创新通常是系统性的，优先解决最困难的问题。

（5）创新最大的动力是简洁，要让事物更简单、更方便、更便宜等。

**【案例学习 3-19】 宜家，一个被耽误的餐饮巨头**

众所周知，宜家是一个卖家具的商场，但是你知道它的餐饮服务每年赚多少钱吗？宜家不仅年年稳坐家具行业头把交椅，光是餐饮年收入就达到了 18 亿美元！其餐饮部的营收增幅甚至一度是企业营收增幅的 2 倍以上。

它的秘诀是什么？就是“倍增”——家居+餐饮，越来越多的人把去宜家买个家居物品变成了去宜家吃点东西。

**【案例学习 3-20】 《赘婿》——穿越就是跨年代“复制”**

2021 年 2 月 14 日，爱奇艺播放了一部古装连续剧《赘婿》，创造了新的收视热点。

在剧里，郭麒麟扮演的男主宁毅是一个从现代穿越到武朝的人，他把当代商界的“拼单”模式“复制”到了武朝，这种名为“拼刀刀”喊好友砍价的促销方式，大大提升了商铺的竞争力，同时苏氏布行还抛出“苏宁毅购”的创新商业模式。这种穿越就是跨年代复制，无疑就是CODEX的第一级创新。

在剧外，反应迅速的拼多多立刻抢注了“拼刀刀”商标，而苏宁除了提交商标注册，还发起了专场促销活动。

# 第五节　商业模式开发

## 本节要点

使学生认识商业模式的本质，了解战略与商业模式之间的关系，掌握商业模式设计和开发的思路，明确开发商业模式的关键影响因素。

## 一、商业模式的定义和本质

### （一）商业模式的定义

**1．最初的定义**

“商业模式”这个概念早在20世纪50年代就有人提出了，但直到40年后（20世纪90年代）才流行开来。泰莫斯定义商业模式：是指一个完整的产品、服务和信息流体系，包括每一个参与者及其起到的作用，以及每一个参与者的潜在利益和相应的收益来源和方式。在分析商业模式过程中，主要关注一类企业在市场中与用户、供应商、其他合作方的关系，尤其是彼此间的物流、信息流和资金流。

**2．专家学者的定义**

清华大学雷家骕教授概括的商业模式定义为：一个企业如何利用自身资源在一个特定的包含了物流、信息流和资金流的商业流程中，将最终的商品和服务提供给客户，并收回投资获取利润的解决方案。

**3．通俗的定义**

较为通俗的定义是：商业模式就是描述企业如何通过运作实现其生存和发展的“故事”。简单地讲，商业模式就是企业的动态营利战略组合。所以，也有人直白地说：“赚钱了才是商业模式。”例如，在网络热潮时期，硅谷的许多创业者就曾经通过给投资者讲一个好听的“故事”而获得了巨额投资。

### （二）商业模式的本质

商业模式本质上是若干因素构成的一组营利逻辑关系的链条。

**【案例学习3-21】　　　　直播电商成功带来的启发**

经过短短数年的发展，直播电商行业2023年再次掀起一系列引人瞩目的热点事件。从年中的李佳琦的“哪里贵了”到年底董宇辉的“小作文之争”，这个年轻的行业多次如烈火烹油一般引起了全民关注。

在过去的一年里，随着新技术和新市场的不断发展，直播电商行业产生了众多可能性。直播+AIGC 催生了数字人直播，直播+出海为国内品牌找到了走向国际市场的可能性，而直播+地产则孕育了创新的直播基地新物种。

展望 2024 年，几乎所有业内人士都认为，直播电商行业野蛮生长、赚快钱的时代已经结束，长期主义和共赢发展才是主旋律。

从商业模式的运作体系来看，直播电商未来发展可归纳为七个趋势：

趋势 1：MCN 重新审视和头部主播关系是利益捆绑还是感情捆绑

趋势 2：建自有品牌成直播间标配，大主播扎堆卖爆款

趋势 3：直播基地新模式卷土重来，地产+直播=新物种？

趋势 4：大模型、AIGC 新技术入局，直播间跟还是不跟？

趋势 5：数字人技术成直播电商出海最强助力，海外市场是机会还是挑战？

趋势 6：“控价”“垄断”引发争议，直播间“最低价”难以继续

趋势 7：不再被当作打造短期爆品工具，直播间开始提倡“长期主义”

不论商业模式如何变迁，创业者始终应关注商业模式的本质，建立贴近顾客的直接关系，提供专人客户负责制，采用行业标准技术，按需定制，实行精细化管理，建立供应链管理和坚持多元化经营战略。

## 二、商业模式和商业战略的关系

商业模式是从全新的角度考察企业，是一个正在形成和发展中的新的理论和操作体系，许多概念和内容尚未定位；另外商业模式涵盖了企业从资源获取、生产组织、产品营销、售后服务到研究开发、合作伙伴开发、客户关系管理、收入方式确定等几乎一切活动。

### （一）商业模式的形成逻辑

商业模式是创业者创意。商业创意来自机会的丰富和逻辑化，并有可能最终演变为商业模式。其形成的逻辑是：机会是经由创造性资源组合传递更明确的市场需求的可能性（Schumpeter，1934；Kirzner，1973），是未明确的市场需求或者未被利用的资源或者能力。

随着市场需求日益清晰以及资源日益得到准确界定，机会将超脱其基本形式，逐渐演变成创意（商业概念），包括如何满足市场需求或者如何配置资源等核心计划。

商业概念随着自身的提升，变得更加复杂、准确并且差异化，包括产品/服务概念、市场概念、供应链/营销/运作概念（Cardozo，1996），进而逐渐成熟并最终演变为完善的商业模式，从而形成一个将市场需求与资源结合起来的系统。

商业模式九要素

### （二）商业模式的要素和特征

#### 1. 商业模式的要素

商业模式有三个核心要素：顾客、价值和利润。一个好的商业模式必须回答以下三个基本问题。

（1）企业的顾客在哪里？

（2）企业能为顾客提供怎样的（独特的）价值和服务？

（3）企业如何以合理的价格为顾客提供这些价值并从中获得企业的合理利润？

商业模式是商业战略生成的基础，商业战略是在商业模式基础上的行为选择。商业模式的价值主张、价值网络和价值实现等要素之间的不同组合方式形成了不同的商业模式。

在综合了各种概念的共性的基础上，一个包含八个要素的参考模型被提出。这些要素包括以下八个方面。

（1）价值主张（value proposition）。价值主张是指公司通过其产品和服务能向消费者提供的价值。它确认了公司对消费者的实用意义。

（2）消费者目标群体（target customer segments）。消费者目标群体是指公司瞄准的消费者群体。这些群体具有某些共性，从而使公司能够（针对这些共性）创造价值。定义消费者群体的过程也被称为市场划分（market segmentation）。

（3）分销渠道（distribution channels）。分销渠道是指公司用来接触消费者的各种途径。这里阐述了公司如何开拓市场。它涉及公司的市场和分销策略。

（4）客户关系（Customer Relationships）。客户关系是指公司同其消费者群体之间所建立的联系。我们所说的客户关系管理与此相关。

（5）价值配置（value configurations）。价值配置是指资源和活动的配置。

（6）核心能力（core capabilities）。核心能力是指公司执行其商业模式所需的能力和资格。价值链（value chain）是为了向客户提供产品和服务的价值，相互之间具有关联性的支持性活动。

（7）成本结构（cost structure）。成本结构是指所使用的工具和方法的货币描述。

（8）收入模型（revenue model）。收入模型是指公司通过各种收入流（revenue flow）来创造财富的途径。

⊙ 企业家提示

创业公司在商业模式上常见的失误有：做出来的解决方案没有市场需求，产品缺乏特定的市场，产品总是免费赠送。一个好的商业模式至少要包含以上八个基本元素中的前七个。

**2．商业模式的特征**

长期从事商业模式研究和咨询的埃森哲公司认为，成功的商业模式具有以下三个特征。

（1）成功的商业模式要能提供独特价值。有时候这个独特的价值可能是新的思想，而更多的时候，它往往是产品和服务独特的组合。这种组合要么可以向客户提供额外的价值，要么能使客户用更低的价格获得同样的利益，或者用同样的价格获得更多的利益。

（2）商业模式是难以模仿的。企业通过确立自己的与众不同，如对客户的悉心照顾、无与伦比的实施能力等，来提高行业的进入门槛，从而保证利润来源不受侵犯。例如，直销模式仅凭“直销”一点，还不能称其为一个商业模式，人人都知道其如何运作，也都知道戴尔公司是直销的标杆，但很难复制戴尔的模式，原因在于“直销”的背后，是一整套完整的、极难复制的资源和生产流程。

（3）成功的商业模式是脚踏实地的。企业要做到量入为出、收支平衡。这个看似不言而喻的道理，要想年复一年、日复一日地做到，却并不容易。现实当中的很多企业，不管是传统企业还是新型企业，对于自己的钱从何处赚来，为什么客户看中自己企业的产品和服务，乃至有多少客户实际上不但不能为企业带来利润，反而在侵蚀企业的收入等关键问题，都不甚了解。

**【案例学习 3-22】　　蓝海战略助推商业模式创新**

对于"创新"一词，很多人简单理解为"技术突破"。而技术突破只有为买方价值引领，以可行的商业模式为依托，才能迅速打开市场，获得利润的增长。

蓝海战略所倡导的"价值创新"就是要打造以市场价值为基础的创新，兼顾高价值低成本的商业模式，以开拓创新的需求和增长。蓝海战略要求企业把视线从市场的供给一方转移到需求一方，从关注竞争对手变成提升产品价值，从而摆脱红海市场，开创蓝海市场空间。

例如，加拿大太阳马戏团最初的目标顾客是儿童。随着其他娱乐形式的进化，城市生活中各种电子游戏机、家庭娱乐逐渐丰富，这使太阳马戏团的市场日渐萎缩。而太阳马戏团没有在日益萎靡的马戏市场中与其他马戏团争夺顾客，而是开拓了新的市场空间。太阳马戏团用"马戏+舞台剧"的崭新模式，吸引了新的顾客：成年人、商界人士愿意花费高于传统马戏几倍的价格享受这种前所未有的娱乐活动，太阳马戏团从此如入无人之境，彻底摆脱了竞争。

从这个意义上说，蓝海战略是基于价值的创新，而不是在原有市场与竞争对手厮杀，本质是商业模式的创新。

创业公司在进行商业模式设计时，通常会发现很多领域都已经有人在做了。我们先把这块市场看成由两部分组成：红色海洋和蓝色海洋，简称红海和蓝海。

红海代表现今存在的所有产业，就是我们已知的市场空间；蓝海则代表当今还不存在的产业，就是未知的市场空间。在红海中，每个产业的界限已被划定，竞争规则也已经为人们所知。

蓝海代表着亟待开发的市场空间，代表着创造新需求，代表着高利润增长的机会，就像上文提到的太阳马戏团所做的那样，在红海内部拓展已有市场的边界；而新市场中，竞争无从谈起，因为新的游戏规则还没建立。

⊙ 企业家提示

100 年前，今天的产业大多在当时还没有出现。40 年前，电子商务、移动电话、互联网、生物技术、快递物流、咖啡吧等，还无一存在。事实上，产业从来都不是静止的，我们大大低估了创建新产业及再创已有产业的可行空间。

如果我们把历史作为参照，那么就会乐观对待创新：未来还会出现很多我们今天闻所未闻的产业。

## 三、商业模式因果关系链条的分解

商业模式设计的目的

每个企业都有每个企业的特点，其商业模式也不尽相同。有人说，现代企业的成功源于商业模式。所以，商业模式的设计日益受到人们的关注。

### （一）商业模式设计是创业机会开发环节的一个不断试错、修正和反复的过程

因为企业生存所处的外在环境时刻都在发生变化，因此，要维持较为持久的盈利优势，就要在实践中不断修正和完善商业模式。

**【案例学习 3-23】　　不同产品的商业模式是不同的**

日用品的商业模式就是靠量大，薄利多销。例如大米是中国人的主要粮食，全国 13 亿人口，每人每天吃 0.5 千克大米的话，一天就需要 6.5 亿千克，如果每 500 克盈利 0.01 元，那么每天的利润就是 1300 万元，一年的利润就是 47 亿元。

而销量小的产品就靠单位产品的高额利润来营利，例如古董、奢侈品、高级装饰品等，这是由产品的不同定位来决定的。

> ⊙ 企业家提示
>
> 大学生创业者要根据自己的产品和服务的定位来设计自己的营利模式。盲目地抄袭商业模式，会因为各自企业所处的天时、地利、人和不同，结果也大相径庭；学会有创新地借鉴，能够设计出具有创新性和差异化的商业模式，才是企业盈利的保障。

### （二）商业模式分为自发式和自觉式

**1. 自发式商业模式**

自发式的商业模式是自发形成的。企业对如何营利、未来能否赢利缺乏清醒的认识，企业虽然赢利了，但商业模式不明确、不清晰，其商业模式具有隐蔽性、模糊性，缺乏灵活性的特点。

**2. 自觉式商业模式**

自觉式的商业模式是企业通过对营利实践进行总结而形成的。它是对自发式营利模式加以自觉调整和设计而成的，具有清晰性、针对性、相对稳定性和灵活性的特征。

**【案例学习 3-24】　　维度创新造就企业的差异化**

当前，现有企业在产品和服务上加速同质化，价格战愈演愈烈，利润率不断下降。在过度拥挤的产业中，无论经济大势是好转还是衰退，要想让品牌脱颖而出变得越来越困难了。初创企业在竞争中脱颖而出，努力开拓一片蓝海而成功的大有人在。志在开拓蓝海的创业者一般都首先追求“差异化”，就是做出一个不一样的商业模式。

我们再来看看太阳马戏团的例子吧。太阳马戏团创建之初，传统马戏只剩下三个关键元素：帐篷、小丑、经典杂技表演，如车技或各式小绝活。太阳马戏团不去理会其他马戏

团在做什么，而是通过“再创了马戏”的商业模式，打破马戏和戏剧的界限，吸引了更多的“非顾客”，将其幽默从闹剧型转向迷人型和高雅型。保留了杂技和惊险刺激的表演，推出了贯穿整场演出的故事线索，以及多套演出作品。

这些元素，对马戏来说是全新的创造，而实际上太阳马戏团通过“维度创新”再造了新的商业模式。

> ⊙ 企业家提示
>
> 太阳马戏团融合了马戏和舞台剧的最佳元素，去除和减少了其他原有元素，它给顾客提供了一种前所未有的价值，开创了一片蓝海，从而创造出了一种与传统马戏和舞台剧都截然不同的、崭新的现场娱乐形式，这也是商业模式创新的精髓。

### （三）商业模式的因果关系

商业模式一旦确定，也不是一成不变的。因为建立商业模式的原因是经营外部环境的市场需求，商业模式设计的结果是带来企业生存发展需要的利润。没有市场需求的产品，不论其科技含量多高，都不会给企业带来利润。例如，前面提到的案例“摩托罗拉的铱星”。

## 四、设计商业模式的思路和方法

商业模式设计是分解企业价值链条和价值要素的过程，涉及要素的新组合关系或新要素的增加。简单地说，商业模式就是企业赚钱的渠道和方法，通过怎样的模式和渠道来赚钱，是企业在市场竞争中逐步形成的、特有的、赖以生存的商业结构。

**【案例学习 3-25】　　美国 Curves 健身俱乐部**

Curves 是一家总部设在得克萨斯州的女性健身俱乐部，自从 1995 年启动加盟连锁模式之后，仅仅十年就吸收了 200 万会员。更值得一提的是，这样的增长几乎完全是靠口口相传和朋友介绍。

一开始，Curves 健身俱乐部被认为是在进入一个过度饱和的市场，前景并不被人们看好，因为比起竞争对手来，它的产品和服务显得索然无味。但事实上，Curves 健身俱乐部开创了美国健身业的新需求。

关键就在于它设计了新的商业模式——传统健康俱乐部和家庭健身计划联动。传统健康俱乐部设在城市热点地段，而家庭健身计划包括健身录像、书籍、杂志，其成本低廉，适合在家庭使用。多数女顾客选择在家健身，主要为了节省时间、减少花费，保护个人隐私。

> ⊙ 企业家提示
>
> Curves 健身俱乐部不是直接与其他健康和健身俱乐部理念相竞争，而是发现了新的市场需求。如今，它已经在世界各地拥有了一万多家俱乐部，会员人数超过了 500 万，尽管一路走来也遭遇了不少坎坷，但它还是成了世界上最大的女性健身加盟企业。
>
> 创新永远不晚。

拓展阅读　　　　　　　　商业模式的作用

在美国著名商学院的课堂上，商业模式是分析创业和企业商业运行的重要概念。管理学大师彼得·德鲁克曾说过：“当今企业之间的竞争，不是产品之间的竞争，而是商业模式之间的竞争。”前时代华纳CEO迈克尔·邓恩认为：“在经营企业的过程中，商业模式比高新科技更重要，因为前者是企业能够立足的先决条件。”不管这些观点是否准确和完整，一个不争的事实是：企业必须选择一个适合自己的、有效和成功的商业模式，并且随着客观情况不断加以创新，才能获得持久的竞争力，从而保证企业的生存和发展。2004年Google的上市和上市后的优异表现使人们更加深入地思考商业模式及其对创业成功所起的作用。

## 五、商业模式创新的逻辑与方法

### （一）商业模式创新的逻辑

当评判一个企业能否提出真正具有创新性的商业模式时，首先需要从逻辑上回答商业模式要素中的三个问题，需要判断它能否为顾客、股东、员工，甚至其他利益相关者带来实际的价值和利益。总之，一个好的商业模式应当能为多方创造价值。

商业模式设计的要点

### （二）商业模式创新的方法

**1．认知商业模式关乎企业成败**

企业的目标是追求利润最大化，创业者的任何决策都是为了企业的生存。如果你细心观察一下市场，就会发现一个有趣的现象：有时即使是经营同类商品的企业，盈利状况竟然也会截然不同，这其中的奥妙在哪里？

谁能够持续获得比同行更高的利润，谁能设计出合适而且有效的商业模式，谁就是真正的赢者。在过去的30年里，世界上90%的公司都未能取得持续的利润增长。如果将国内所有大中型企业清盘的话，有不低于70%的公司是亏损而且是资不抵债的。中国企业平均寿命只有6～7年，民营企业平均只有2.9年，生存超过5年的不到9%，超过8年的不到3%。

究竟是什么原因导致了大量的企业走向失败？冰山理论告诉我们，任何企业的失败都有其根源所在，有的是显示在外边的，被称为冰山上的部分；而有时真正的根源确实容易被创业者忽略而成为看不到的潜在因素，也就是被称为冰山下的部分的那些因素，那部分因素才是最重要的。

【案例学习3-26】　　　　佳能复印机和SAP软件

很多企业在设计商业模式之初，都要对“谁是目标顾客”这个问题提出疑问，通过这样的头脑风暴，往往可以找到顾客价值的新发现。

例如佳能复印机，最初把目标顾客确定为企业采购员，通过讨论，把关注点从企业采购员转移到了使用者本身，从而改变了佳能复印机的目标顾客，开创了小型桌面复印机产业。

再比如SAP软件，它把商业应用软件的目标顾客从功能使用者转移到了企业采购员身上，从而开创了实时一体化软件业务，并取得了巨大的成功。

**2．研究同行的商业模式**

任何企业的经营都会受到可控和不可控因素的影响，有时相同的错误会普遍发生。因此，观察其他企业的做法、处境，以及如何引进产品和推销，等等，你可以获得很多经验教训。研究与你要创建的类似的公司或者要生产的类似的产品，可以使你冷静地认识市场需求，帮助你找到合理的商业模式。

⊙ 企业家提示

通过对300多家中外企业失败案例的剖析发现，因为战略原因而失败的只占28%，因为执行原因而夭折的企业只占25%，因为没有找到合适的商业模式而走上绝路的却占47%。美国兰德司曾对1000家破产企业进行过研究，结果表明，有45%以上的企业也是因为商业模式的设计失误致使企业陷入困境，最后破产。

**【案例学习3-27】　巴黎商学院的“经营黄金法则”**

举世闻名的巴黎商学院有10条关于企业经营管理的“黄金法则”，其中一条就是：“经商最重要的不是资金，不是人才，而是商业模式。”经商的根本目的是赚钱，赚钱的核心是商业模式。

商业模式设计的趋势

**3．寻找最佳的商业模式**

你必须遵循一个原则：任何模式都应以顾客的需求、市场策略和经营特色为中心。好的商业模式应具有如下三个特点。

（1）必须可以同时满足顾客和企业的需要。

（2）应该是为了满足顾客愿望或解决顾客不满而研究出来的对策。

（3）一定具有自己的特色，可以使顾客离不开你的产品或服务。

⊙ 企业家提示

不少创业者的一大缺点，是他们每天宁愿花费大量的时间去思考公司重大决策方面的事情，投入大量的人力、物力去精心运作和执行，却不肯多花费一点时间来思考、设计适合自己的商业模式，致使公司长期在利润区外徘徊，却总是找不到进门的钥匙。

在企业的战略与运营之间其实存在这样一个被人忽略的规律，找到了它，成功的企业能更加稳固，平凡的企业可以焕发新生，流动的资本就会找到利润区。这个规律就是商业模式。

**4．研究对手的商业模式**

（1）知彼知己，百战不殆。你必须首先找出你的竞争者，然后要像了解你自己一样了解你的竞争者：他们的产品和你的有什么异同？目前他们的市场份额如何？他们都有哪些营销策略？要清楚哪些人正与你做着同样的事，只有掌握并分析他们的信息，才可以找到自己的生存空间。

（2）想顾客之所想。除向成功的企业家学习之外，绝对以顾客的利益和市场需求为行动指南是你创业中的第二条重要准则。如果你比竞争者想得更周到，做得更完美，你一直致力于做顾客的“贴心人”，那么你就可以战胜你的竞争对手，取得出类拔萃、与众不同的成果。

（3）急顾客之所急。你还应尽量避免过于看重自己的观点和能力。如果你是一个固执的创业者，那么你往往容易忽视团队的意见，甚至忽略顾客的需求。如果你的产品不符合市场需求，那么你就会立刻失去竞争的优势，把市场白白送给你的竞争者。

（4）市场始终如逆水行舟，不进则退。如果你不注意研究竞争者，那么突然有一天，你会发现原本属于你的“奶酪”减少了，被你的竞争者在不知不觉中抢去了。经营永远是“不进则退”，市场永远没有停止变化的时刻。

**【案例学习 3-28】　　商场如战场：兵不厌诈**

创业者刚成立的微小企业经常要靠给大企业做小伙伴来站稳脚跟。有 A、B 两家公司在同时竞标一个大企业的配件生产订单，A 公司为了确保自己的报价可以在竞标中取胜，就想知道对手的报价。为了获得 B 公司的生产成本，他们找到一个咨询公司来协助获取这个数据。

于是一个大学生自称要完成一个关于生产线结构设计的毕业论文，来 B 公司参观实习。这家公司的生产主管就在谈话间毫不设防地泄露了非常详细的生产成本数据，其实这个大学生并不是要完成毕业论文的数据分析，而是在为 A 公司的咨询业务收集资料。结局大家就可以猜到了。

⊙ 企业家提示

为了掌握竞争对手的情况，有时人们会采取各种手段。毕竟要做到知彼知己并不是一件很容易的事。一旦找到竞争对手的弱点，针对其弱点差异化地设计你的产品和服务，你就可以赢得顾客，在竞争中获得优势。

（5）找出竞争对手的弱点。至少要找出十位和你具有相同客户群体的竞争对手，他们就是和你同分一块市场蛋糕的对手，或者说你只有从他们的手里抢过更多的蛋糕，你的企业才会有立足之地。你要分析对手，才可以战胜对手。

（6）重视成功创业者的意见。企业经营管理咨询并非只有大企业才需要，对所有的创业者来说，在创业伊始去请教有创业经验的成功企业家是非常必要的。

**【案例学习 3-29】　　精明的装潢商：对竞争者做全面的分析**

一位接受过上海市开业指导中心辅导的创业者把自己的成功归结为他对竞争对手的全面分析。为此他还设计了一个表格，里面是他的十位竞争对手的详细情况：员工组成、成本结构，甚至某段时间他们的工程进度他都了解得一清二楚。

除此之外，他对竞争对手的优点和弱点也了如指掌。“我有时甚至亲自去他们的工作场地考察，然后与他们的顾客沟通，看看现场就会对他们的成本开支有个基本的了解了。”这样他就时刻把市场的细微变化掌握在心中了。

每当竞标时，他总是在第一时间、第一个把标书和演示 PPT 送给客户，而且报价总是最符合市场行情的，因此他的公司红红火火。

（7）要与顾客“亲密接触”。几乎每一个成功的创业者都能够灵敏地捕捉到顾客的需求和渴望，以及市场最细微的变化，并能快速对需求的变化和发展的趋势做出反应。要掌握市场的第一手资料，就应该亲自去目标客户那里体验一下。

例如，如果你想给物流业开发一套软件，你就得想一下，是不是应该到哪个物流公司去实习一下。如果你想给小学生提供服务，你就需要细心观察小学生的生活起居，只有如此，你才可以找到他们真正的需求所在。

**【案例学习 3-30】　雅诗兰黛的成功在于重视消费者的不同偏好**

雅诗兰黛最初的产品是针对老年人和青少年的，后来的倩碧定位就是为拥有微型汽车而没有时间化妆的中年妈妈生产的护肤品。

对于年轻人，雅诗兰黛设计了由自然原料生产的阿维达品牌，当然雅诗兰黛也没忘记做大众品牌（如杰·沙沙贝等），可以供应诸如沃尔玛这样的大超市。

⊙ 企业家提示

在确立项目时既要了解市场和顾客，也要了解竞争者。建议做一个“竞争者情况分析”表，把你的竞争者情况列入表中，对他们的情况做一个全面分析。你应该通过这个分析来确定公司的特色和经营策略。

**5. 把你了解到的竞争对手的情况填入表 3-6**

表 3-6　竞争情况分析表

| |
|---|
| 竞争者名称： |
| 1．产品和服务： |
| 2．市场定位/销售对象： |
| 3．销售额：________ |
| 4．利润：________ |
| 5．员工数量：________ |
| 6．投资能力：________（5—很强；4—强；3—一般；2—弱；1—很弱） |
| 7．生产负荷：________（5—很强；4—强；3—一般；2—弱；1—很弱） |
| 8．销售范围：________ |

续表

9．竞争者实行哪种策略（选择者打√）

A．市场补缺者

B．附加促销品（超值服务）

C．价格领先者

______________________________

______________________________

10．未来市场 和销售对象：______________________________

11．目前盈利最大的产品和服务

| 产　品 | 销　售　额 | 比例（%） |
| --- | --- | --- |
| | | |
| | | |

12．未来盈利最大的产品和服务

| 产　品 | 销　售　额 | 比例（%） |
| --- | --- | --- |
| | | |
| | | |

13．获得成功的方法：

方法一：______________________________

方法二：______________________________

方法三：______________________________

14．竞争者的优缺点分析

优点：

______________________________

缺点：

______________________________

15．竞争者价格

| 产 品 品 种 | 价　格 |
| --- | --- |
| | |
| | |
| | |
| | |

**⊙ 企业家提示**

营利的问题是每个公司都需要考虑的第一问题，也是大家都感兴趣的话题。营利之道很容易理解，也就是营利的方法、营利的思路。那么，我们的企业经营之路该怎么走？鲁迅先生说得好："其实地上本没有路，走的人多了，也便成了路。"在企业成长壮大过程中，鲁迅先生的警句给了我们力量，鼓励我们一定要积极努力，勇于探索，开辟道路。

在所有的创新之中，商业模式创新属于企业最本源的创新。离开商业模式，其他的管理创新、技术创新都失去了可持续发展的可能和营利的基础。所有成功的大企业都是从小企业秉持成功的商业模式一步步走过来的。

我们说，沃尔玛其实是开杂货店的，可口可乐是卖汽水的，微软是卖软件的，国美是开电器店的，小肥羊是开火锅店的。这些普通行业的成功说明什么？其实说明一个道理：无论科技含量是高还是低，企业都能成功，关键是要找出成功的商业模式，并把商业模式的营利能力快速发挥到极致。

**思政案例**　　入戏——和红色文化来一场沉浸式戏剧互动

## 思考与训练

**1．认真做完以下测试，了解自己的潜意识，有助于正确地认识自己。**

如果将人类的整个意识比喻成一座冰山，那么浮出水面的部分属于显意识的范围，约占意识的 1/8，换句话说，7/8 隐藏在冰山底下的意识属于潜意识的力量。

（1）潜意识测试：认真地做这个测试，看看你潜意识里适合什么类型的角色。

这个测试是菲尔博士在美国著名主持人奥普拉的节目里做的，答案要根据你现在的情况选择。

① 你______感觉最好？

A．早晨　　B．下午及傍晚　　C．夜里

② 你走路时是______。

A．大步地快走　　B．小步地快走

C．不快，仰着头面对着世界　　D．不快，低着头

E. 很慢

③ 和人说话时，你______。

A．手臂交叠地站着　　B．双手紧握着

C．一只手或两手放在臀部　　D．碰着或推着与你说话的人

E．玩着你的耳朵、摸着你的下巴或用手整理头发

④ 坐着休息时，你的______。

A．两膝盖并拢　　B．两腿交叉

C．两腿伸直　　D．一腿蜷曲在身下

⑤ 碰到你感到发笑的事时，你的反应是______。

A．一个欣赏的大笑　　B．笑着，但不大声

C．轻声咯咯地笑　　D．羞怯地微笑

⑥ 当你去一个派对或社交场合时，你______。

A．很大声地入场以引起注意　　B．安静地入场，找你认识的人

C．非常安静地入场，尽量保持不被注意

⑦ 当你非常专心地工作时，有人打断你，你会______。

A．欢迎他　　B．感到非常恼怒　　C．在以上两极端之间

⑧ 下列颜色中，你最喜欢______。

A．红或橘色　　B．黑色
C．黄或浅蓝色　　D．绿色
E．深蓝或紫色　　F．白色
G．棕或灰色

⑨ 临入睡的前几分钟，你在床上的姿势是______。

A．仰躺，伸直　　B．俯躺，伸直
C．侧躺，微蜷　　D．头睡在一只手臂上
E．被盖过头

⑩ 你经常梦到你在______。

A．落下　　B．打架或挣扎　　C．找东西或人
D．飞或漂浮　　E．你平常不做梦　　F．你的梦都是愉快的

（2）记分方法：把你所选各项的对应分数加起来。

① A．2　B．4　C．6
② A．6　B．4　C．7　D．2　E．1
③ A．4　B．2　C．5　D．7　E．6
④ A．4　B．6　C．2　D．1
⑤ A．6　B．4　C．3　D．5
⑥ A．6　B．4　C．2
⑦ A．6　B．2　C．4
⑧ A．6　B．7　C．5　D．4　E．3　F．2　G．1
⑨ A．7　B．6　C．4　D．2　E．1
⑩ A．4　B．2　C．3　D．5　E．6　F．1

（3）测试结果。

【低于21分：内向的悲观者】人们认为你是一个害羞的、神经质的、优柔寡断的人，是需要人照顾、永远要别人为你做决定、不想与任何事或任何人有关联的人。他们认为你是一个杞人忧天者，一个永远看到不存在问题的多虑者。有些人认为你令人乏味，只有那些深知你的人才知道你不是这样的人。

【21～30分：缺乏信心的挑剔者】你的朋友认为你勤勉刻苦、很挑剔。他们认为你是一个谨慎的、十分小心的人，一个缓慢而稳定、辛勤工作的人。你做任何冲动的事或无准备的事，都会令他们大吃一惊。他们认为你会从各个角度仔细地检查一切之后仍经常决定不做。他们认为你的这种反应的根源一部分是你小心的天性所导致的。

【31～40分：以牙还牙的自我保护者】别人认为你是一个明智、谨慎、注重实效的人，也认为你是一个伶俐、有天赋、有才干且谦虚的人。你不会很快、很容易地和人成为朋友，却是一个对朋友非常忠诚的人，同时要求朋友对你也有忠诚的回报。那些真正有机会了解你的人会知道要动摇你对朋友的信任是很难的，同样，一旦这种信任被破坏，你会很难过。

【41～50分：平衡的中庸之道】别人认为你是一个新鲜的、有活力的、有魅力的、好玩的、讲究实际并永远有趣的人；你经常是群众关注的焦点，但是你是一个懂得平衡的人，不至于因此而昏了头。他们也认为你亲切、和蔼、体贴，能谅解人，一个容易使人高兴起来

并会帮助别人的人。

【51～60 分：吸引人的冒险家】别人认为你是一个令人兴奋的、高度活泼的、相当易冲动的人；你是一个天生的领袖，一个会很快做决定的人，虽然你的决定不总是对的。他们认为你大胆爱冒险，愿意尝试做任何事。由于你能带来刺激，因此他们喜欢跟你在一起。

【60 分以上：傲慢的孤独者】别人认为对你必须“小心处理”。在别人的眼中，你是自负的，以自我为中心的，极度有支配欲、统治欲的人。别人可能钦佩你，希望能多像你一点，但不会永远相信你，会对与你更深入的来往有所踌躇及犹豫。

**2．认真思考以下问题，你认为正确吗？**

（1）创业需要激情，更需要理性，你是一个潜在的创业者吗？

经过测试，你对自己加深了认识，结合前面的自身条件评估，请你认真思考：你的性格适不适合创业？只有做好了创业的准备，才可以创业。

（2）创业仅仅是职业生涯规划中的职业选择之一。

一旦你觉得你既有创业的激情又具备创业的条件，那就不要浪费时间，立刻开始你的创业行动。但你觉得不适合创业时，也不要气馁或者勉强，因为都说“三十六行，行行出状元”，成功和成才也不是只有创业一条路。

**3．阅读案例，思考并回答问题。**

**无所作为的业余厂长**

王元是一位技术不错的职业学院的电工老师，由于平时经常有人找他帮忙，于是他萌生了开个电器设备维修服务部的想法，但一时又舍不得教师的岗位，所以，就成立了一个小门市，自己在业余时间去打理，平时由小伙计看着门市。

这样做表面上看起来是两全其美的事，但是，他的企业一直没有做大，由于不能专心教课，评职称时也没跟上。

随着年龄的增长，他当初创业的激情也荡然无存了，最后的结局是：本来是两边都想要，结果是两边都没做好。

**问题：**

（1）以下观点是否正确？

创业者必须心无旁骛，专一执着，鱼和熊掌不可兼得。不要去做业余创业者。创业是一种生活方式，不要有以下两类错误心态：觉得工作没意思，想业余时间创业试试；在第一个创业项目还没有完成时，同时又开始第二个，想多一道保险。创业的锻炼应该在学习期间或者是没有选择创业项目之前进行，一旦选择了创业，就要专注。

（2）你理想中的企业是什么样的？

（3）你认为创业成功最关键的因素是什么？

（4）创业和就业的区别在哪里？

**4．阅读以下文字并回答问题。**

**营利战略组合**

根据埃森哲咨询公司对 70 家企业的商业模式所做的研究分析，有效的商业模式组合应该具有以下三个共同的特点。

（1）它必须是能够提供独特价值的。有时，这个独特可能是新的思想，或者是用同样的价格获得更多的利益。

（2）它必须是难以模仿的。企业通过确立与众不同的商业模式，如对顾客的细心照料、无与伦比的实力等，来提高行业的进入门槛，从而保证利润来源不受侵犯。

（3）它必须是脚踏实地的。脚踏实地就是实事求是，就是把商业模式建立在对客户行为的准确把握上。

所以，有效的商业模式是丰富的和细致的，并且它是与企业的经营目的相联系的，具有前瞻性、适用性，是有效的。

**问题：**

（1）找出三个企业，它们的商业模式分别具有前瞻性、适用性和有效性的特点，说明为什么。

（2）你认为哪个企业的商业模式是最具有创新性、最独特的？为什么？

**5．思考与练习。**

（1）青少年加入劳动大军时，应该开什么店？

（2）燃油价上涨时，不适宜开什么公司？

# 第四章

# 创业资源与创业风险

## 学习目标

通过本章教学，使学生了解创业过程中的资源需求和资源获取方法，特别是创造性整合资源的途径，认识创业资金筹募渠道和创业风险，掌握创业资源管理和风险规避的技巧和策略。

## 第一节　创业资源概述

### 本节要点

**使学生了解创业资源的类型，重点认识不同类型创业活动的资源需求差异，掌握创业资源获取的一般途径和方法，明确创业资源获取的技巧和策略。**

很多创业者认为，只要有个好创意，再得到风险投资，加上自己的激情、执着、运气就可以创业成功了。其实创业更重要的是团队、经验、执行力。大多数创业者之所以失败，是因为缺乏经验、没有团队、缺乏执行力。总的来说，是缺乏创业必需的一些资源。因此创业资源就是企业创立以及成长过程中所需要的各种生产要素和支撑资源，概括来说，就是创业必不可少的人脉、资本、技术、人才等资源。

创业资源概述及获取方式

例如，你有了一个非常棒的创意，没有钱可以创业吗？没有团队可以创业吗？没有场地可以创业吗？不会营销可以成功吗？因此你会发现，古人所说的“道、法、器、术、势”，本质上就是创业资源。

创业资源就像构成一个有机体的肌肉、骨骼、血液一样，创业成功正是由这诸多资源整合而来的。创业者善于整合资源，从而实现从 0 到 1 的转变。创业资源在于整合而不是拥有。拥有资源而不用也对创业无助，没有资源而去整合资源，从而完成自己的计划，这就是创业精神。

创业资源是指新创企业在创造价值的过程中需要的特定的资产，包括有形与无形的资产，它是新创企业创立和运营的必要条件，主要表现形式为创业人才、创业资本、创业机会、创业技术和创业管理等。

美国百森商学院教授蒂蒙斯提出创业的三要素是资源、机会、团队，可见，资源在创业要素中是第一位的。总的来说，资源就是供人们从事生产和经济活动的有用之物。

> ⊙ 企业家提示
>
> 资源在于整合而不在于拥有。创业者不是在拥有资源的时候才去创业，而是在没有资源的情况下去寻找资源来创业。企业家的资源整合力决定他的竞争力。

## 一、创业资源的作用、内涵与种类

不同的创业活动具有不同的创业资源需求。

### （一）创业资源的内涵

无论是要素资源还是环境资源，无论它们是否直接参与企业的生产，它们的存在都会对创业绩效产生积极的影响。其内涵包括以下两点。

（1）要素资源可以直接促进新创企业的成长。

（2）环境资源可以影响要素资源，并间接促进新创企业的成长。

### （二）创业资源的作用

**1．创业资源的定义**

通俗地说，创业资源就是企业创立以及成长过程中所需要的各种生产要素和支撑条件。是初创企业在创造价值过程中所需要的特定资产，包括有形资源和无形资源。对于创业者来说，诸如项目、资金、人才、场地等，都是创业资源。甚至创业辅导，也可以归为创业资源一类。

**2．创业资源在不同阶段的作用**

初创公司从一个小团队发展成一个具有成熟产品和占有一定市场的公司，一般需要经过以下四个阶段。

（1）种子期——重要资源是人。创业初期也就是创业的种子期，创业者最需要的创业资源是团队。这时的创业者可能仅仅拥有一个创意或者未经市场验证的半成品，如果没有获得相应的资金资源来启动，可能也会导致这个项目的夭折，一旦得到种子轮投资之后，人力资源就显得尤为重要，因为再好的创意，也需要一个优秀的团队来执行。

（2）A 轮投资期——重要资源是市场推广。在种子轮资金资源和团队逐渐壮大的过程中，大多数公司都完成了产品原型，这时创业者最需要的创业资源是市场推广的资源。任何一个公司，要把产品和市场推向消费者市场的时候，都需要大量的资金，因此“烧钱”也就是市场推广的阶段。这个阶段创业者应该主要注意竞品分析、项目的目标市场等信息和资源的整合。

（3）B 轮投资期——重要资源是用户数。在经历了 A 轮资金助力下的市场推广之后，在创业者继续发展壮大企业时，还需要 B 轮资金的支持，这个阶段最需要的创业资源就是客户资源，即用户量，对互联网创业企业来说，就是流量。因为只有大量的用户喜欢并使用，才可以说明产品或服务是有一定市场基础的。除用户资源之外，此时创业者应该具有了较为清晰的商业模式。

（4）C 轮投资期——重要资源是营利性。当企业发展到 C 轮时，已经初具规模，开始拥有了市场份额，这个阶段的重要资源是企业的盈利转化，就是利润。在收入和成本之间，找到赢利点、资金回报率和回报周期。这个阶段的企业管理也非常重要。

每个时期，初创团队需要的创业资源都是不一样的。

创业者获取创业资源的最终目的是组织这些资源，追逐并实现创业机会，提高创业绩效和获得创业的成功。新创企业只有把拥有的资源加以整合，有效地形成自己的核心竞争力，才能成为创业成功的核心优势。

### （三）创业资源的种类

企业的创业资源主要有资金、时间、人才、市场等，而其管理包括这些资源的获取、分配和组织等方面的内容。概括地说，大致分为以下五类。

**1．行业发展概要**

行业发展概要包括行业格局、技术创新、前景机会、发展趋势等信息。当创业者要进入一个行业的时候，首先需要对这个行业进行分析，了解这个行业的过去以及未来趋势，了解消费者在这个行业的痛点，并用自己的创业产品或服务来加以改善。

**2．信息资源**

常见的信息资源包括项目交易数据资源、供求信息资源、研究报告资源、财经数据资源、科研数据资源、学术论文资源、品牌口碑资源、公司名录资源等。这些资源有利于帮助投资者对市场潜力以及是否投资做出判断，尤其是创业者亲身调研得来的一些数据，会更加有价值。

**3．人力资源**

人力资源又称劳动力资源或劳动力，是指能够推动整个经济和社会发展，具有劳动能力的人口总和。在现代企业竞争中，关键在于谁拥有人才。

通常来说，创业资源中的人力资源是指创业者具有的体质、文化知识和劳动技能水平。拥有创业所需的人才、团队是创业的必要的先决条件。随着知识经济的兴起以及高科技、互联网、物联网产业的发展，人们发现单靠个人力量，越来越难以成功创业，“抱团取暖，优势互补”型的创业团队越来越多。尤其是近年来兴起的“创青春”和“互联网+”创业大赛，几乎所有的参赛项目都是以团队形式出现的。

**4．资金资源**

创业需要的启动资金、创业转型或发展所需要的再次融资等，都是创业者应该获取的资金资源。

有调研结果表明，大学生创业遇到的最大障碍就是资金问题，因此在读书时把想做的项目写成创业计划书，然后再去参加各种路演、各种创业比赛的创业者，其根本目的还是想借助这样的形式与活动，来吸引风险投资商的关注，进而获得创业的启动资金。

事实上，不仅是初创企业，就算是已经创业三年，甚至更长时间的创业者，也会经常遇到资金问题。现金流断裂，是企业倒闭和破产的最大根源。

**5．社会资源**

为了应对需要、满足需求，所有能提供并足以转化为具体服务内涵的客体皆可称为社会资源。社会资源的分类有有形资源和无形资源。

（1）有形资源。例如人力（职员、顾问和志工等）、物力（设备、家具和用品等）、财力（私人捐献、政府补助和企业赞助等）、场地空间等。

（2）无形资源。例如技术、知识、组织、社会关系等。

创业资源包括有形资源和无形资源，无形资源往往是撬动有形资源的重要杠杆。

## 二、创业资源与一般商业资源的异同

### （一）一般商业资源

一般商业资源是与企业经营有关的商业信息资源，常见的信息资源包括项目交易数据资源、供求信息资源、研究报告资源、财经数据资源、科研数据资源、学术论文资源、品牌口碑资源及公司名录资源等。

### （二）创业资源

创业资源是指创业者拥有的物力、财力、人力等各种物质要素的总称。可以说创业资源涵盖了商业资源，仅有商业资源对创业来说是远远不够的。

## 三、社会资本、资金、技术和专业人才在创业中的作用

### （一）社会资本的作用

创业者的社会资本反映了创业者个体利用所积累的社会网络，从其他企业或个体中获得的商业竞争、制度政策以及技术趋势等资源和信息优势。拥有一定的社会资本是创业者创业的基础。

### （二）资金的作用

资金在创业过程中无时无刻不在发挥着重要的作用，创业之初需要启动资金，创业过程需要流动资金，没有好的现金流，企业是不能正常经营的。

### （三）技术和专业人才的作用

技术和专业人才决定着新创企业的核心竞争力，拥有先进的技术和专业人才也是创业者创业的技术支撑。

## 四、创业资源获取的途径

创业资源获取途径包括市场途径和非市场途径。

### （一）市场途径

市场途径是指利用市场上同样或类似资产的近期交易价格，经过直接比较或类比分析来估测资产价值的评估技术思路和实现该评估技术思路的各种评估技术方法的总称。

市场途径的基本程序如下。

（1）选择参照物。

（2）在评估对象与参照物之间选择比较因素。

（3）指标对比、量化差异。

（4）在各参照物成交价格的基础上调整已经量化的对比指标差异。

（5）综合分析并确定评估结果。

**（二）非市场途径**

非市场途径是指政府的规章制度，体现出政府对于行业资源的直接管制。

## 五、获取创业资源的技能

创业资源获取的关键往往取决于软实力。创业资源划分为必备资源（资金、场地、人才、产品）、支撑资源（营销渠道、经营方案）和外围资源（创业环境、政策、文化、信息）。

**（一）学会获取支撑资源：制订企业经营方案**

不要认为企业目标、经营策略这些问题仅仅是大企业才需要考虑的，作为刚刚踏上经营之路的创业者，一定要先明确方向，再开始行动。如果创业者没有一个明确的经营目标和经营策略，就好比你已经上路，但却不知要去何方，怎样去，这些内容都属于企业经营方案的组成部分。

一般来说，企业的经营方案由四部分组成：企业理想、企业目标、经营策略、经营原则，如图 4-1 所示。

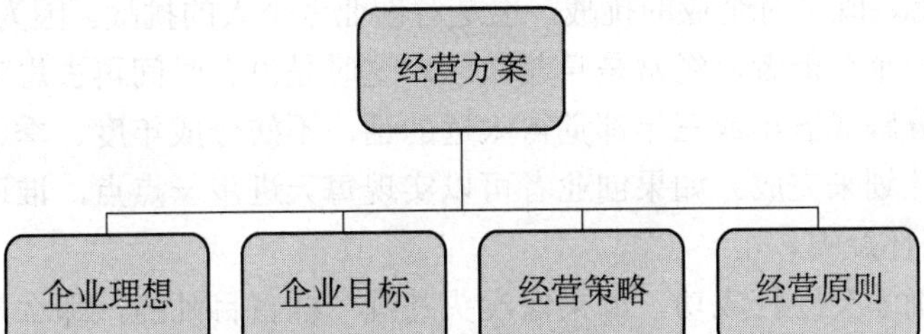


图 4-1 企业经营方案

**1．企业理想**

一般来说，我们经常看到一些企业在大门醒目处有一句话说明自己企业的理想。例如：

海尔——真诚到永远。

德国软件公司——我们永远执着。

戴尔——为顾客着想。

这些语句让人一进大门就感受到一种温暖。由此可见，企业理想首先争取的是人心，而不是理性。当顾客看到这样的经营理想，不由得就会从内心生发一种好感，这就是企业理想的力量。

营销之父科特勒说："除了让顾客满意，你还必须取悦他们。"前文已经讲过了，任何企业的生存，都需要通过顾客购买其产品来实现。顾客满意就会再来购买，而取悦顾客就是为了创造新的顾客。

**【案例学习 4-1】　　追求高标准的麦当劳**

在全世界，平均每天有 109 个国家的 3800 万顾客踏进麦当劳 23 500 家地处世界各地的餐厅，仅仅是因为它的汉堡美味可口吗？事实上，一些别的餐厅制作的汉堡也许更好吃，但为什么没有麦当劳生意好？这其中的奥妙是什么？

今天，当顾客面对如此众多的产品和品牌，不同的价格和供应商在提供着同一类商品，他们往往无法去逐一品尝和辨别，我们相信，每一位顾客在有限的时间和知识范围内，都在追求购买价值最大的商品：质量最优，价格最低。

而麦当劳无时无刻不在传递着其所追求的企业理想，就是著名的麦当劳的 QSCV——质量（quality）、服务（service）、清洁（cleanliness）和价值（value）。麦当劳公司的供应商、特许加盟业主、员工也都在用行动向顾客提供着顾客期望的高价值。

⊙ 企业家提示

把你的企业理想概括成一句话，然后传达给你的员工，这句话要有鼓动力和激情，让人看了以后就像即将参加足球比赛时，教练在赛前给球员做的动员报告一样，能唤起人无穷的动力，向理想冲锋！

**2．企业目标**

建立企业目标，既是对企业的挑战，也是对创业者个人的挑战。因为在刚开始创业时，创业者几乎就是一个全能者，经常是身兼数职，这时是没有时间再去思考详尽的目标的。所以，把大目标分解成五年或三年都觉得太远的话，不妨分成年度、季、月、日的计划，甚至是小时目标计划来完成。如果创业者可以实现每天进步一点点，谁还会对未来可以取得 100%的成功有怀疑呢？

只有目标明确才会经营成功，如果像没头苍蝇一样盲目乱撞，那么最后可能耗尽了体力，也找不到出路。世界上从来没有对工作过程的奖赏，所有的奖赏都是给予结果的。所以，创业者需要用一颗平和的心思考下面的问题。

（1）今年我将要实现多少销售额？

（2）如何把目标也细分到员工的身上？

（3）把目标细分到周、日、小时时，库存管理怎样安排？

（4）实现这样的目标需要怎样安排岗位？需要多少人？

**【案例学习 4-2】　　制订周目标的李雪容**

上海菱奥计算机科技公司的经理李雪容也是创业导师李肖鸣辅导的创业者。

她在创业初始阶段就把与员工联系的 MSN 签名不停地更换成她的短期目标：齐心协力，力争本周实现五万元。她不仅是在勉励员工，同时也是在鼓励自己。在她的努力下，业绩不断提高，公司也从原来的天下大厦搬到了青年创业广场，因为有政府支持的优惠政策，还节约了办公费用。

如今，这位创业青年经过现实的风雨磨炼，已经成长为一个成熟的自主创业的带头人了。她在创业中遇到过困难，也同样品尝到了甘甜。

她说："我想提醒想创业的年轻人，创业会碰到很多预想不到的问题，但不论发生什么，都要坚定信心，调整心态，积极思考，仔细分析，依靠政府和创业导师的支持和帮助，再难的问题也会迎刃而解。创业是对我们的磨炼，是体现自我价值的平台，是走向自我成功的平台。"

⊙ 企业家提示

初次创业者，在企业的初始阶段，先确立几个小目标，然后贴在醒目的地方，提醒自己本月要达到多少，本周要实现多少，就这样一点点积累，直至最后实现自己的远大目标。

创业需要积累，更需要耐心和坚持不懈的努力。

创业者所有的行动目标都是有利于企业的发展的，都是为了提高营业额，为了赢得更多的顾客光临，与这些效果无关的目标一定要放弃，不要浪费宝贵的时间。所以制订每个目标前先自问一下：这个是否有助于提高销售额？是否有利于企业发展？

**【案例学习 4-3】　　制订小时目标的菲尔甜饼店**

菲尔甜饼店的老板菲尔更是把目标分解到小时。

她说："在我经营第一天的时候，我的目标是争取赚到 50 元，实际上我赚了 75 元。我感到，确定目标多么令人兴奋！一旦有一周比较顺利，我就想打破这一周的纪录。有时一个月比较顺利，我就想打破这一个月的纪录。后来，我经过思考，就把每周目标细分成了小时目标，并且要求员工也为实现或超越目标努力。"

开始她并没有想每周挣 5000 元。周目标 5000 元，意味着月目标 2 万元，年目标 24 万元。这数字听起来似乎不可能实现。她后来把目标分解到小时，对员工说："我们每小时只挣 50 元，大家做得到吗？"员工做到了，然后就开始竞赛，看谁可以超额完成 50 元……这样，最后的结果是令人惊奇的。

菲尔说："小时目标制开始只是为了完成目标，最后却变成了竞争。有次我对大家说：'喂，伙计们，今天我们已经落后了，外面正在下雨，不会有人到店里来，我们该怎么办？'在这种情况下，他们发挥了创造力，就是走到店外，打着雨伞在雨中试卖，直到雨下得实在不能忍受时才回店。所以，当挑战出现时，一些以前认为不可能发生的事情都会发生，我想说，有志者事竟成。"

⊙ 企业家提示

不论对员工还是创业者自己，大目标显得遥远而让人没信心达到，但是如果分解成月目标、周目标，甚至跟菲尔一样实行"小时制工作法"，你的企业大目标，就会这样一点一点被实现！

### 3. 经营策略

经营策略，通俗来说，就是创业者达到目的的方法和途径。如果把企业经营比喻成一段旅途的话，那么经营策略就是日程安排，只要按照这个日程去做，就可以达到目标。

在制定经营策略时，先介绍一下美国市场竞争策略研究大师米歇尔·E. 伯特的三大策略设想体系：做市场的补缺者、做经营特色者、做价格领先者（见图 4-2）。

| | 策略优势 | |
|---|---|---|
| | 顾客眼中的与众不同 | 成本上处于优势 |
| 全行业范围 | 做经营特色者 | 做价格领先者 |
| 把经营活动集中在一个领域内 | 做市场的补缺者 | |

图 4-2　三大策略设想体系

注：对创业者来说，颜色越深，难度越大。

（1）做市场的补缺者。通俗地说，市场补缺者就是填补某一行业的空白，也叫“填空策略”，这是初次创业者的一个理想选择。

填空策略需要以市场调研为前提，产品应该服务于某个特定群体或者满足某部分群体的特殊要求。这一策略的经营理念是找到一个尚不存在竞争的市场空白点，以独特的眼光最先发现和进入。

例如，同样是洗衣店，你们是坐商，等着顾客上门，而我们是上门收衣服，洗好后送衣服，在服务上补缺，以赢得消费者的欢迎。同样规格的酒店，这家有代客泊车服务，而另一家没有，那么这家在心理上就会给顾客带来一种超值服务的感觉，因为顾客总是在追求价值最大化。

**【案例学习 4-4】　　上门取货的圆通快递**

以前邮寄东西很不方便，因为只有中国邮政一家可用。虽然它的价格不便宜，但顾客还是得用它，并且还要跑到邮局去寄，因为别无选择。但是，在出现了宅急送、圆通、申通等一些快递公司之后，市场格局就发生了变化。圆通快递、申通快递等这些快递公司纷纷抓住这个市场空缺，采取上门取货的经营策略，一下就把特快专递的顾客群给抢过来了。

> ⊙ 企业家提示
>
> 创业者初次创业比较理想的策略就是做市场的补缺者，或者是做大企业的追随者，再或者是给大企业做生意小伙伴。只有实行填空策略，公司才有存活下来的可能，尤其是面对相对饱和的市场时，这种策略更是创业者的必然选择了。

（2）做经营特色者。经营特色其实就是绝对与众不同，要求创业者在设计、质量、技术、形象、营销手段等方面都追求差异化经营，创造独一无二的特色，“不走寻常路”！

这一策略的经营理念是：形成某种竞争优势，使你及你的产品能在竞争中脱颖而出。美国人称为“unique selling proposition”，即与众不同的销售基础和独一无二的商品性能。

例如，标明粤菜、川菜或海派、浙菜等菜系的酒店，适应不同客户群体的特色服装店等，因为在顾客眼里是与众不同的，因此也很容易被客户记住。在市场竞争激烈时，有些企业往往输在没有特色上。

如果创业者确定了企业的特色经营策略，就意味着策略目标区别于全行业的其他企业，策略优势非常明显，就是“顾客眼里的与众不同”。

**【案例学习 4-5】 把服务做到极致的海底捞火锅连锁店**

海底捞连锁企业以有特色的经营策略致力于打造提供人性化服务的品牌形象。为什么海底捞得以成为中国餐饮业的新生力量？为什么一句“把人当人对待”成为海底捞的成功要诀？中国成千上万家餐厅，成功者有各种原因，像海底捞这样一家开业时间不长的火锅店，却在人员上、信念上下这么大功夫的不多。

如果你来到海底捞，感受到的是一群态度不同的员工。他们乐观、主动，还带着强烈的自豪感，他们笑着的眼神中传达出诚恳和欢迎你来的意思，走起来很快，像小跑，想让你满意的意图很强。从它的菜价到它的菜品，再到那幢楼里其他餐厅都冷清只有海底捞要排一小时队的强烈反差，都能看出海底捞身上那种很稀缺、很宝贵的特质。这种特质可能是未来企业中越来越重要的东西。

大部分企业不缺制度，制度也能起到很大的作用，可仅有制度会造成机械和被动；大部分企业都有奖罚，金钱当然会起很大作用，可仅有奖罚会造成交换和隔阂；很多企业都有理念、愿景及使命，可仅有这些可以挂在墙上的东西会产生形式感和空洞感。只有把这三者适当地放在一起，企业才是一个完整的管理系统。

企业中有种看不见但处处能感受到的东西，可以叫它理念、文化或信仰，也有人叫它企业宗教。这种东西不需要也不可能孤立地去建造，每家企业都有，有好有坏，因为它是企业管理中所有行为的结果。海底捞就在它的员工中建立了这样一种让人痴迷的“宗教”。这种信仰是在海底捞的封闭环境中形成的，与企业外的社会一般做法不同。海底捞因为重新定义了企业与员工的关系、老板与雇员的关系，当然也改变了企业与顾客的关系，使原来可能是矛盾的三方成为一体了，这样一个新的信仰和信任的关系就形成了。你把每个人当作好人，每个人就真变成了好人，每个人都希望世界变得更美好，世界就真的更美好了。

海底捞做了这样一个不是没有风险的尝试，但很成功。

**⊙ 企业家提示**

经营特色虽然是全行业公认的营销策略，但是以全行业为战略目标，创建新的营利模式很难，往往需要大量资金的投入，才可以打造一个深入人心的品牌。但模仿很容易。

（3）做价格领先者。这个策略并不是致力于给顾客创造超值商品，而是致力于提供全行业最低的价格。这一策略的经营理念是：通过成本结构的最优组合，使自己在竞争中获得另一种竞争优势。如沃尔玛的“永远价格最低”、易初莲花大卖场的“天天低价”等，都属于这种策略，即价格领先策略。

这种策略一般用在创业者进入一个成熟度相对较高的行业时，如果自身在成本改良上具有绝对优势，或者后来者资金储备雄厚，那么就可以和同行血拼一场，但是，这样的企业必须具有最低的进货价格、最低的生产成本和经营费用以及最低的固定成本。

**【案例学习 4-6】　“与辉同行”成绩单：不到 20 天销售额 8 亿元**

2024 年 2 月，董宇辉在“与辉同行”团建现场发言，称公司成立时间很短（“与辉同行”账号于 1 月 9 日开播），不到 20 天时间销售额高达 8 亿元。

第三方数据平台显示，“与辉同行”近 7 天带货销售额为 2.3 亿元，“交个朋友”为 0.51 亿元，“疯狂小杨哥”为 1.39 亿元，“东方甄选”为 1.32 亿元。

⊙ 企业家提示

对于初次创业的创业者来说，价格领先策略是一个极富挑战的选择，因为低价策略是以最薄的利润和最激烈的竞争为代价的。如果没有足够雄厚的资金来源，或者不可能长期居于价格领先地位，就不建议贸然使用这个策略。

以上三大经营策略是经过长期实践检验的有效策略，而且至今在理论上尚没有第四种策略，因此，创业者应深刻领会其中的内涵，制定出自己的经营策略，逐步踏上企业发展壮大之路。

**4. 经营原则**

（1）企业的经营宗旨。企业的经营宗旨通常也叫企业的经营原则，也就是创业者日常的行为规范。

无论如何，创业者通过制定企业经营原则对自己的行为进行约束和规范，一定是对成功有助力的。就像有的企业，从建立第一天开始就确立“不制售假货”的原则，时刻提醒自己以消费者利益为重。

**【案例学习 4-7】　担当之光：燃烧博爱燕赵的志愿之心**

河北某师范学院的 2021 届毕业生张某深受李大钊的担当精神影响，怀揣着对国家、对民族、对党、对人民深沉的大爱情怀和牺牲精神，决心为社会贡献自己的一份力量。

张某发起了一项名为“博爱燕赵，火热青春”的红十字会志愿服务项目。在项目推进的过程中，张某带领团队付出了极大的努力。他们组织了一系列志愿服务活动，助力社区建设，关爱困境中的群体，传递着博爱的精神。这个项目在 2022 年获得了河北省“博爱燕赵，火热青春”红十字会志愿服务项目省级优秀奖，成为对他们努力的肯定。

这个故事讲述了张某和他的团队如何通过红十字会志愿服务项目传承李大钊的担当精神，为社会贡献力量。他们的努力成就了一个充满正能量和责任担当的创业故事。

**【案例学习 4-8】　　某创业者的经营原则**

（1）顾客永远是上帝。

（2）真诚合作，用人不疑。

（3）进了企业门，就是一家人。

（4）牢记经营目标，不断超越自己。

（5）永远乐观，永不抱怨。

⊙ 企业家提示

通常情况下，经营宗旨不应超过五条。创业者具有社会责任感和担当精神，才能把企业做好。

（2）成功企业的经营要素。图 4-3 为成功企业的经营要素。

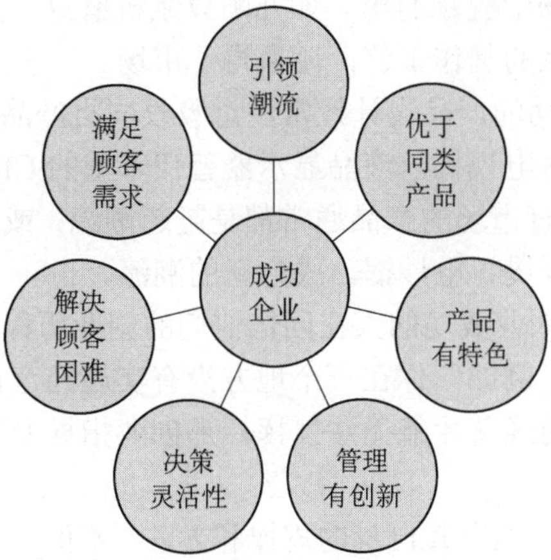


图 4-3　成功企业的经营要素

列夫·托尔斯泰在他的作品《安娜·卡列尼娜》中写道："幸福的家庭总是相似的，而不幸的家庭各有各的不幸。"与之相似的结论同样适用于企业。成功的企业在创建过程或经营策略中都存在着共同的规律，而失败的企业则各有各的原因。

① 满足顾客需求。成功的老板都把顾客的需求、愿望和梦想作为他的商业机会去研究，并且致力于满足顾客。因此，不断研究顾客新的需求，然后去想如何满足顾客的这些需求，就是他们研制新产品的动因。

**【案例学习 4-9】　　抓住机遇，成就理想**

随着民众越来越重视环境卫生，消毒领域成为行业热点。正在南开大学化学学院读大二的佟泽栋敏锐地察觉到机会来了。在学校的鼓励和老师的指导下，他拉了几个志同道合的伙伴组建氯之家团队，选择二氧化氯消毒产品作为创业核心项目。依托南开大学化学学院强大的科研优势，团队很快掌握了国内首创的二氧化氯两步缓释气体净化技术，并得到了业界一致认可。

2023 年 5 月，佟泽栋创立了天津氯之家生物科技有限公司，成为一名“00 后”CEO，并成为首批顺利入驻天开高教科创园的大学生创业项目之一。目前，氯之家的“朋友圈”越做越大，不久前与渤海化学初步达成中试合作意向。

“决定创业时，我给同学打了个电话，告诉他我要当老板了。他愣了一下说，哥们儿你喝多了吧？”谈起创业之初的经历，佟泽栋笑着回忆道。如今三年过去，曾被小伙伴视为天方夜谭的事已被佟泽栋干得风生水起。

（资料来源：https://www.cnr.cn/tj/rdzht/dsz/dfjj/szdt/20231216/t20231216_526523184.shtml）

② 解决顾客困难。成功的企业经营的产品一般都以解决顾客的困难为出发点，而不是从企业现在的开发能力出发去考虑问题。如汉庭酒店的老板，就是从顾客抱怨“哪里有又便宜又干净的酒店？”中获得灵感，从而在昂贵的商务酒店中独树一帜，开办了学生和白领旅游时喜欢入住的如家快捷酒店。

③ 产品有特色。成功的产品设想十分注重开发产品的功能，力求有特色，甚至改变人们的生活消费习惯，在市场中脱颖而出。如九阳豆浆机磨豆、煮熟一体化的简单自制豆浆方式，不仅改变了传统豆浆的制作工艺，还赢得了市场。

④ 优于同类产品。成功的产品设计经常注意吸收同类产品的优点，同时又高于同类产品。如彩色电视机替代黑白电视机，液晶显示器替代笨重的 CRT 显示器。

⑤ 引领潮流。成功占有市场的产品通常都是赶超潮流，或者领先于时代的。如微波炉的产生，就替代了老式电饭煲、电炒锅，成为新的潮流。

⑥ 决策灵活性。很多创业成功的人在回忆他们的创业历程时，都认为企业经营的重要内容就是灵活性和创造性。例如，你在一个地方没有实施经营计划，而在当今的环境下，你也无法改变，在这里你的经营才能无法发挥，那创业指导专家就会建议你另外寻找一个经营场地。

⑦ 管理有创新。企业管理有其自身的规律和方法，不但企业和产品处在不同的生命周期时，管理方法应该有所不同，而且即使是同类企业里，管理创新“不走寻常路”，往往也是企业胜出的法宝。如戴尔公司的“为客户定制”策略，振华港机的“振华功臣”退休后每月补足退休金一万元，松下的“永久雇佣制”等，都是创业者的管理创新。

### （二）创业必备资源和外围资源的获取途径和技巧

资源是人类开展任何活动所必须具备的要素，创业成功需要把握机会，但也同样需要具备相应的资源条件。创业活动往往是在资源不足的情况下进行的，创业者要在企业发展的各个阶段都力争用尽可能少的资源来推动企业的发展，这正是创业精神的体现。

纵观世界著名的成功企业家，无一不是整合资源、利用资源的高手。创业者最重要的不是拥有多少资源，而是利用了多少资源。企业应具备整合资源为我所用的能力，资源整合的能力就是创业者的竞争力。

**拓展阅读**　　创业资源成功整合案例①

在天津生活的人都知道国际商场。国际商场是天津第一家上市公司，20 世纪 80 年代

① 王晓文，张玉利，李凯．创业资源整合的战略选择和实现手段：基于租金创造机制视角[J]．经济管理，2009（1）：61-66.

初期开业，定位于引进国外最好的商品，让改革初期急于了解国外又无法出国的人了解外国。准确而新颖的定位使国际商场开业后很红火。

国际商场紧邻南京路，南京路是一条十分繁忙的主干道，道路对面就是滨江道繁华的商业街。国际商场在刚开业时，门口并没有过街天桥，行人穿越南京路很不方便，也不安全。修建天桥是很正常的事情，估计经过那里的人都会自然地想到这一点。但是，绝大多数人都会觉得这个天桥应该由政府来修建，所以也就是想想、发发牢骚就过去了。

有一天，一位年轻人同样产生了这样的想法，但他没有认为这是政府该干的事，而是立即去找政府商量，提出自己出钱修建过街天桥，而且不说是自己建，而说是希望政府批准，但前提是在修建好的天桥上挂广告牌。不花钱还让老百姓高兴，而且天桥也不注明谁出资修建，政府觉得不错，就同意了。这个年轻人拿到政府的批文后立即找像可口可乐这样著名的大公司洽谈广告业务。在这么繁华的街道上立广告牌，当然是件好事。

就这样，这位年轻人从大公司那里拿到了广告的定金，再用这笔钱修建了天桥，还略有剩余。天桥建好了，广告也挂上了，年轻人从大公司那里拿到余款，这就是他创业的第一桶金。

# 第二节 创 业 融 资

## 本节要点

**使学生了解创业融资难的相关理论，掌握创业所需资金的测算，了解创业融资的主要渠道及差异，了解“互联网+”创业融资的一般过程。**

创业融资是创业管理的关键内容，在企业成长的不同阶段具有不同的侧重点和要求。融资前需要权衡以下几个因素。

创业融资概述

第一，创业者的自由和独立的价值最珍贵。创业意味着自己做自己的主人，不需要按照别人的命令行事，这就是创业带给你的独立和自由。作为自负盈亏的独立经营者，你所做的每一个决定唯一要考虑的，是顾客和市场的需求，而不是别人的眼色。

第二，得到资金会削弱你的自主权。这种可贵的自由的感觉，你愿意为了获得银行或基金的资金而放弃吗？世界上没有免费的午餐。一旦某些基金贷款给你之后，你的经营决策就要受制于人：天使基金会用占用你企业股份的方式给你投资；银行会要求你按时提供财务报表，还会有业务人员经常来你的企业“视察”。

第三，金融资本会干扰你独立决策。当你得到贷款后，尽管银行贷款人员对经营知之甚少，但是出于规避风险的目的，同样也会善意地阻止你去冒险，但这样的规劝会使你的经营热情受到无情的打击。

⊙ 企业家提示

天使基金和风险基金的介入可能会使你的经营权实质性地被转移了：有的资金批给你也并不是划到你的账上任你使用，在你使用时要提出申请并得到批准，这就有可能会错过商机。

第四，企业没有资金就像人没有血液。你确定了创业项目，又拟定了创业计划书之后，就可以确定你的创业项目在启动时所需资金的具体数额了，你就好像已经制造好了一台机器，还需要有润滑剂，才可以开始启动，这个资金就好比机器的润滑剂。企业没有资金，就像人没有血液一样，是不能生存的。

第五，银行也是企业，不是慈善机构。企业向银行贷款，一般都被要求出具某种担保。因为银行与企业一样，是营利性机构，不是慈善机构。因此在企业不能按期归还贷款时，企业用于担保的资产会被变卖抵债，这是银行避免坏账的一种自保手段。从银行的角度来说，储户将钱存入银行，银行必须保证储户在取款时不会遇到提不到款的情况，因此，银行贷出去的款收不回来是无法跟储户交代的。银行的运作就是基于这样的基本理念。

当明确了以上五个方面的因素后，就可以开始融资了。

## 一、创业融资分析

融资对于初创企业来说至关重要，而融资前的充分准备可以使创业者对自己的融资目标，以及获得投资的可能性心中有数。融资前的准备包括确定融资框架、制订商业计划书、筛选目标投资商等，正式进入融资过程时，还需要与投资方初步接触、深入接触、审阅投资意向书、尽职调查和签约打款等多个过程。

### （一）融资前准备

**1．确定融资框架**

融资前创业团队内部首先需要一个融资框架，融资框架通常包括以下五部分。

（1）确定融资额度。

（2）确定出让股份比例。

（3）期权的设置。

（4）确定一个融资代表，与投资方进行接洽与谈判。

（5）事先确定企业的估值范围。

以上需要在融资前决定好，是需要提前确定下来的投资框架，同时，这个投资框架有必要在创业团队内部一致通过。

**2．制订商业计划书**

在进行融资之前，准备一份优秀的计划书去见投资人是非常必要的。同时，要在准备商业计划书的过程中，对自己的经营理念和思路进行梳理，快速形成一个可行的研究方案。这些信息应主要集中在市场情况、财务预估和生产运营方面。商业计划书应尽量包括与企业的产品和服务有关的细节，还有所做的市场调研数据、竞品分析等。

商业计划书是初创企业融资的敲门砖，是给投资者提供的你自己对目标市场的理解和分析，同时也是展示企业愿景和创业团队的行动纲领。通常，一份优秀的创业计划书内容必须简单、可操作性强，有客观完整、可落地执行的方针战略。

**3．筛选投资人**

面对众多的投资机构，初创企业在融资前要进行一番筛选，选择投资人跟选择合作伙伴一样重要，都需要有相同的价值观，具体来说，一般有以下几个方面需要考量。

（1）品牌价值。

（2）战略价值。

（3）竞争分析。

应选择那些能够给初创企业带来品牌效应的投资方，这样更有利于下一轮融资。另外，投资方所投的行业或领域也对企业有战略价值。如果某投资方已经投资了企业的竞争对手，这时候就应该果断地放弃。

### （二）融资的过程

**1. 与投资方的初步接触**

如果投资机构或投资人对项目感兴趣，一般会跟创业者约谈并进行初步的沟通，通常，他们会在这时给创业者提出许多意见和建议，商业计划书需要进一步升级。这就意味着创业团队需要不断地修改商业计划书，投资人还可能修整企业的投资框架，调整企业的估值。总之，商业计划书修改得越完善，可操作性越强，获得融资的希望越大。

**2. 与投资方深入接触**

在跟投资方初次接触之后，通常创业者会拿到投资人的投资意向书。创业者要充分把握好“时机”，迅速梳理接触过的投资方，一定要先接触那个投资过程最慢的，再接触投资速度一般的，最后接触那些投资速度最快的公司。要争取在意向书有效期间（一般是两周左右）给需要深入洽谈的投资人排个序，如果可以在半月之内拿到2～3个（甚至更多）投资意向，创业者后期就有了更多选择机会，可以从容把握融资的时间了。

**3. 审阅投资意向书**

投资方出具的投资意向书（term sheet）一般来说非常细致，有很多都是初创业者不太了解的概念和名词，这时创业者应首先把“优先清算权”“参与分配权”“棘轮条款”以及优先股等概念搞清楚，并且要在充分理解之后，再跟投资方签约。对于投资方来说，他们所投项目通常一半以上都会以失败告终，所以融资协议比估值更重要。但对于创业者来说，要清楚这些条款是可以通过谈判来修改的，建议此时找专业人士咨询或聘请律师。

**4. 尽职调查**

当投资机构详细了解创业项目的市场潜力后，在想要投资之前，会起草一份合同用来锁定一段时期做尽职调查，在此期间，创业者是不能再与其他投资方讨论融资问题的。这个时期，投资方也会对企业进行一系列的调查，包括业务、财务、法务等多个方面的调查。

**5. 签约打款**

创业者必须清楚，在投资人资金没有到账之前一切都存在变数。虽然违约是所有投资人都不愿意做的事，但是市场是瞬息万变的，一切皆有可能。一旦资金到位，融资就完成了。这时的投资方身份也变成了合作伙伴。

## 二、创业所需资金的测算

创业者在开始融资时，不确定性和信息不对称是创业融资难的影响因素。因此在融资前，必须对自己的创业项目进行一次投资规划，并根据这个初步的规划估算出整个项目启动时需要投入的资金数，然后在这个数字上增加一定比例的不确定因素，最后得出一个准确的数字，进入创业融资阶段。

### （一）必须做好投资规划

正确测算创业所需资金有利于确定筹资数额，降低资金成本。

**1．千万不要低估项目的潜伏期**

经营项目再好也不会马上就有利润收入。任何创业项目从启动到赢利，都需要一个潜伏期，这个潜伏期的长短与行业和企业规模有关。和人一样，企业也有生命周期。正所谓“播种有时，开花有时，结果有时”，产业在不同的阶段有不同的特征。所以，在创业初期，你的启动资金就是你创业最初投资的主要资金来源。在创业者的创业过程中，妥善处理好企业的财务问题是至关重要的一步。

⊙ 企业家提示

一般创业者都会低估这个潜伏期的时间，你必须做好思想准备，开始时有可能好几个月都没有收入，开销却很大，有时货款也不能马上回笼，因此，必须提前做出预算和储备。

**2．不要只瞄准基金和银行贷款**

我们在做创业辅导时，看到很多年轻的创业者在确定了创业项目以后，不去寻找其他融资方式，不去研究市场需求，不去考虑如何白手起家从小做起，而是一开始就只想到融资，把创业基金和银行贷款作为第一融资目标。

**3．设计合理的资金组合有利于降低经营风险**

在创业启动资金的组合上，创业指导专家建议最好有一个合理的资金组合比例。例如，你可用的最高资金金额中有1/3是你的自有资金，外来资金最好不要超过2/3的份额。

⊙ 企业家提示

创业成败研究案例的结论表明：如果你的自有资金不足1/3，那么你和银行的资金风险都会加大。

表4-1为某创业者第一笔财务账单。

表4-1　某创业者第一笔财务账单

| 序　号 | 项　目 | 金额/元 |
|---|---|---|
| 1 | 创业者的自有资金 | 200 000 |
| 2 | 外来资金 | 100 000 |
| 3 | 创业贷款 | 300 000 |
| 合　计 | 启动资金 | 600 000 |

**4．尽量多地留好储备金**

你必须对从开业到盈利阶段的资金储备做足够的预算和储备。因此你把资金以个人和外来资金各占1/2进行估算比较稳妥。因为这个时期的储备金到底需要多少，实在是一个难以确定的数字，但是无可置疑的是，资金断流会引发经营问题而导致创业失败。

一般需要把企业没有收入的时间按3个月（或者更长）来计算，所以，储备金应不低于3个月的固定成本总和。

⊙ 企业家提示

在现实中创业者租房时，房租一般的支付方法是押一付三，就是押金 1 个月，预付 3 个月，先付后用，即一次性需要支付 4 个月的房租。

表 4-2 为某企业储备金预算。

表 4-2　某企业储备金预算

| 项　　目 | 预计金额/时间 |
| --- | --- |
| 计划企业筹备时间 | 3 个月 |
| +从开张到收到第一笔收入需要 | 3 个月 |
| =企业初始阶段 | 6 个月 |
| 经营费用（房租、水电费、人员工资） | 30 000 元 |
| +办公费、杂费 | 5000 元 |
| =企业初始阶段月开支 | 35 000 元 |
| ×3 | |
| =企业储备资金（3 个月的开支） | 105 000 元 |

⊙ 企业家提示

除合理规划支出外，你必须始终保证储备金充足。换句话说，你账面上始终要有足够的盈余，以防出现支付危机。

### （二）创业项目启动资金预测

创业启动和筹建时可以动用的钱就是表 4-3 中那三项合计的数字。建议创业者列出一个详细的表格，把你要投资购买和必需的费用列出一个明细表，以免超出预算。表 4-3 为某创业项目首期投入资金估算表。

表 4-3　某创业项目首期投入资金估算表

| 投 资 项 目 | 具 体 内 容 | 估算金额/元 |
| --- | --- | --- |
| 固定资产投资 | 地产 | 0 |
| | 新建厂房 | 0 |
| | 办公楼房 | 0 |
| | 场地装修 | 100 000 |
| | 购置机器 | 120 000 |
| | 办公设备 | 40 000 |
| | =投资所需资金 | 260 000 |

续表

| 投资项目 | 具体内容 | 估算金额/元 |
|---|---|---|
| 原材料首期进货 | 预计年原材料库存周转资金<br>年均原材料周转次数<br>————————<br>=原材料库存所需资金 | 1 000 000<br>10<br><br>100 000 |
| 经营费用 | 员工工资（按4个月合计数计）<br>房租（押一付三，按4个月计）<br>开办费<br>————————<br>=初创期所需流动资金 | 90 000<br>80 000<br>50 000<br><br>220 000 |
| 合　计 | | 580 000 |

### （三）预估创业资金时应注意的问题

#### 1. 要把不确定费用计算进去

在你估算创业启动资金时，最后在固定资产和流动资产总和上，还要把总额乘以一个系数作为不确定费用，一般估算企业的不确定费用为3%～5%，建议创业者按5%～10%计算。这个不确定费用，是为了应对那些意料之外的支出。

#### 2. 你的信念和干劲比贷款更重要

真正的勇士敢于直面人生的挑战。这个世界上，白手起家的富豪很多，从小做大的企业家数不胜数。你必须清楚：政府的创业基金也是一种贷款，虽然条件很优惠，但终究是要还的，其实还有更合算的融资形式。暂时的资金短缺也许正是你奋力拼搏、争取客户的动力。

**【案例学习 4-10】　　政策支持，拎包入住安心创业**

2022年10月，张硕瞄准外泌体液体活检领域所释放出的巨大潜力，与在南京大学读博期间的几名同学组建团队，在南京江北新区创建了南京联笃生物科技有限公司。“这里不仅减免了场地费、水电费，软硬件设施也都配置齐全，我们只需‘拎包入住’，过来就可以专心投入搞研发。”

2023年，张硕和他的团队在第十一届“赢在南京”青年大学生创新创业大赛中荣获一等奖，赢得了50万元的奖金。参赛后短短一个月内，在市人社部门的协助下，多家企业、投资机构和医疗机构纷纷抛来合作橄榄枝，目前已与多家医院达成了技术合作协议。张硕和他的团队对未来的发展充满了信心和期待。

近年来，多个城市不断健全完善覆盖创业全过程的扶持政策举措，创业成功“有奖励”、带动就业“有补贴”、助力做强“有扶持”、创业失败“有托底”。以南京市为例，入驻政府举办或认定创业载体的，提供30平方米免费场地或给予场租补贴；在创业载体外租用经营场地创业的，给予最高每月800元的场租补贴；利用自有房产创业的，给予每月300元的基本运营综合补贴。创业者应利用好有利于企业发展的社会政策和资源，以减轻创业初始阶段的压力。

（资料来源：https://baijiahao.baidu.com/s?id=1787390871582295848&wfr=spider&for=pc）

**3．找到保本销量**

创业者开始创业后，一定要首先学会计算盈亏平衡点，必须对自己的经营状况做到心中有数，并且在以后的经营活动中，严格财务制度，做好经营情况的统计和分析。

企业在各个发展阶段对财务管理的要求也不尽相同，关于成本控制、现金管理等将在下文讲解，这里先介绍保本销量的计算方法。

所谓保本销量，就是企业在不赔不赚的时候的销量。盈亏平衡时，月总利润=总成本。这时的营业额或者销量就叫保本销量，这个数字也就是盈亏平衡点。

**4．搞清毛利和纯利**

衡量企业盈利能力的指标是利润，计算公式为

$$营业利润=营业额-总成本=营业额-(固定成本+流动成本) \quad (4\text{-}1)$$

例如，某商店当日营业额为 24 000 元，总成本为 16 000 元，则

$$营业利润=24\,000-16\,000=8000（元）$$

$$毛利=营业额-进货成本 \quad (4\text{-}2)$$

这时的成本里不包括摊位费用、营业费用和固定资产折旧等，仅仅指进价。

例如，小王在她的服装店里卖了一条裤子，销售收入 150 元，但这条裤子的进价为 100 元，则毛利为

$$150-100=50（元）$$

⊙ 企业家提示

创业者必须有成本的概念，就是说，在毛利中，你还需要支出你店铺的房租、人工费、水电费以及固定资产的折旧等，之后才是你的纯利润。

### （四）学会计算投资回收期

投资回收期的计算，可以帮助创业者明白他的所有投入都需要一定的时间才可以挣回来。也就是说，不论创业启动资金的来源是亲情融资、个人积蓄、银行贷款还是基金扶持，都需要创业者用利润的积累，一点点来抵偿。因此，首期投资越大，投资回收期越长。这就是大多数企业都是从小做大的原因之一。

投资少，回收快，可以很快收回投资；投资大，回收慢，要经过很长时间的经营才能收回投资。

投资回收期计算公式为

$$投资回收期=投资总额÷月利润=可以收回的月份数 \quad (4\text{-}3)$$

例如，某小企业总投资 18 万元，月盈利 8000 元，则投资回收期为

$$180\,000÷8000=22.5（月）$$

## 三、创业融资渠道

在互联网时代，企业的融资方式发生了很大变化，融资渠道也发生了变化，主要有以下几种。

### （一）自筹资金

在创业者刚刚开始创业时，一般人是很难通过传统渠道的银行、基金融到钱的，尤其是大学生创业，尽管目前已经有了各种大赛、路演、众创空间等，给创业者很多展示的机会，进而使他们能得到投资人的青睐，但是，大多数的创业者在创业初期的第一笔资金，通常来自创业者自己、股东、合伙人的自筹资金。

有很多成功的创业者是靠自己最初给别人打工来赚取第一桶金和宝贵的职业经验的。用自己打工积累的钱做创业资金，既有一种白手起家的荣耀感，同时也是一个创业的实习过程。世界上白手起家的企业家比比皆是。

**【案例学习 4-11】　靠自筹资金创业的大学生彭敏**

到2012年，彭敏的企业已经创建了4年。

他创业之前每周末和节假日都会到上海市徐汇区的“百脑汇”里打工，为客户组装电脑。在装机的过程中，他找到了销售电脑的渠道，同时也发现了营利的窍门，他便率先在电脑城里提出了“整体装机只挣100元”的口号，元部件价格全透明。一时间，他的生意好到一个人忙不过来了。

于是，他用打工积累的钱租了一个摊位，请了几位工人，自己开始做起了电脑维修、装机服务。到2009年毕业那年，他的资产已经超过了20万元。于是，他把这笔资金作为启动资金，利用自己大学所学的“安防技术专业”知识，注册了“上海讯敏安防技术服务有限公司”，并且在全国大学生创新创业大赛中得了金奖。

到2012年，彭敏已经买了自己的商务车，每年营业额稳定在300多万元。彭敏就是通过打工积累创业资金并发展壮大起来的。

### （二）天使投资

天使投资（angel investment）是权益资本投资的一种形式，是指富有的个人出资协助具有专门技术或独特概念的原创项目或小型初创企业，进行一次性的前期投资。它是风险投资的一种形式，根据天使投资人的投资数量以及对被投资企业可能提供的综合资源进行投资。

天使投资的资金一般来自民间资本，而非专业的风险投资商。一般来说，天使投资的门槛较低，资金较少，比较适合处于创意阶段的大学生创业项目。

**【案例学习 4-12】　天使基金给他的咖啡梦插上了翅膀**

咖啡逐渐走入大街小巷，成为人们生活中常见的饮品。年轻创业者李赛超敏感地捕捉到了这一行业变化，并凭借对咖啡产业的热情和独特的创新理念，成功创立了熙啡（上海）生物科技有限公司。

在校期间，李赛超多次参加全国大学生“互联网+”创新创业大赛，磨炼自己的创新创业技能。同时，他也将目光投放在上海五角场创新创业大赛领域，探索多样的发展道路，获取帮助扶持，力求实现公司团队的转型升级。2022 年 5 月，他的项目《产教融合——基于咖啡创业实训基地平台》在第八届中国国际“互联网+”大学生创新创业大赛上海赛区荣获银奖。在参赛同时，李赛超开始带领团队将创意落地，进入市场。2022 年 6 月项目被上海大学生科创基金评审通过立项，获得资助金额 40 万元。

同年，李赛超创立了自己的公司——熙啡（上海）生物科技有限公司，致力于进一步普及咖啡文化。熙啡不仅提供咖啡技艺培训、咖啡品牌孵化、实训实习、实践培训、赛事组建、咖啡 OEM、ODM、网红孵化等多元化服务，还专注于打造咖啡创新基地，培养高新咖啡技术人才。

谈及公司发展规划，李赛超表示，将继续带领团队推动咖啡文化的进一步普及，并不断深化与各界的合作，拓宽业务领域，为更多的消费者带来更加优质的咖啡体验。同时，他也将培养更多的高新咖啡技术人才，为咖啡行业注入更多的活力。

（资料来源：https://m.thepaper.cn/baijiahao_24740245）

### （三）风险投资

风险投资也叫 VC（venture capital），是一个舶来的概念，一般是由自由职业投资家投入新兴的、迅速发展的、具有巨大经济发展潜力的企业中的权益资本。所谓“权益资本”，就是股权资本，一般不以贷款等债权形式体现。通常风险投资的投资过程是由专业的风险投资家负责，包括做投资决定、管理投资等。风险投资比较青睐那些处于发展期的，或者处于快速成长期的，在未来有可能成长为独角兽或大企业的公司，它不一定是高科技公司，也可以是新兴公司，比如新浪、百度、分众传媒、携程、阿里巴巴等，最初都是在风险投资支持下发展起来的。

风险投资基金又叫创业基金，是当今世界上广泛流行的一种新型投资机构。它以一定的方式吸收机构和个人的资金，投向那些不具备上市资格的中小企业和新兴企业，尤其是高新技术企业。

风险投资基金无须风险企业的资产抵押担保，手续相对简单。它的经营方针是在高风险中追求高收益。风险投资基金多以股份的形式参与投资，其目的就是帮助所投资的企业尽快成熟，取得上市资格，从而使资本增值。一旦公司股票上市，风险投资基金就可以通过证券市场转让股权而收回资金，继续投向其他高风险企业。

**【案例学习 4-13】　　教学新视野，教育新补充**

2021 年 7 月，中共中央办公厅、国务院办公厅印发了《关于进一步减轻义务教育阶段学生作业负担和校外培训负担的意见》。在越来越多的家长认识到孩子们的学习不应仅限于书本和教室的当下，李同学与志同道合的伙伴创立了智乐高教育机构。

智乐高教育机构的核心是通过构建各种模型培养孩子们的动手能力、逻辑思维和创造力。李某深信，通过这样的教育方式，孩子们不仅能够学到知识，更能够培养出解决问题的能力，为未来的生活和工作做好准备。

在企业发展过程中，他们与知名教育机构合作，开发出了一套完整的课程体系，新颖的模式也吸引了大批经验丰富的教师为新的模式聚力共鸣。

如今，李同学的机构已经成为知名教育品牌，为超过1000余名孩子提供了优质的教育服务。李同学表示，不会停止探索和发展的脚步，一定会在创业路上接续奋斗，砥砺前行，走出新时代青年的勇毅风貌。

可以说，没有风险投资，就没有李同学的智乐高教育机构。

李同学看好幼儿智慧市场的发展前景，并决心创业。他首先遇到的问题是没有资金，他们利用自身的师范教育专业优势首先与知名教育机构合作，双方共同开发出了一套完整的课程体系，做出有新颖教育模式的DEMO并写了一个商业计划就吸引到了风险投资，不久争取到了启动资金，由此成为知名教育品牌公司。

**【案例学习4-14】　　回乡创业，新技术服务“土产业”**

傅昊韦是宁波财经学院计算机科学专业的学生，在校期间就萌生了毕业后就回乡创业助农的想法。他的家乡杭州建德绪塘村有41年之久的草莓种植历史，号称“中国草莓第一村”，其家庭也已从事草莓种植27年，但是“父辈常常凌晨四点就要出去劳作，但草莓却常受自然和市场双重影响，收益难以稳定”。所以他希望学以致用，用所学反哺家乡草莓种植业。2019年毕业后他回乡创办了草莓生产合作社。

“大棚内的空气湿度、土壤温度都能一屏显示，灌溉、光照都可以自动调配，这才让我们有了以一当十的本事。”他将先进的农业信息装备引入了草莓种植园，可以通过软件实时检测大棚内各项参数，并实现部分自动调控，上百亩草莓棚，两个人即可管理。4年来，凭借草莓品质化升级的技术，傅昊韦还加入了长三角草莓产业技术创新联盟，帮助农户们获得了首届长江杯优质草莓播台赛银奖。同时他还在设计研发“草莓品质化生产平台”的App，希望能够创建自己的品牌。

据了解，全国很多地区积极推动科技进乡村、引导青年回农村，为创客提供创业资金补助和借贷优惠，农创客们可以直接“拎包创业”。

（资料来源：https://zj.cnr.cn/mlnb/nbgd/20230620/t20230620_526295743.shtml）

### （四）私募股权投资

私募股权投资（private equity，PE）是指通过私募基金对非上市公司进行的权益性投资。私募股权投资基金选择投资的企业大多数已经到了后期，所投企业规模一般较大，产业相对规范。一般私募基金的投资数额是5000万元到数亿元，换去的股份大多数不会超过20%，一般来说，这通常是企业上市前采取的融资方式。

在我国，通常而言，私募基金（privately offered fund）是指一种针对少数投资者私下（非公开）募集资金并成立运作的投资基金。他们也关注创业项目这部分资源，投资数额视他们感兴趣的项目而定。国外私募股权基金的发展已经有30多年历史了，目前市场地位仅次于银行贷款和IPO的融资手段。

**【案例学习4-15】　　小肥羊在私募基金资助下成功上市**

内地首家获得境外私募基金的餐饮企业是内蒙古小肥羊餐饮连锁公司，该公司已在香港成功上市。小肥羊之所以能迅速上市，是因为著名私募机构英国3i与普凯基金联手投入的2500万美元（占30%的股份）。

### （五）众筹融资方式

众筹源于美国，2011年进入中国。众筹融资实际上是指大众筹资或群众筹资，是指用团购和预购的形式，向网友募集项目资金的模式。其主要特点是利用互联网和SNS（社交网络软件）的传播，把自己的创意展示出去，获得公众的关注和支持，甚至是有兴趣的公众的投资。众筹具有更开放的融资模式、更大的融资风险、更大的知名度等特点。但是在2017年，政府出台了一系列严管措施，众筹这种融资方式很容易有非法集资、金融欺诈和洗钱的嫌疑，所以目前很多众筹平台都已经关闭，或者在清理中。

除此之外，创业融资的主要渠道还包括亲情融资、信誉融资、商业银行贷款、担保机构融资、政府创业扶持基金融资和私募基金等。

### （六）多渠道组合融资

是否没有担保，创业者就贷不到款呢？或者说，没有担保，银行就绝对不给创业者贷款吗？这些问题与当前国家的政策是密不可分的。因此，创业者不要因为自己没有可作担保的财产而放弃向银行贷款。况且，目前为创业准备的融资渠道很多，在很大程度上，政策都给予了优惠，社会上也有很多鼓励和扶持创业的基金和公益基金，这些组织都把扶持青年创业当成了一种社会责任，对年轻的创业者给予了很大的支持。

钱并不是企业成败的根本因素。人们常说："钱不是万能的，而没钱是万万不能的。"可见资金在创业过程中的重要性。但是，白手起家的富豪们也给了我们一些重要的启示：信誉和勇气也许比资金更有用！

### （七）亲情融资

有资料表明，亲情融资是前几年创业者最普遍采用的融资方式，也是融资成功率最高的方式。如果你的创业计划需要的资金不是很多，而且你未来的事业也想从小到大慢慢做起，这时，亲戚朋友拿出多年的积蓄来帮助你创业，这种情况在一些传统的小项目融资和南方那些最初创业的年轻人中很常见。因为亲情的关系，大家彼此之间不需要更多的信誉担保，一旦创业失败，亲友的钱还可以慢慢还。但对于比较大的投资项目，一般用亲情融资的方法就不行了。

**【案例学习4-16】　　借钱学艺的吴利忠**

全国品牌连锁店"六十年老磨坊"的创始人吴利忠用从亲戚手里借来的一万元，去学习沈天智老师傅的手艺，从而开创了自己人生的华丽篇章。

### （八）信誉融资

信誉融资是指用你或者你亲属的以往信誉获得贷款人的信任，同意给你贷款或者允许一个账期的融资方式。通俗地说，就是先拿货，约定时间或者货物售出之后再付款。

【案例学习 4-17】 15 岁开始创业的陈光标

陈光标在 15 岁第一次创业时，是用他叔叔的信誉做担保，先把邻居家的粮食收走，运到镇上售出后再回来给邻居们结算，每斤粮食挣取差价 0.2 元。这是他第一次创业的真实故事。

### （九）政府资金

我国政府在 2005 年成立了政府引导基金，其运作模式为政府出资设立“母基金”，风险机构出资设立“子基金”，由专门的投资机构对企业进行投资，政府起监督管理作用。2015 年政府工作报告指出国家已经设立了 400 亿元的新兴产业创业投资引导基金，为创新创业加油助力。

### （十）商业银行贷款

商业银行贷款是指商业银行为实现其经营目标而制定的指导贷款业务的各项方针和措施的总称，也是商业银行为贯彻安全性、流动性、营利性三项原则的具体方针与措施。

**1．商业银行贷款政策的主要内容**

（1）确定指导银行贷款活动的基本原则，即商业银行的经营目标和经营方针。

（2）明确信贷政策委员会或贷款委员会的组织形式和职责。

（3）建立贷款审批的权限责任制及批准贷款的程序。

（4）规定贷款额度，包括对每一位借款人的贷款最高限额、银行贷款额度占存款或资本的比率。

（5）贷款的抵押或担保。

（6）贷款的定价。

（7）贷款的种类及区域的限制。上述贷款政策的内容应当体现商业银行的经营目的与经营策略，决定商业银行的经营特点和业务方向。

**2．商业银行制定贷款政策的主要依据**

（1）所在国的金融法律、法规，政府的财政政策和中央银行的货币政策。

（2）银行的资金来源及其结构，即资本状况及负债结构。

（3）本国经济发展的状况。

（4）银行工作人员的能力和经验。

### （十一）担保机构融资

**1．开业贷款**

开业贷款是上海市促进就业专项资金担保的一种商业贷款，贷款资金用于创业组织的创办和经营发展。

借款人在签订借款合同时，还必须签订还款承诺书，承诺以个人和家庭财产对开业贷款承担无限偿还责任。贷款额最高不超过 10 万元，符合政策优惠条件的，还可以按规定享受贴息扶持。

【案例学习 4-18】　　　　　创业贷款助他一臂之力

2003 年 10 月，刚刚毕业于上海交通大学计算机系的丁尚春决心创办一个可以利用自己所学专业的企业。从他的“上海麦捷克数字科技有限公司”建立开始，丁尚春的目标就是把公司打造成一个小型 IT 运营服务商。

在创业的初期，创业的启动资金是他向亲友们借的，但由于经营经验不足，一段时期以来，公司一直处于微利状态，要扩大经营，缺少周转资金。当得知有创业贷款时，他如实地把自己的创业情况申报，申请并得到了 4 万元开业贷款。丁尚春说：“虽然公司现在还不能说完全走上正轨，但对于一个小公司来说，这笔钱无异于雪中送炭。”

近十年的公司经营使这个当年刚毕业的大学生稳健了很多，现在的丁尚春已经成长为一名上海市创业指导专家了。他说：“很想给刚创业的大学生一些建议，与之共勉，即坚持很重要，既然选择创业，不管遇到任何困难，都要积极地去克服，不要轻言放弃。”

**2．创业前小额贷款**

从 2009 年 4 月 1 日起，上海市试行创业前小额贷款担保，由上海市促进就业专项资金提供担保。

（1）担保对象。具有上海市户籍，35 周岁（含）以下，拟在上海市创办小企业、民办非企业单位、农民专业合作社、个体工商户，且有创业项目的，可以申请创业前小额贷款。

（2）申请条件。① 申请人无违法犯罪行为和不良信用记录。② 申请人已有较为完善的创业项目。

（3）贷款金额和期限。贷款金额最高为 10 万元，贷款期限最长为一年。

按时还款还可以申请全额贴息。总之，这是上海市政府为了扶持创业和开办小企业而设置的优惠政策。

⊙ 企业家提示

在国家政策的大力支持和各级各类社会组织的关心和帮助下，大学生创业的资金瓶颈已经有所突破，可以说，只要你有好的经营设想，寻找创业贷款并不是一件很难的事。难的是如何找到商机，如何最大限度地体现当代大学生的自身价值。

## 四、创业融资的选择策略

### （一）创业融资不只是一个技术问题，还是一个社会问题

应从建立个人信用、积累社会资本、写作创业计划、测算不同阶段的资金需求量等方面做好准备。

【案例学习 4-19】　　　　　乡村图书馆的明日之光

在山西的一个乡村，有一支充满梦想和奉献精神的公益创业团队，张某组建的团队创

业故事是一曲激荡心灵的乐章。

故事始于某师范学院的一个公益创业团队，他们深入农村，通过实地考察和线上投票发现农村教育的真实状况。在村委会领导的支持下，他们提出了一项项目建设规划，着手解决农村学生的阅读书籍匮乏问题。他们懂得，改变并非一蹴而就的事情，需要长期的努力和投入。于是，他们引入了公益创业投资，吸引了社会各界的公益人士，构筑了一支志愿服务团队。

学院的大学生青年志愿者协会成为了这场改变的主力军。各个学科的学生志愿者汇聚一堂，凝聚着改变的力量。他们为图书馆的后续工作提供志愿服务保障，将知识的火炬传递到每一个乡村角落。这个团队并非仅仅是在追逐一时的荣誉，而是希望通过长期的努力，切实改变农村学生的命运。他们深知“授人以鱼不如授人以渔”的道理，因此努力激发学生对教育的渴望，引导他们主动改变。

团队获得了大量的感谢信和捐赠证明。团队的创业故事是一曲讴歌奋斗、奉献和改变的乐章。他们用心血和汗水谱写着一段让农村教育焕发生机的篇章。

所有的财富都是一点点积累起来的，只要你有决心，就没有什么困难可以阻碍你创业的步伐。公益创业最初可以企业、社会以及学校创业基金的支持为启动资金，但是在创业团队设计自身的商业模式时，不应忘记营利模式的设计，因为如果没有团队自身的造血机制，仅靠外来援助，即便是公益创业的路，也走不远。

### （二）最佳的融资组合策略

事实证明，创业成功率最高的融资方案并不是完全依赖外来资金，只有当自我融资和外来资金达到1∶3的比例时，创业融资策略才是成功率最高的。

创业融资解决的是创业者在企业成立前后最迫切需要解决的创业启动资金问题。融资最主要的渠道有私人借贷、银行贷款、天使投资者、风险投资和典当等，其他融资方式还包括商业信用融资、补偿贸易融资、代理权融资和租赁融资。

创业资源的整合除了融资和创业团队，还包括人脉、信息、技术、行业和政府等方面的资源。创业者正确整合资源的方式就是以双赢、共赢为目的，以德为先，用自己的人格魅力征服团队，用自己的真诚取悦客户，不断提升自身素质和品质。

### （三）企业在不同的发展阶段，应设计不同的融资策略

在本章前边提到企业不同发展阶段应获取的创业资源时，曾经提到过初创企业发展阶段：种子阶段、成长阶段、成熟阶段。

种子阶段主要是指产品还处于创意和开发研究阶段，还没有产品原型（demo），无正式产品和销售渠道，企业风险很高。有的创业者还只是有一个创意（idea），这个阶段融资渠道包括自有资金和天使轮投资，种子轮融资数额一般在10万～500万元。

**【案例学习4-20】　他让无人便利店变身公共服务站，获种子轮融资**

“神奇驿站”创始人罗杰诚于2017年11月获得了广州混序科技合伙有限公司和佛山日邦钢制办公家具有限公司的种子轮投资。

“神奇驿站”公共服务便利站是无人便利店神奇屋户外版。“神奇驿站”除了销售商品，还配备了公共母婴室、消防器材、公共医疗药品、书籍报刊亭等设施，并为公众提供身份证办理、水电气费缴纳、社保等公益服务。同时，“驿站”可根据投放地的不同需求，叠加不同的功能，比如它可被改造成警务亭、志愿者服务中心等。另外，每个“驿站”还可提供两个就业岗位，帮助40～50岁的残障人士或困难群众再就业。

无人便利店自投放之初，落地困难的新闻便不绝于耳。2017年9月底“缤果盒子”在上海等地投放遇阻，让原本准备入局户外无人便利店的罗杰诚感到犹豫。

彼时，罗杰诚已经完成了屋顶微型自动化仓库的设计，节约了便利站店面空间，使团队具备了投放户外版神奇屋的条件。但是，“在落地身份不明确的情况下盲目投放设备，必定会引起政策上的麻烦”。所以，罗杰诚将“神奇驿站”从单纯的便利店，转而定位为提供市政公共服务的公益设施。罗杰诚通过改造传统街边老旧和功能单一的服务站点，帮助政府建设智慧城市，以此寻求和政府部门合作，规避政策风险。

同时，凭借公共服务定位，“神奇驿站”也可有别于其他无人便利店品牌，寻求差异化经营。据罗杰诚介绍，“神奇驿站”占地面积约12平方米。团队通过设置顶部微型自动化仓库，自上而下补货，以此来节省空间。驿站可销售商品SKU 800～1000个，通过封闭式货柜销售，可减少商品损耗。

罗杰诚打算通过自营和加盟两种方式经营，主要营利方式为商品销售。由于市政服务项目没有地租成本，罗杰诚计算单点日流水1000元便可以实现盈亏平衡，“正式运营后日流水2000元应该不成问题”。“神奇驿站”内的基础服务设备如消防器材、母婴室等都由团队自行采购。“驿站”框架则由联合创始人的工厂生产，单店落地成本为15万～20万元。另外，两个就业岗位的工资也将由公司负责。“神奇驿站”投放地点将和政府协商确定，“一方面要有足够的人流量（每天4000～5000人），另一方面要符合当地政府市政规划”。

当企业具备较为完善的商业模式、较规范的商业运作时，这段时间的资金用途是商业推广，一般要进行第一、第二轮的融资，通常企业在第二轮和第三轮融资时，就开始为上市（IPO）做准备了，因此，在企业发展的不同阶段，应设计不同的融资方案。

⊙ 企业家提示

俗话说**“创业容易守业难”**。企业开办，公司开张，仅仅是创业迈出了第一步，更多的考验在等待着年轻的创业者。因此，认真学习企业经营的知识，增强自己企业管理的能力才是最主要的，企业的注册资金并不代表创业者的经营能力。

从小做大，脚踏实地，是大学生创业者最应该树立的经营理念。

# 第三节　创业资源管理

## 本节要点

使学生了解创业资源整合和有效使用的方法，认识创业资源开发的技巧和策略。

拓展阅读　　　　创业资源的管理

**1. 资金管理**

因为企业创业在内部发生，一般新业务由旧业务的收入来支撑，所以资金来源显得有保障。在这种资金获取办法下，由于新业务本身不但没有收益，反而必须投入大量的资金而导致“新业务招损”，因此，可能打击旧业务员工的积极性，对企业发展不利，特别是当企业从专业化向多元化转变时更是如此。解决这个问题的办法有：对新业务使用种子资助资金，采取内部风险投资的方式，或其他有偿使用资金的办法。

**2. 人才分配**

企业创业的另一个问题是人才支持。当项目处于种子阶段时，主要由少数几个人运作和管理，一旦进入了孵育发展阶段，就必须有得力的人才来进行规划管理，因此，这里也存在一个新、旧项目争夺人才的问题。为了使新、旧项目的发展不受人才问题的影响，企业必须注意在发展过程中培养新的人才，稀释各部门的人才密度，给人才加压力。

**3. 工作时间分配**

企业创业相对首创业来说，一个大问题是创业者的工作时间和精力难有保障。一般来说，企业内部的创业者既要完成当前的工作，又要进行开发工作，因此，工作时间分配经常顾此失彼。为了保障员工有充足的时间来孵化创新性的想法，组织应该从制度上给他们以保证，同时调整他们的工作负担，避免对员工各方面施加过多的时间压力，允许他们长时间解决创新问题。如柯达公司的创业者可以将20%的工作时间用于完善创业设想；如果设想可行，创业者可以离开原岗位。

**4. 新创企业的营销资源管理主要是指营销资源的分配和新市场的开拓**

创业是一种以市场为导向的活动，市场对新产品的接受程度直接关系到创业成败，但开始时，新产品在市场中几乎不为人所知，因此，企业必须集中销售资源，致力于新产品的市场开拓。这里也存在新、旧项目营销资源竞争的问题。为了解决这个问题，企业必须加大营销投入。

大多数创业者难以整合到充足的创业所需的资源，往往都是在创业资源匮乏的情况下，激发了个人自身的潜力而创造性地成功的，因此我们的身边就有了很多白手起家或者创业团队创造的神话。

## 一、行业概要的管理

### （一）行业概要

行业概要包括行业格局、技术创新、前景机会、发展趋势等信息。

创业者在创业前，必须获得该行业或领域的足够的相关信息，才可以“知彼知己”地设计进入策略。要获得想要进入的行业概况，市场调研就是最好的方法和途径。传统的市场调研方法有问卷法、访谈法、实验法等。

市场调研是指为了提高产品的销售决策质量，解决存在于产品销售中的问题或为了寻找机会等而系统、客观地识别、收集、分析和传播营销信息的工作。目前的发展趋势是网上市场调研，这种高效的调查手段也被许多调查咨询公司广泛应用，其优点主要表现在提高调研效率、节约调查费用、方便调查数据处理、不受地理区域限制等方面。但是在线市场调研并不是轻易可以实现的。

### （二）市场调研

市场调研是运用科学的方法，有目的、有计划地收集、整理、分析有关供求资源的各种情报、信息和资料。它是把握供求现状和发展趋势，为制定营销策略和企业决策提供正确依据的信息管理活动，是市场调查与市场研究的统称，是个人或组织根据特定的决策问题而系统地设计、搜集、记录、整理、分析及研究市场各类信息资料、报告调研结果的工作过程。市场调研是市场预测和经营决策过程中必不可少的组成部分。

### （三）调研流程

调研流程大致如下：调研计划撰写→调研问卷设计→调研问卷实施→调研问卷收集、整理→数据分析→调研报告撰写。

**【案例学习 4-21】　　其他企业调研流程举例**

图 4-4 是某企业市场调研分析流程图。当然，市场调研的程序也不是一成不变的，具体操作流程可以根据企业实际需要做适当调整。

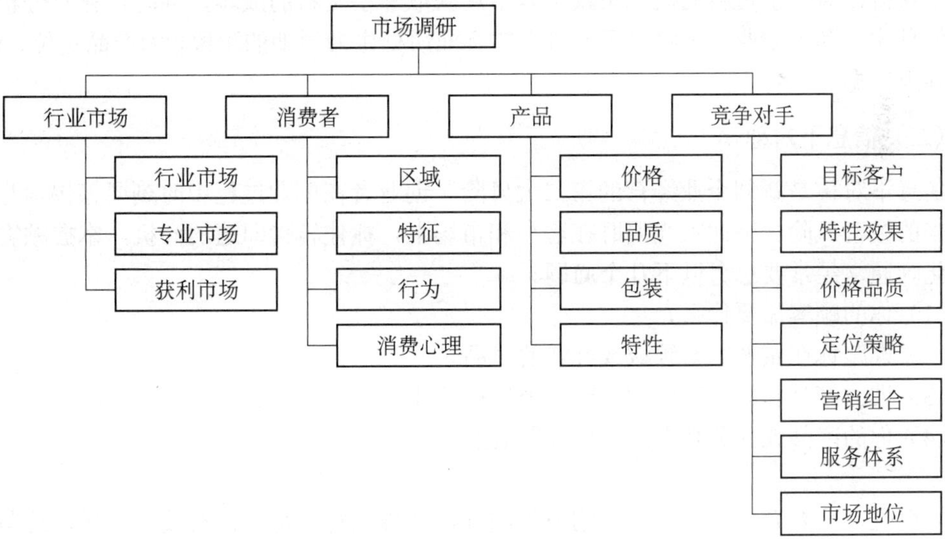


图 4-4　某企业市场调研分析流程图

在市场调研中，利用数据分析手段和电脑软件制成的柱形图、饼形图等可以使调研结果更直观，如图 4-5 所示。

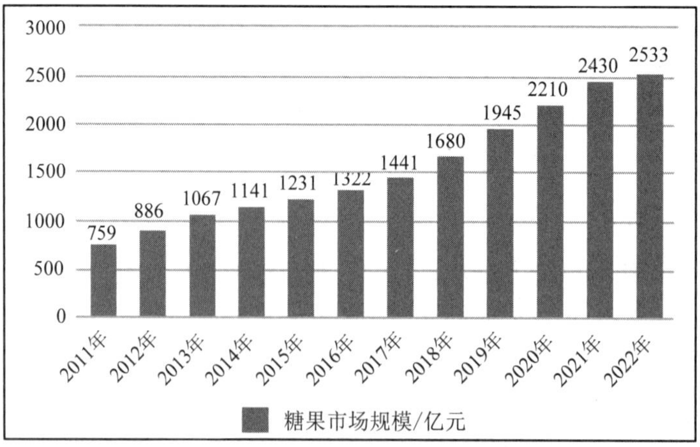


图 4-5　市场调研柱形图

## 二、信息资源的管理

常见的信息资源包括项目交易数据资源、供求信息资源、研究报告资源、财经数据资源、科研数据资源、学术论文资源、品牌口碑资源及公司名录资源等。

### （一）信息资源的获得渠道

信息资源的获得有两种渠道：一种是在市场调研中亲自取得第一手资料，还有一种就是在网络、行业协会、企业年报等公开资料中获得信息资料。这些资料中的一大部分可以从网络获得，对二手资料的研究不仅可以节约获取一手资料的成本，同时，只有分析研究行业信息才有助于创业者了解自己要进入的行业所处生命周期的阶段，为产品定位、定价、推广寻求依据。

### （二）信息不对称

信息不对称是新创企业经营的第二大风险。创业者在创业过程中时刻要警惕信息不对称带来的经营风险。因此眼光要盯在客户和市场上，抓住转瞬即逝的商机，掌握顾客需求的变化。通常经常要思考以下几个问题。

（1）你的顾客需要什么？

（2）谁跟你在做着同一领域或行业的产品？

（3）谁的产品和服务跟你拥有同一个目标群体？

（4）你的产品或服务是否是可持续发展的？

……

可以说，只要企业存在一天，它所处的外在环境就每时每刻都在发生变化，这些变化都可以通过信息资源来体现，因此，要想企业取得长远发展，就要在变化中学会应变，根据外在信息不断调整企业的经营策略。

## 三、人力资源的管理

创业资源中的人力资源是指创业者具有的体质、文化知识和劳动技能水平。拥有创业所需的人才、团队是创业的先决条件。创业中的人力资源管理内容很多，包括人员的选聘和配置、薪酬计划、股东权益、股权分配、期权收益等，但是对一个创业者来说，在创业之初，最重要的人才选聘原则有两项：一是要找到可以满足你工作要求的人；二是要找到值得你信任的人，最好是二者兼而有之的人才。

在国外的人力资源管理中，素质测评是必不可少的，理性成分偏重。在中国，从诸葛亮识人七法，到孔子识人术，基本上是感性成分偏重。

人才测评是综合利用心理学、社会学、统计学、测量学、管理学、行为学和计算机科学等一系列先进的科学方法，对测试者的个性特征、知识能力、发展潜力和身体素质等基本素质方面实施测量和评价的活动。马克思在现代科学刚开始的时候就指出：“一种科学只有成功地运用数学时，才能达到真正完善的地步。”但是人本身的素质和能力，也是处在变化之中的，因此单凭人才测评的数据，也不能完全得出正确的评价结论。

**拓展阅读　　诸葛亮识人七法**

问之以是非而观其志；
穷之以辞辩而观其变；
咨之以计谋而观其识；
告之以祸难而观其勇；
醉之以酒而观其性；
临之以利而观其廉；
期之以事而观其信。

**【案例学习 4-22】　　杰克·韦尔奇的管理理念**

（1）换人不含糊，用人不皱眉。
（2）剔除没有激情的人。
（3）将自己的文化包括自信灌输给公司的每个人。
（4）管理越少，公司越好。
（5）让每个头脑都参加到公司事务中来。
（6）旧组织建立在控制之上，新组织必须添加自由成分。
（7）消除管理中的警察角色。
（8）绝不妥协地向官僚主义开战。

## 四、资金资源的管理

创业需要的启动资金，创业转型或发展所需要的再次融资，等等，都是创业者应该获取的资金资源。

创业资金资源的管理，最重要的是创业之初的财务管理，因为有调查显示，68%的新创企业，是因为财务管理不善导致现金流断裂而失败的。

初创企业在成长过程中大都有“资金饥渴症”，即经营者追求筹集尽可能多的资金，而往往忽视融资的风险。融资不仅有代价，还蕴含着风险。应尽可能控制融资规模，尽量不要让资金闲置和企业负债过高。

其中，创业者最容易犯的错误就是不注意融资成本问题。不同的融资渠道，其融资成本不同；资金资源管理不善，很可能成为企业负担，而且会抵消企业辛苦挣来的利润。

⊙ 企业家提示

新创企业在发展的各个阶段，对资金管理的要求不尽相同。同时，资金管理也与创业者创办的企业类型有关。例如，你是创办一个小型的传统行业的企业，还是创办一个高新技术行业的企业，抑或需要吸引风险投资的创新项目，等等，类型不同，资金管理的内容和重点必然不同。

在企业里，创业者就是团队的领头人，也是主要的决策者之一。但是，如果没有学过宏观经济学和微观经济学或者财务管理，一些在决策时必须考虑的因素就会因为没有建立这些概念而被忽略，好多创业者都是在实践中慢慢懂得这些概念的。

### （一）明确资金时间价值的概念

资金时间价值这个概念，用一句通俗的话来说，就是今天的一元钱和明天的一元钱的价值是不相等的。为什么？因为这一元钱在24小时内会产生利润或者利息。资金时间价值的表现形式就是利息和利润。

衡量资金时间价值的尺度有两种：其一为绝对尺度，即利息、盈利或收益；其二为相对尺度，即利率、盈利率或收益率。

利率和利润率都表示原投资所能增加的百分数，因此往往用这两个量来作为衡量资金时间价值的相对尺度，并且经常两者不加区分，统称为利率。

### （二）明确资金时间价值的意义

资金时间价值或者说货币时间价值是一个经济学概念，是机会成本的变体。在社会平均利润率一定的情况下，资金时间价值与计息期数呈正方向变化，计息期数越多，资金时间价值越大，也就是说，资金周转的快慢以及每次资金循环时间的长短，都决定了资金时间价值的大小。掌握资金时间价值理论，有助于企业科学合理地使用资金，企业任何资产只有参与资金运动才可能作为资金实现其时间价值，而闲置的资产无论是流动资产还是固定资产都不可能创造时间价值，而且随着时间的推移，还会丧失其原有的价值。

### （三）充分提高资金的使用效率

明确了“资金的时间价值”这个概念，就可以督促创业者节约使用资金，充分提高资金的使用效果，充分实现资金时间价值，使资金在有限的时间和空间范围内获取最大价值。因此在进行项目可行性分析以及在证券投资方案评价中，资金时间价值是最重要的依据。不论是净现值法、现值指数法，还是内部报酬率法，等等，都是在充分考虑资金时间价值的基础上评价项目可行性较好的方法，而且已在各企业实践中得到广泛应用。

⊙ 企业家提示

无论进行什么样的经济活动，都必须认真考虑资金时间价值，千方百计地缩短建设周期，加速资金周转，节省资金占用数量和时间，提高资金的经济效益。

（四）懂得机会成本的概念

机会成本是指为了得到某种东西而要放弃的另一样东西，机会成本小的具有比较优势。简单地讲，可以理解为把一定资源投入某一用途后所放弃的在其他用途中所能获得的利益。更加简单地讲，就是指为了从事某件事情而放弃其他事情的价值。

机会成本在经济学上是一种非常特别、既虚又实的成本，是指单笔投资专注于某一方面后所失去的在其他方面的投资获利机会。

在企业经营的过程中，创业者经常要面临一些选择。作为企业经理人，他所做的任何决策都是为了企业的生存，在衡量做与不做时，就看哪个决定可以给企业带来更高的利润。

⊙ 企业家提示

掌握机会成本的概念，会使我们在决策时多做一些分析。企业家的决策永远是倾向于利润最大化的，当衡量风险时，又是尽量规避风险的，决策时，机会成本越低，风险系数越小。因此，创业者在做决策时，应该多分析问题的各个方面，选择机会成本最低的事去做。

【案例学习 4-23】　　如何做出正确的决策

沈老师面临着两项工作：一是接受一个培训课程的授课任务，需要用时两个月，可以得授课费 10 000 元；二是利用这两个月的时间完成手里的一本书，出版顺利的话，年底可得稿费 20 000 元。

如果她选择了讲课，好处是可以立刻得到报酬，但她授课的机会成本就是版税 20 000 元；如果她选择写书的话，坏处是眼前得不到任何报酬，写书的机会成本就是授课费 10 000 元。

（五）树立投资风险的意识

投资风险是指创业者由于冒着风险进行投资而获得的超过资金时间价值的额外收益，所有的企业发展无不面临着投资的风险。一个成功的企业必定是一个善于避开不必要投资风险的企业。

由于“投资收益率=无风险投资收益率+风险投资收益率”，所以创业者的每一个决策都应该慎之又慎，因为很多时候，你所做的决策就是“开弓没有回头箭”了。用机会成本的概念来思考问题，无疑会增加你决策的正确性。

⊙ 企业家提示

有不少企业家都怀着“奋力一拼”的“大无畏精神”盲目地去投资，他们凭道听途说的小道消息或只是凭感觉进行投资，完全没有进行独立的分析，没有盈利的可靠依据，这样投资难免会招致失败。

他们由于没有认识到机会成本的潜在损失，也使企业的决策行为并不是“利润最大化”的。

拓展阅读　　做了这个就不得不失去另外的获利机会

萨缪尔森在其《经济学》中曾用热狗公司的事例说明机会成本的概念。热狗公司所有者每周投入60个小时，但不领取工资。到年末结算时公司获得了22 000美元的可观利润。但是如果这些所有者能够找到另外收入更高的工作，使他们所获年收入达45 000美元，那么这些人所从事的热狗工作就会产生一种机会成本，它表明因他们从事了热狗工作而不得不失去其他更大的获利机会。

对于此事，经济学家这样理解：如果用他们的实际盈利 22 000 美元减去他们失去的45 000美元的机会收益，那他们实际上是亏损的，亏损额是23 000（45 000−22 000=23 000）美元。虽然实际上他们是赢利了，但用机会成本的概念来计算的话，他们还是隐形亏损的。

### （六）理解沉没成本的概念

沉没成本是指已经失去的收益或者付出的代价，是不论你采取什么方式和方法，均不能挽回的损失。沉没成本与机会成本的不同之处在于它属于非相关成本，有时是间接的，有时是直接的。由于沉没成本好多时候是事后发生的，因此有时在决策时无法考虑在内，如果在决策时就把沉没成本考虑在内，恐怕会造成商机错失或者决策失误。

**拓展阅读　　美国经济学家斯蒂格利茨对沉没成本的解释**

假如你花了7美元买了一张电影票，又怀疑这个电影是否值7美元。看了一会儿，你证实了自己的疑虑：这个影片确实很差。

在这种情况下，你是否选择离开这家影院？在做这个决定时，你就应当忽略那7美元，它就是沉没成本，无论你离开影院与否，这7美元都不可能被收回了。

**⊙ 企业家提示**

由于沉没成本的发生具有延迟性，所以许多创业者在决策并进入实施阶段时，才发现以前的判断是错误的，这个时候，就不要再去考虑已经无法收回的沉没成本了，撤得越快损失越小。

### （七）理解准备金和存款准备金率（或货币准备金率）的概念

我们经常在新闻里听到“央行决定自某日起提高存款准备金率0.25个百分点”或者“降低存款准备金率 0.25 个百分点”，这是什么意思？提高或者降低这个货币准备金率，与当前的经济发展趋势有什么关系？对企业来说，这样的信息意味着什么？

（1）存款准备金。存款准备金是指金融机构为保证客户提取存款和资金清算需要而准备的在中央银行的存款，中央银行要求的存款准备金占其存款总额的比例就是存款准备金率。中央银行通过调整存款准备金率，可以影响金融机构的信贷扩张能力，从而间接调控货币供应量。

简单地说，提高存款准备金率，就是要收缩贷款总量，央行发往市场的贷款总量或者货币总量要减少了；反之，降低存款准备金率就是扩大贷款总量，央行发往市场的贷款或货币总量就要增加。

**拓展阅读　　存款准备金率的浮动与国家经济政策有什么关系**

提高存款准备金率：一般经济情况下，经济过热和通货膨胀通常是一对孪生兄弟（除开类似津巴布韦这样的国家通过大量发行货币来弥补赤字导致的通货膨胀）。经济过热可以说是利率太过宽松导致贷款成本比较低（也可以理解成市场中货币泛滥），那么某个经济领域就会过热。经济过热后通常会引起对资源（如石油、水泥、钢铁等）大量的需求，结果此类商品价格上涨，扩散到实体经济中就会导致通货膨胀。在这种情况下，国家通常会采取提高存款准备金率的政策，所以，提高存款准备金率是抑制经济过热的措施，预示着下一个阶段的经济增长将放慢步伐。

⊙ 企业家提示

对企业来说，当看到国家宏观经济政策上采取“提高货币准备金率”这样的经济紧缩的措施时，不宜进行大规模投资；反之，当“降低存款准备金率”时，是扩张性的宏观经济政策，属于刺激经济增长的信号，企业应该考虑新的投资和发展了。

当国家开始“降低货币准备金率”时，对创业者来说，你创业的机会来临了；对个人和企业来说，这种经济扩张的政策，无疑是有利于投资的。

（2）“货币准备金率”与通货膨胀系数成反比。简单地说，就是“提高货币准备金率”会导致物价下降（通货紧缩）；“降低货币准备金率”会导致物价上升（通货膨胀）。对企业经营来说，在物价上涨时，才正是赚钱的好时机。

（3）货币准备金率的变化与企业营销决策息息相关。机遇和挑战任何时候都是并存的，正是因为在危机中有人倒下，才给后来者留出了发展空间。企业间的区别就在于有人看到了机遇，有人看到了风险。而创业者要时刻关注国家宏观经济政策，高瞻远瞩，在别人还没有意识到的时候，做出正确的决策，才可以有效地规避各种风险，使企业基业长青。

那些百年基业无一不是在成长过程中几进几退，经历过好多次经济衰退而存活到今天的。

⊙ 企业家提示

创业者的任何决策都是为了企业的生存，进有时，退有时，关键在于把握时机。有时退出比进入更需要智慧。选择时机是着眼于大势的决策，创业者一定要不断学习，提高经营能力，把握好企业的方向盘。

**【案例学习 4-24】　季琦在全球金融危机到来前率先急刹车**

携程网、如家快捷酒店创始人季琦说：“经济增长时加油门，经济衰退时要踩刹车。”季琦从创建携程网到如家快捷酒店，创立了一个新型的深受年轻人和喜欢旅游的顾客欢迎的经营模式，如家快捷连锁酒店的成功，使季琦成为令人瞩目的成功企业家。

继如家之后，季琦又开始筹建汉庭王国，这个酒店的规模和档次都超过如家，而价格依然走平民路线。就在季琦奋力争取汉庭连锁上市的时候，全球金融风暴来了。

季琦果断地率先在 2007 年下半年撤回汉庭上市的计划，是同行业里第一个踩刹车的。他最先感觉到了市场的危机，也最先撤退，因此很好地保全了实力。

### （八）注意企业的现金流

现金流一般是用来衡量企业收入的一个指标。对一个企业的财务来说，一个阶段的现金流（也称为账面盈余或资产增值）是居于中心位置的指标。现金流是企业经营所得与同期经营支出的一个差额。

（1）企业经营所得。企业经营所得主要是指销售收入，企业支出包括购买原材料的费用及支付劳务工资、税收和利息的费用。两者的差额通常被称为现金流，它被定义为销售所得项减去支出的费用。现金流通常被当作衡量企业盈利能力和自身融资潜力的一个指标，即

现金流=企业内部融资能力

（2）企业内部融资能力。企业内部融资能力是指企业不依靠外部贷款获得资金，而是经过自身经营活动获得资金，并用于企业运作。现金流可以用于生产投资、偿还贷款或分红。

现金流是衡量企业财务情况的一个重要指标，创业者在与贷款方进行洽谈时，常常会被问及现金流的问题。这一指标不仅帮助企业估量自身诚信能力，而且被外界认为是衡量企业偿还能力的一大标准。

**拓展阅读　　现金流是银行关注企业还贷能力的指标**

企业现金流是你能否获得银行贷款的关键数字，一个企业的盈利好，不一定现金流大（可能用于购买固定资产或者存货占用过大），因此现金流并不反映企业盈利情况，只反映企业的还贷能力。

在创业初期，一定注意资金不要被固定资产占用太多，进而失去足够的流动资金。如贸易公司，一定注意要采用多品种少数量的进货方式，等找到可以给你带来最多利润的产品后，再逐渐放弃那些不畅销的品种，全力发展和扩大盈利品种。

### （九）创业者要学会读懂资产负债表

资产负债表是表示企业在一定日期（通常为各会计期末）的财务状况（即资产、负债和业主权益的状况）的主要会计报表。资产负债表利用会计平衡原则将合乎会计原则的“资产、负债、股东权益”交易科目分为“资产”和“负债及股东权益”两大区块，在经过分录、转账、分类账、试算、调整等会计程序后，以特定日期的静态企业情况为基准，浓缩成一张报表。

⊙ 企业家提示

看过资产负债表，你就会对企业的资产、负债及股东权益的总额及其内部各项目的构成和增减变化有一个初步的认识。

由于企业总资产在一定程度上反映了企业的经营规模，而它的增减变化与企业负债和股东权益的变化有极大的关系，当企业股东权益的增长幅度高于资产总额的增长时，说明企业的资金实力有了相对提高；反之则说明企业规模扩大的主要原因是负债的大规模上升，进而说明企业的资金实力在相对降低，偿还债务的安全性在下降。

（1）创业者对资产负债表的一些重要项目，尤其是期初与期末数据变化很大，或出现大额红字的项目要做进一步分析。如流动资产、流动负债、固定资产、有代价或有息的负债（如短期银行借款、长期银行借款、应付票据等）、应收账款、货币资金以及股东权益中的具体项目等。

（2）创业者应随时关注应收账款。企业应收账款过多、占总资产的比重过高，说明该企业资金被占用的情况较为严重，而其增长速度过快，说明该企业可能因产品的市场竞争能力较弱或受经济环境的影响，企业结算工作的质量有所降低。此外，还应对报表附注说明中的应收账款账龄进行分析，应收账款的账龄越长，其收回的可能性就越小。

（3）计算财务指标的数据来源。主要有以下几个方面：直接从资产负债表中取得，如净资产比率；直接从利润及利润分配表中取得，如销售利润率；同时来源于资产负债表和利润及利润分配表，如应收账款周转率；部分来源于企业的账簿记录，如利息支付能力。

⊙ 企业家提示

如果创业者发现财务报表中企业年初及年末的负债较多时，则说明企业每股的利息负担较重，应及时调整经营策略，加大利润收益。但如果企业在这种情况下仍然有较好的盈利水平，说明企业产品的获利能力较佳、经营能力较强，创业者经营的风险意识较强、魄力较大。

### （十）损益表及其作用

损益表（或利润表）是用以反映公司在一定期间利润实现（或发生亏损）的财务报表，它是一张动态报表。损益表可以为报表的阅读者提供做出合理的经济决策所需要的有关资料，可以用来分析利润增减变化的原因、公司的经营成本，做出投资价值评价等。

损益表所反映的会计信息可以用来评价一个企业的经营效率和经营成果，评估投资的价值和报酬，进而衡量一个企业在经营管理上的成功程度。具体来说，有以下几个方面的作用。

（1）可作为经营成果的分配依据。损益表反映企业在一定期间的营业收入、营业成本、营业费用以及营业税金、各项期间费用和营业外收支等项目，最终计算出利润综合指标。损益表上的数据直接影响到许多相关集团的利益，如国家的税收收入、管理人员的奖金、职工的工资与其他报酬、股东的股利等。正是由于这方面的作用，损益表的地位曾经超过资产负债表，成为最重要的财务报表。

（2）能综合反映生产经营活动的各个方面，有助于考核企业经营管理人员的工作业绩。企业在生产、经营、投资、筹资等各项活动中的管理效率和效益都可以从利润数额的增减变化中综合地表现出来。通过将收入、成本费用、利润与企业的生产经营计划对比，可以考核生产经营计划的完成情况，进而评价企业管理层的经营业绩和效率。

（3）可用来分析企业的获利能力、预测企业未来的现金流量。损益表揭示了经营利润、投资净收益和营业外收支净额的详细资料，可据以分析企业的盈利水平，评估企业的获利能力。同时，报表使用者所关注的各种预期的现金来源、金额、时间和不确定性，如股利或利息、出售证券的所得及借款的清偿，都与企业的获利能力密切相关，所以，收益水平在预测未来现金流量方面具有重要作用。

# 第四节　创业风险识别

## 本节要点

**使学生认识到创业风险，了解规避和防范创业风险的基本方法。增强学生对机会风险的理性认识，提高其防范风险的能力。**

任何投资都是风险和机遇并存的。如何在创业初期规避投资风险，或者怎样把投资风险降到最低，是每一个创业者都必须思考的问题。就算在企业步入正轨以后，危机依然时刻存在。所以，创业者规避风险的第一招就是：时刻要有风险意识。

**【案例学习 4-25】　　美国汽车大王福特**

福特在创业过程中曾经破产过四次，当他回忆创业历程时，说过这样一段话："一个人如果自以为有了些许的成就而止步不前，那么他的失败就在眼前了。许多创业者开始时奋斗得十分起劲，但前途稍露光明时，便自鸣得意起来，于是，失败立刻接踵而来。"

> ⊙ 企业家提示
>
> 当你经过千辛万苦打开市场时，你最多只能高兴五分钟，因为如果不努力，第六分钟就会有人赶上你甚至超过你。

世界上没有永远的成功。不管那些跨国企业现在做得多么辉煌，在他们创业之初，也一定都历尽了千辛万苦，就跟唐僧取经一样，最后才修成正果。即便是企业建立之后，他们也从不敢放松。

**【案例学习 4-26】　　石油大王洛克菲勒**

希腊一位雄辩家说："维持幸福，永远比得到幸福困难。"同理，哪怕是点滴的成功都是来之不易的，但是维持成功更加困难。洛克菲勒这样提醒自己："当我的石油事业蒸蒸日上时，每晚睡觉前总是拍拍额头告诉自己：'别让自满的念头搅乱了你的大脑。'我觉得我的一生这样进行自我教育，益处多多，因为经过这样的反省后，我那沾沾自喜、自鸣得意的情绪便可以平静下来了。"

> ⊙ 企业家提示
>
> 任何有利益的商业行为都是存在风险的，风险和机遇是一对孪生兄弟。

有价值的创业机会也是有风险的。企业在经营的过程中无时无刻不在面临着瞬息万变的市场，在激烈的市场竞争面前，创业者往往不进则退。要直面风险，学会识别风险，化解风险；直面危机，理性处理危机。这样才可以在商场中越战越勇，创出属于自己的一片天地。

下面从三个方面来分析初创企业的风险高发区以及化解的思路和方法。

## 一、财务风险是创业者的第一风险

### （一）初创企业规避财务风险至关重要

从对创业失败的案例研究中我们知道，因为资金短缺而导致创业项目中断或者经营失败的个案，占所有失败案例的 68.6%，成为创业难于逾越的第一道难关。

### （二）创业者应学会读懂财务报表

许多创业者为企业经营中那“令人眼花缭乱”的财务报表感到头疼，由于财务知识的不足，创业者心里对那些数字望而生畏。但是这项工作任何企业都无法回避，因此，你可以找一个好的财务顾问来帮你解决这个问题。

### （三）创业者决策时要有成本意识

在企业的创建初期，分析市场、发掘创新意识都比有财务知识更重要，但创业中的成本核算和财务筹划是每一个创业者必须完成的工作，而且还要认真、审慎地去完成。

### （四）把自己的钱与企业的钱分清

（1）要把企业经营的钱单列一个账户。创业之初，创业者最容易犯的错误就是把私人的钱和企业的钱混为一谈。你应该在创业开始的时候，就单独开设一个账户，专门用于企业经营中的资金往来，而不要使用自己的私人账户处理这些业务。

（2）所有收支都要记账。有的创业者把筹集到的创业启动资金当成私人存款，不仅用于购买贵重物品，有时还用来请客吃饭。结果，用不了多久这个资金的运转情况就失去了控制，同时你的经营也会因为用来创业的钱被“不知不觉花掉了”而导致决策失误。

（3）营业收入不等于利润。还有的经营传统服务业的创业者把开始经营的收入也和自己的钱混在一起。须知，营业收入的钱并不是你的利润，这里面还有你的经营成本和费用，这样做的后果就是你的成本概念不清，无法确定你的纯利润到底是多少，从而导致盲目经营。

（4）严格区分私人账户和企业账户。研究新创企业的发展规律，可以看出专门准备一笔创业专项资金，对初次创业的创业者的经营运转非常必要。严格区分私人账户和企业账户，可以减少很多麻烦，不仅可以控制预算的支出，而且在必要时你还可以清楚地向你的创业团队汇报经营收支情况，不至于产生误会。

（5）不要错把贷款当善款。也有的创业者一旦得到了银行和基金的贷款，就错误地把这些别人借给他经营的钱当成了自己的钱。让风险投资家最头疼的是：贷款到账后，创业者没有用于投资而是先去买了车或房子。

可以同时选择几家银行建立联系。创业者在选择开户行时应该考虑如下因素。

① 经营宗旨是不是以顾客为中心的？这家银行的服务是否快速、及时、周到？有没有官僚主义作风？

② 这家银行是否有对投资项目的融资机会？他们是否在你的业务范围内（国内、国际）

都有办事机构？跟你的大客户在一个开户银行，会加快你的资金周转速度。

③ 一般来说，同时跟至少两家银行保持联系。这样创业者既可以客观地比较它们的服务，也可以在遇到资金危机时，多一个可以申请贷款的渠道。

### （五）规避投资风险

（1）尽量把固定资产投资压到最低。在创业的最初阶段，把资金的投资范围尽量压缩至最少：可用的设备能租到就先不要购买。因为租赁不仅不需要增加贷款压力，还可以提高你的支付能力，你可以用买设备的钱去做其他更重要的事。固定资产添置越多，投资风险越大。

> ⊙ 企业家提示
>
> 创业伊始，需要花钱的地方很多，尤其是一些不确定性因素经常会产生你意料之外的费用，因此在估算创业启动资金的时候，除必要的房租、工资、开办费、办公用品等流动资金外，对于固定资产的投入，一定要控制，对于工具设备、车辆、房屋等大件，租借的成本支出比购买合算得多，尽量不要去买。如果衡量一个二手设备比租借更合算的话，也可以考虑购买。但是，必须注意添置固定资产的金额在整个创业资金中所占的比例。

（2）场地大小应适当，不宜讲排场。小企业在起步初期，最初的经营场地不宜过大，够用就行。因为在小企业初创期的1～3年内，创业失败率是最高的，要把所有的精力、所有的资金全力投入市场，才可以保证企业的生存。即便你是高科技产业，在创业之初毫无管理经验的时候，也不宜讲排场，因为“参天大树也是从一粒种子长起来的”，经验的积累、人脉的构建都是需要时间的。

> ⊙ 企业家提示
>
> 规避投资风险，先应该尽量减少非生产必需的硬件和固定资产的投入，这样可以减少开办初期的费用。最好是企业发展继续扩张时，依照企业发展的需要再陆续添置。

（3）贷款要还本金和利息。创业者要明确，不论是来自银行的创业前贷款、小企业贷款，还是YBC创业种子基金、天使基金等外来贷款，这些都是别人的钱，都是用来帮助你创业的，是早晚要还的，有的甚至还要还利息。

（4）注意还款日期。创业者必须留意每笔贷款的还款期限，贷款到期前，就应该收回这笔投资，不然到了还贷的日期就无法抽回资金了。最具体的事情就是，不要用那些短期（创业前贷款目前最长就是一年）的贷款去购置长期使用的设备，所以创业者要切记：短期贷款最好仅用于经营的短期周转，长期贷款才可以用来购置大型设备和其他必需的工具、车辆等。

（5）资金尽量用在经营上。创业初期不需要豪华的办公室，除非是业务必需。如果创业项目提供的服务客户会根据办公室的档次来决定取舍，则另当别论。如果办公室的档次并不利于提高销售业绩，那完全可以用二手家具。因为企业初创期间必须把尽量多的资金用在扩大经营上，或者用在客户身上以提高服务质量，或者用于产品上以提高产品质量。

> ⊙ 企业家提示
>
> 要把钱花在刀刃上，要用在有助于你拓展业务的方方面面。很多非常成功的企业家在创业之初，所有设备和办公设备都是能借就借、能租就租，等到业务稳定了，再逐步改善办公条件。

（6）借新还旧，延长贷款使用期。最后，还要提醒创业者，真的到了偿还不起贷款的时候，也可以借新还旧。但是，这就需要创业者平时跟融资者保持密切的联系，诚实地汇报企业的经营情况，以取得银行或融资者的信任，建立良好的诚信。

当创业者明白了以上几点现实情况之后，就应该意识到，在企业的成长期，也就是盈利期到来之前，就是创业资金大量投入的时期，这个时期应该尽量节约开支，艰苦奋斗，等企业开始盈利以后，才算正式步入轨道了。

> ⊙ 企业家提示
>
> 每位创业者都应该尽最大努力去增加自筹资金，当然，最理想的状态就是完全不依靠外来资金创业。这在以后的创业历程中很重要。在赢利之前，你也许会遇到透支的危机，要提前做好资金储备。

### （六）尽量缩短投资回收期

（1）资金周转越快，盈利越多。经常听到一句俗语：出钱的时候慢点，收钱的时候快点。这句话简单明了地告诉创业者，在经营过程中，尽量少支出、缓支出，以保证银行有足够的现金支持你企业的生存。从另一个角度来说，凡是创业者投入的资金，如初期货款、应收账款等，都要尽快收回，缩短资金在外的占用时间，以便更快地把资金投入下一轮投资。资金占用时间越短，风险也就越小。

> ⊙ 企业家提示
>
> 创业者失败的经验告诉我们，因为缺少支付能力而导致失败的例子，比因为缺少盈利而导致失败的例子多很多。尽管很多创业者都不希望出现延期付款的现象，但是现实情况往往无法控制。

（2）回收期越长，坏账率越高。创业者必须明白，不仅收不回的资金越拖坏账的概率越高，而且拖欠期间的机会成本也许远远大于利润。许多企业的危机是客户的延期支付导致的，所以创业者有必要在开始创业前就补上这一课，提前做好思想准备，做好防范措施。

**【案例学习 4-27】　　随时监控应收账款**

2012 年，是马梅进入创业的第四年，得到创业导师帮扶的第三年。

在例行的每季度都要给创业导师上报浏览的财务报表中，创业导师发现有一期的应收账款的数额比上一期增大了。于是，及时找马梅了解应收账款的产生原因、组合情况，并叮咛要及时做好监控和回收，因为应收账款数额越大，你的资金被别人占用越多；应收账款回收期越长，坏账的可能性越大。

马梅在导师的指导下，及时调整了经营策略，在决策时更加谨慎，对财务风险的控制也更加严格，如今马梅的企业已经形成了既有理论的产品——《母婴健康》杂志，又有实践基地——两家国家级亲子示范园，还有产业链的延伸——双语幼儿园和完全中学。企业生态链的延长，使马梅的公司进入了良性发展阶段。

⊙ 企业家提示

为了避免资金过度占用的财务风险，有的企业采取以下措施。

- 减少延期支付的应收账款，可用让利的方式，鼓励现金支付。
- 对要求延期支付的客户提高价格，或者要求对方支付利息。
- 制定延期支付客户的销售标准，例如月销售额达到多少以上可以月结，但要求月初企业和客户之间签订好有关协议或合同之后再试行。
- 建立延期付款客户档案，并且要跟他们保持密切联系，经常到对方的公司或经营场所去走访考察，以确定他们是否在正常经营，以及时掌握他们的经营情况。

### （七）财务危机的应对办法

（1）合理使用贷款。投资规划是否合理跟企业的支付能力息息相关，即贷款投资的使用期限与贷款归还的日期要一致。必须用自有资金或者长期贷款购置使用期较长的资产。

企业资金运用的黄金定律：注意贷款的投资使用周期！

⊙ 企业家提示

短期贷款只能用于短期投资；长期贷款只能用于长期投资。

（2）在出现资金周转困难时果断采取应对策略。具体策略有以下几种。

① 增加自筹资金。

② 短期贷款转为长期贷款，或者借新还旧。

③ 改进经营方式，及时收回应收货款。

④ 加强促销，减少库存。

⊙ 企业家提示

在以上四种方法中，第一种尤其重要。为了增加企业自主性，以使企业稳步发展，创业者必须努力筹措到尽量多的自有资金。

（3）日常管理中应注意加强自筹资金的能力。具体措施包括以下几种。

① 增强成本意识，节约开支。

② 加大营销力度，提高销售额。

③ 放弃盈利状况不好的产品或服务（千做万做，赔本生意不做）。

④ 合理用人，把有能力的员工从烦琐的小事里解脱出来，做到人尽其才。

⑤ 缩短产品的销售期，加快周转，减少存货。

⑥ 出售闲置资产。

⑦ 改购置设备为租赁设备。如果自有设备闲置，想办法出租给有用的企业或个人。

⑧ 吸引新股东，出让企业部分股权。

（4）建立经营支付能力预警制度。不同类型的企业有不同的管理制度。

① 创业者在开始创业后必须树立一个概念：你投入生产或者经营的钱，要经过一个经营周期才可以收回。

② 如果是生产企业，这个周期是：投资购置原材料→生产→库存→营销→销售成功→收回投资和利润→进入下一个投资循环。

③ 如果是商贸企业，这个周期是：投资购进货物→库存→营销→销售成功→收回投资和利润→进入下一个投资循环。

⊙ 企业家提示

创业者在这个时期最容易忽视的是客户延期付款，尤其是批发企业，在客户少或刚开拓业务时，很容易为了销售而忽略客户延期付款给企业带来的潜在危机。

每个创业者都应该尽快收回初始资金，并获得利润，以避免企业出现支付危机，经营中严格遵循：流动资金大于等于（≥）到期应付货款，要保证可以及时支付供货商的货款，维持企业良好的信誉。

**【案例学习 4-28】　规避风险是创业者时刻要关注的课题**

股神巴菲特是一个善于规避风险的高手：1956 年，26 岁的巴菲特靠亲戚朋友凑来的 10 万美元白手起家，今天，福布斯最新全球富豪排行榜显示，巴菲特的身家已位居全球前列。今天看来，巴菲特的故事无异于神话。但仔细分析巴菲特的成长历程，巴菲特并非那种擅于制造轰动效应的人，他更像一个脚踏实地的平凡人。

在巴菲特的投资名言中，最著名的无疑是这一条："成功的秘诀有三条：第一，尽量避免风险，保住本金；第二，尽量避免风险，保住本金；第三，坚决牢记第一、第二条。"为了保证资金安全，巴菲特总是在市场最亢奋、投资人最贪婪的时刻保持清醒的头脑并急流勇退。1968 年 5 月，当美国股市一片狂热的时候，巴菲特却认为再也找不到有投资价值的股票了，他由此卖出了几乎所有的股票并解散了公司。结果在 1969 年 6 月，股市大跌，渐渐演变成了股灾，到 1970 年 5 月，每种股票都比上年年初下降了 50%，甚至更多。

巴菲特的稳健投资、绝不干"没有把握的事情"的策略使他一次次逃过股灾，也使资本在机会来临时迅速获得增值。

⊙ 企业家提示

没有足够的流动资金导致支付能力不足而破产的企业要远远多于因为盈利能力不足而倒闭的企业。创业者的任何一个投资决策都要慎重，尤其是在决定投资的时刻。

俗话说：小心驶得万年船。就连成功的企业家海尔总裁张瑞敏都说他自己"每天战战兢兢，如履薄冰"。

### （八）创业者在企业出现生存危机时的自救措施

（1）在企业出现债务或者周转困难时，可用租赁方式自救。经济形势有周期，企业也有生命周期，创业者在漫长的创业路上，可能会几次遇到生存的风险或者是经济衰退周期；如果出现巨额债务或者在经济大衰退时，要维持企业生存，可以将企业整体出售给租赁公司，再回租回来经营，这样既还清了债务，还可以继续生产。等筹集到或者积累到足够资金时，再回购回来。

（2）在企业遇到危机时，用出售其他资产的方式可以规避生存危机。很多企业在经营期间，遇到过几次濒临破产的危机，但是只要企业可以自救维持下去，就会迎来经营的曙光。例如，著名的福特汽车公司就曾经破产过四次。

**【案例学习 4-29】　　曾经辉煌的钟纺企业靠变卖资产维持生存**

具有100多年历史的日本钟纺企业经历了企业的鼎盛以后，在数十年间的衰退期，一直依靠营业外收入及税后少量的利润生存着。在企业连年亏损的情况下，用变卖资产所得，竟维持了几十年不倒，实在罕见。我们既为企业过去有那样的辉煌而震惊，也为企业现在的处境而感叹。有这种前车之鉴，很多企业把营业外收入都当成了救命的稻草。

无论用什么方式维持，企业在危机中生存下去之后，就会迎来发展的光明期。所以，创业者要有不屈不挠的意志，坚定不移，不论遇到什么困难，都要想办法克服，只有这样才会取得最后的成功！

> ⊙ 企业家提示
>
> 不论是初创企业，还是百年基业，都会遇到资金问题，没有现金流的企业是无法生存的。从本质上讲，企业只有依靠其主营业务创造利润，才真正具有生存的价值。变卖资产并不是企业获得利润的正当途径，只是应急措施。当企业处境危险时，富余资产就成了最好的安全阀、防洪堤。

## 二、信息匮乏是创业者的第二风险

信息匮乏在创业中的表现有以下两个方面。

一方面，盲目乐观。许多创业者容易犯的错误就是对市场信息和周边信息缺乏必要的了解，在信息不足的前提下，就盲目地认为自己的产品一定不愁销路，过分乐观地估计了市场的需求，因此当产品生产出来以后，才发现原来市场上经营同类产品的人很多，有的甚至比自己的产品强得多。

另一方面，大意轻敌。还有的对公司驻地的情况不甚了解，或者是低估了竞争对手的实力。新创企业的失败正是源于低估了风险（最明显的是低估了只有投入没有盈利的时间），而往往高估了自己产品的受欢迎程度，因此在没有足够行业经验和准确的市场预期时，仅靠激情盲目来创业是不可取的。

⊙ 企业家提示

有的创业导师这样告诫创业者：把你预计的盈利潜伏期乘以十，把你预计的销量除以十。这话听起来似乎有点夸张，事实上61%的创业者是因为市场信息匮乏而导致创业失败。

创业初期规避信息匮乏风险可从以下几个方面来考虑。

### （一）外包自己不熟练的部分业务，降低成本

（1）可减少初期资金投入。如果到手的业务创业者感觉还不够熟练，刚开始可以把业务外包给经验丰富的人，而先不要雇用很多员工。这可以降低创业初期流动资金的支出。OEM（定牌加工）是很多小企业在最初创业时采用的经营方法。

（2）可以增长实践经验。创业者在他们完成这个业务的同时，也可以从中学到很多知识和经验，就像徒弟跟师傅偷艺一样，慢慢积累自己的经验和技能。

也许这种方式使创业者赚的利润很少，但是可以赚得珍贵的经验，经验的获得同样也是需要成本和代价的。

⊙ 企业家提示

外包给经验丰富的人来做你手里的业务，这样做的一个好处就是把风险分散了；另一个好处是你没有风险，你在他们可以接受的条件下，把利润留给自己一些，把发包方对你的要求只高不低地传递给承包人，并且记住要签好合同和定好完成日期，你只要做好项目管理就可以了。

【案例学习 4-30】 在外包过程中学会了管理

王爱军是一个木工、电工、泥瓦工都很在行的技术能手，就在上海“装修热”的时候，他带领家乡的一伙小兄弟来到上海。他的姐夫比他早些来到上海，并且已经打拼了十几年，成立了自己的公司，业务非常繁忙。

为了帮王爱军站稳脚跟，姐夫有意把到手的业务交给他去做。小王技术上可以，可管理上没信心。因此，他把业务分成几块，分别承包给他的弟兄们，他自己只负责材料采购和工程监理。一年下来，现在王爱军已经在五角场开办了自己的装潢公司，金光闪闪的招牌下是他自信的笑脸。

### （二）承包现成企业的业务，积累创业经验

（1）先从承包别人的业务做起。如果是另外一种情形：创业者拥有技术，但没有业务来源，也没有资金自己创办企业，这个时候，也可以先从承包别人的单项业务做起，用技术赢得收入和管理经验，等到时机成熟，再单枪匹马地创立自己的企业。

（2）承包别人的公司或业务部门。对于一些缺乏管理经验的创业者，也可采取先找个对口单位，或者亲友们熟悉的单位，承包他们一个同类部门，开始最初的业务拓展，建立自己的客户群体，积累相关行业经验和职业体验。

⊙ 企业家提示

很多时候尽管我们的规划和设想很好，但是，俗话说“计划赶不上变化”，客观世界永远充满了变数。只有经过实践的检验，才可以获得真正的体会。

【案例学习 4-31】　先承包，经营后独立开店

任何一个行业都有自己的规律，贸然进入的话，必然会付出学习成本。有一对小夫妻李东和王静，因为之前男孩在一家咖啡馆做过前台，有开一家咖啡馆的愿望。但因为他们手里没有足够的资金，同时也感觉缺乏咖啡馆的经营经验，就同一家咖啡馆签订了承包一年的合同。一年做下来，由于自己努力开拓客户，加上原来店里的老客户，到了年底竟然小有收获。

有了第一年承包经营的经验，第二年他们便筹措了部分资金，大胆地盘下了这家咖啡馆，成了真正的主人。

⊙ 企业家提示

积累了一定的客户和行业经验以后再独立门户，可以有效地避免经验不足的风险。

### （三）合作经营，降低开办新项目的风险

合作双赢，资源互补。当创业者拥有了创业项目之后，若还面临着缺资金、缺场地、缺人才的问题，就可以采取合作的方式，吸收那些志同道合的朋友，一起来做这件事。有钱的出钱，有场地的出场地，有力的出力，合作可以使创业者的创业提速，“一个好汉三个帮”，只要大家做好利益均沾、合作共赢、风险共担的约定，写好合作意向并签好合同，这个方法也是很常见的。

【案例学习 4-32】　资源整合成就了两个老板

孙强在开始创业时，资金匮乏，租不起很大的场地。但他手里已经有了一部分厂家货源，而且还可以代销。根据他对市场的观察，这些产品绝对有市场。怀着对经营的信心，他来到一个新建的楼盘前，同楼下商铺的所有人谈了一个合作：这个老板出场地，他负责进货、销货，年底二人利润平分。

这排商铺属于一家工厂的三产管理，正发愁找不到经营项目，工厂的三产徐经理一口答应。于是双方便商定了合作协议，签好了合作经营的合同。一年以后，小孙挣够了创办企业的注册资金，开办了自己的商贸公司。以前的客源加上他经营有方，竟然就这样白手起家，办起了自己的公司，现在他已经是一个名副其实的大老板了。

该工厂的三产部门人员也在这一年里掌握了这一行的经营之道，也开办了一家同行业的公司，经营不同品种的商品。两个人同行不成仇，互相搭台，至今仍是好朋友。生意是做不完的，只要你有心、用心，就可以和他们一样，创立自己的事业。

⊙ 企业家提示

在创业开始后，你也要尽快进入企业家的角色，学会系统地分析问题，高瞻远瞩地考虑问题，深入细致地对待问题，有意识地把自己企业家素质的培养推向深入，循序渐进，一点点接近自己的梦想。

### （四）掌握信息，独立决策

（1）观察市场，注意积累。在经济社会，谁掌握资源，谁掌握信息，谁就最有可能获得先机。信息包括市场动态、未来趋势、顾客需求等多个方面，创业者一定要争取掌握最多的顾客需求信息，以帮助自己正确决策。

**【案例学习 4-33】 “饿了么”大学生创业团队的故事**

“饿了么”作为一个新型的一门式订餐服务平台，在 2009 年获得上海市觉群大学生创业基金 10 万元人民币的资助，2011 年又得到了来自美国硅谷的百万美元风险投资，由此团队带头人、上海交通大学研究生张旭豪将企业带入发展的快车道。

**创意来源**

最初，张旭豪和几位同学仅仅是因为半夜 12 点玩游戏，饿了，无处叫餐，于是，“为什么晚上没有地方叫外卖呢？”这一未被满足的需求就被他们发现了。大家在一阵热烈的讨论之后，有人说：“我们来包个外卖吧！”没想到，创业激情从此点燃了。

**观察市场**

他们先是暗访一家家的饭店，观察他们午间、晚间到底接多少外卖电话、送多少外卖，发现市场需求确实很大。于是他们承揽下订餐和送餐的业务。几个月下来，竟然有 17 家饭店的外卖被他们包了下来。于是，他们印广告，接电话、订餐、送餐，忙得不亦乐乎。从午间到晚间，他们就有 150～200 份订单，但是问题出现了，他们实在是忙不过来了。

**开发平台**

在业务越来越忙时，张旭豪开始考虑 C2C 的模式，就是客户订餐以后，由饭店直接送餐。为了实现顾客可以在任意地方搜索周边饭店—进行订餐—饭店客户端收到订单—饭店送餐这个流程，他和他的团队整整花了半年的时间开发平台，又用了两年的时间，“饿了么”网站终于上线了。

上线以后，加盟店迅速达到了 30 家，每天的订单也增加到 500～600 个，同时也获得了各类创业大赛的奖励和基金的扶持。

**积累客户**

“饿了么”团队拿下上海交大所在的闵行区客户之后，又开始进军华东师范大学、松江大学。他们开发市场的诀窍就是“扫街”，一家家饭店去谈，一家家签约，有时为拿下一个合同竟然谈了 40 多个回合！就这样一点点积累客户，“饿了么”团队完成了从量变到质变的过程，在 2011 年得到了来自美国硅谷的风险投资，开始向全国市场进军！

“做餐饮业的淘宝！”这就是张旭豪团队的雄心！2018 年 4 月 2 日，“饿了么”被阿里巴巴全资收购，成为外卖行业的超级独角兽。

⊙ 企业家提示

创业不仅仅需要勇气，还需要踏踏实实地做市场调研。要做好市场营销，首先需要生产出适销对路、可以满足顾客需求的产品。因此，掌握第一手市场信息是创业成功的第一步。

（2）独立决策，自信执着。事实上，有时候专家的建议也未必是正确的，因为确实有的小企业开办的项目，最初并不被专家们看好，而后来竟然取得了惊人的成长。因为专家也不是对各个行业的信息都了如指掌的，信息量和准确性都不确定，仅仅只能作为参考。

【案例学习 4-34】　　自信成就伟业

现在身为天津泰达华生生物园 CEO 的刘建亚，在 1995 年刚刚踏上创业之路时，由于缺少创业资金，他带着自己的高科技项目去参加了一个风险投资基金的推荐会。当时，一位加拿大的风险投资家开口就给了他们一个致命的打击："你们是行尸走肉（You are living dead），你们注定会失败的。"因为当时的统计数据表明，高新科技企业 3 年的存活率只有 1%～2%。但刘建亚身边的一位创业成功者立即就说："别听他们的，别指望他们会给你钱，要依靠自己闯过难关。"

刘建亚当时的想法就是：我偏偏就不信邪。毅然坚持走自己的创业之路，最终成立了天津比特菲生物技术有限公司，自己成了董事长。当他回顾这段历史时，感慨地说："对于一个创业者来说，一定要坚信自己也是可以成功的。"他正因为有乐观自信的心态，才会在遇到打击和挫折时，不灰心、不放弃，"朝着前面那片灿烂的曙光"大踏步地前进，走出自己的一片天。

⊙ 企业家提示

最大的失败就是自己不去试一试，试了也就成功了一半！比专家的意见更为实际的就是创业者的决心，在坚定的信心面前，一切困难都不再是困难。

## 三、创业初期的风险管理

规避创业风险还包括创业者要及时转变人生角色，树立起创业者应有的责任感和事业心，学习和掌握企业管理的一些基本规律和技能，避免因为管理不善而给企业经营带来失败。创业正是从头学习企业管理的机会，养成一个有计划、有步骤地安排事务的习惯，做好规划，目标明确，不盲目、不浮躁，踏踏实实地去实现创业计划。

### （一）创业初期，就要规范有序

良好的开端等于成功了一半。创业伊始，创业者就必须要求自己规范化经营，当然这里的规范化并不是要求新建的企业硬件和外观的规范化，而是在工作作风和细节上，要规范化经营、规范化交际，以及建立创业者规范化的形象，甚至需要用规范用语在规范的信函上与客户交流。

（1）做事越规范，大家越信任你。一个不注重规范化形象的企业，很难被客户看成严肃正规的企业，也不会得到平等的机会或受到商业伙伴的尊重。创业者越是注重形象的规范化，大家就越会相信你的工作、你的产品和服务也同样具有优良的品质。

（2）注意细节，培养专业形象。“小作坊”与“大公司”的区别就在一些细节上。正如我们在生活中对不拘小节的行为多数反感的事实一样，在商务活动中，不拘小节也是同样的境遇。如果创业者在商务谈判、业务范围内不够专业，是很难得到商业伙伴的赞许的。

⊙ 企业家提示

创业者要利用一切机会展示专业性：你比任何人都更专业，更了解这个市场！要给对方的一个印象就是：你熟悉本行业中每一个竞争者的情况，你熟悉业务范围内的每一件商品。展示你对市场的认识，是你成功的重要武器。

（3）充分发挥你的人格魅力。一个企业经营的好坏，与企业家本人的魅力相关。可以说，人们往往因为接受了你的人，而因此接受了你的产品和服务。

【案例学习 4-35】　从小处注重规范化的 IBM 创始人

IBM 的创始人托马斯·约翰·沃森最初只是一个商品代理人，业务范围与目前的小商贩差不多，但他总是通过微妙的不同而获得远高于同人的业绩。他把一身质地优良的西装和优雅的谈吐看得至关重要。他的外表和得体举止给客户留下了值得信任的印象，为他的成功打下了基础。

**（二）注重细节，掌握经营活动的每一个步骤**

“千里之堤毁于蚁穴”，经验告诉我们，事业成败取决于细节。在创业初期，创业者要亲身参与经营活动的每一个细节，只有细致地了解了经营的全过程，才可以对成本和利润有真实的了解，追求利润最大化的同时，也应该尽量降低经营和管理成本。

有人说：成功在于细节。“细节是魔鬼”，创业者只有对自己企业经营的每个环节都一清二楚，才可以找到问题所在，才可以控制成本和利润。

⊙ 企业家提示

创业者所做的每一个决定都是为了企业的生存，而企业的目标永远是追求利润最大化，因此在经营管理中，不要把个人情绪和情感带到管理中，理性创业、理性管理才是正确的做法。

**（三）精细管理，做好企业的危机处理**

（1）快速处理，不回避、不推诿责任。任何企业在经营中，都会遇到大大小小的危机事件。这些事件大多数是意料之外，并且毫无征兆的。当这些危机出现时，创业者最重要的是保持冷静，就像消防队员一样，先灭火，然后再查找原因，千万不要回避和推诿，要做一个敢于负责的人，坦诚地对待合作伙伴和客户。

（2）提前准备，加强危机意识。提前做好企业危机处理预案，对不同危机出现的情况提前做出分析和应对方案。做好日常管理责任制，在出现任何问题时，都有指定业务的负责人。而且要实行“首问责任制”，一旦出现应急事件，不论是谁，都要第一个去协助解决，并且坚持到最后。

**【案例学习 4-36】　突发事件使辉煌的企业进入休眠期**

在保健品行业，吴炳新是名副其实的“教父级”人物。

他曾经带领“三株”在很短的时间内演绎了中国保健品行业最辉煌的“神话”。1992年以30万元起家，1995年销售收入便达到23.5亿元，1996年迅即走向巅峰，销售收入超过80亿元。

随之，1998年因为那次著名的“常德事件”，“三株”的月销售额从最高时的7亿元急速下滑至1000余万元，16万人的营销队伍当年就裁掉了15万人，企业从此进入了休眠期。

### （四）注重诚信，做好企业的合同管理

诚信是一个企业生存和壮大的立足点，一个没有诚信的人会失去朋友，一个没有诚信的企业也会失去合作伙伴。创业者在树立企业诚信时，应注意遵守合同，信守承诺，这是一个需要时时注意的环节。在合作时及时签订合同，不但有利于建立自己企业的诚信度，而且可以作为一种自我保护手段，防止上当受骗。

**【案例学习 4-37】　东山再起的史玉柱**

大家都熟悉的史玉柱，在巨人大厦遭遇资金问题而被迫停建时，欠下了2.4亿元的巨额债务，但是他以一个企业家的责任感和过人的胆略，经过两年的时间，偿还了所有债务，东山再起，成为众人称颂的企业家。

**【案例学习 4-38】　诚信是企业的生命**

有一位创业青年叫刘建刚，在他的涉外劳务公司刚起步的时候，一位家政服务员出于好心，洗坏了一家外国人价值五六万元的昂贵的羊毛地毯，这时公司刚起步，资金也很紧张，刘建刚一时没了主意。

这时他想到了他的创业导师朱建新，于是就一五一十向导师汇报了整个事件的过程。朱建新老师耐心听完他的讲述，告诉他：对于一个新办企业来说，诚信是最重要的，企业如果失去诚信，就将无法在竞争中立足。

朱建新导师的一席话，惊醒了这个年轻的创业者。于是，刘建刚为了企业的信誉，借钱给家政服务员做了赔偿，得到了客户的好评，使企业的诚信度和美誉度都得到了提高，生意也越来越好了。

（1）不要因为是熟人合作，就不签订交易合同。创业者对熟悉的客户和朋友，也要按规章办事，应该签订合同的就要及时签订。不熟悉的人，人们通常都会有戒备心理，所以一般不会上当受骗。签订合同并不是说不信任谁，而是养成一个按规矩办事的好习惯，签合同是对合作双方的共同约束，为企业今后的发展打下一个良好的基础。

（2）不要因为是熟悉的业务就粗心大意。古人云："大意失荆州。"往往一个小小的失误，最后可能导致所有人的心血白费。因此，不论这项工作对创业者来说多么熟悉和熟练，都应该养成严谨的工作作风，按程序做事，不要马虎大意。

（3）不要因为遇到了困难就不守合同。俗话说："天有不测风云。"在企业经营的过程中，遇到暂时的困难和坎坷是正常的，作为一个有雄心的创业者，在遇到任何问题时都应该勇敢地面对，而不要逃避。如果一时不能按时偿还贷款，或者因故不能按时发货，应该主动向对方说明情况，以求得对方的谅解，而不是任其发展，或者不了了之。

⊙ 企业家提示

我们也看到在一些创业的案例中，有个别的创业者在企业遇到困难时，表现出退缩或者逃避甚至放弃创业的行为。这样的后果就是这件事恐怕今生都会成为他心头解不开的结，使他再也没有自信和勇气创业了。

**【案例学习 4-39】　夯实安全之基，展望实验发展**

王同学是某高校 2017 届毕业生，他自高中时期就对实验怀有浓厚的兴趣，但在当时的学业压力以及条件限制下很少有机会进行实际操作。在教育全方位减负，强调学生全方位发展的现在，他立志为更多的学生提供实践机会，同时致力于打造高安全性的实用实验仪器。

为了实现这一目标，王同学对传统实验仪器进行了全方位的考察，从外观、安全性到实用性、便捷性，力求能够通过更可靠的实验用具助力实验教育的发展。在优化过程中，他积极响应国家绿色低碳的号召，确保产品符合可持续发展要求。

2023 年，王同学创立了自己的科技公司。在公司建立之初，就与当地中小学开展了紧密合作，试点项目，扩大规模。通过与当地科技馆和其他科技爱好者的合作，产品不断优化。这不仅为中小学学生提供了更多实践机会，使书本知识得以实际应用，还提高了他们的综合素质。此外，该产品也走进了家庭，为因各种原因居家学习的孩子提供了可靠的学习工具。

如今，王某的公司蓬勃发展，服务范围从当地扩展到全省，并仍在持续扩大。他的产品已与多个省份的学校建立合作，帮助了数万名学生。

刚开始创业时，创业者对市场环境也没有充分的准备，更没有成功的把握，但只有创业者不忘初心，全面考量，精心准备，孤注一掷，才能一往无前。王同学创业之初，如果尝试失败了，公司很容易倒闭，而所有的责任将会由做出决定的经理一人承担。

⊙ 企业家提示

企业最初的发展主要靠创业者，创业者的个人素质和意志在一定程度上制约着企业的发展，只有具备必需的人、财、物、信息等条件，才可以保证经营方针的顺利贯彻执行。制定方针靠智慧，实施方针靠意志。

然而，经营方针制定出来之后，仍有许多问题要面对，具体来说，由智慧、心血凝结而成的经营方针在实际实施时，并不一定都能按预期的要求顺利进行。这是因为，创业者即使对实施方针很明确，但出于对经营中可能失败、企业可能承担风险的考虑，在行动中也就不得不小心谨慎，做起事来难以放开手脚，这往往使经营方针无法完整地得到贯彻执行。

【案例学习 4-40】 创业者的自信与人生成败息息相关

比尔·盖茨的同学利莱特没有和他一起退学，是因为利莱特感觉自己还没完成大学学业，所以不具备创业的条件，他因此失去了致富的机会。而就在比尔·盖茨读书期间，他的另一位朋友却力邀比尔·盖茨一起创业，最后同比尔·盖茨一起开创了微软公司，他叫艾伦，是比尔·盖茨最忠诚的伙伴，在法律方面非常擅长，深得比尔·盖茨的钦佩。

后来艾伦也成了举世闻名的大富豪。

⊙ 企业家提示

如果创业者的意志薄弱，或者不够自信，那他的创业绝对不可能成功。也就是说，创业者如果对可能出现的失败过分忧虑，不敢做出决定，那么企业的经营方针一样得不到贯彻执行。因为企业的诚信，创业者个人的信心，都会直接跟企业的成败密切地联系在一起。

## 思考与训练

**1. 阅读下面两个案例，思考并回答问题。**

【1】兰迪·怀斯的鸡用隐形眼镜

兰迪·怀斯从小就有一个梦想：要制作一种鸡用的隐形眼镜，以此来提高鸡蛋的产量，增加养鸡场的经济收益。这个念头产生于19世纪60年代，那时他的父亲是一位养鸡场的场主。他发现，鸡在一起养殖时，经常有自相残杀的事件发生。为了减少鸡的自相残杀，他考虑可以生产一种红色的专门给鸡佩戴的隐形眼镜，可以使鸡的视力受到影响，从而减少这种影响鸡场效益的行为。

19世纪70年代初，兰迪·怀斯在哈佛商学院深造期间写过一篇颇受欢迎的案例分析。他讲述了父亲事业失败的经历，并且设想开一家新的公司，他不仅研究了鸡蛋生产业的经营状况，还考察了新兴鸡用隐形眼镜的可行性。

当兰迪·怀斯从商学院毕业以后，就希望自己可以成立这个公司，但是没有投资者给他投资。他认为："投资者并不关心鸡蛋的生产情况。"15年后，当他在银行有了一定存款之后，又一次充满热情地开始了自己的事业。兰迪·怀斯认为塑模技术已经大大提高，而且蛋农们对于新鲜事物的抵触也比以前有所减轻了，他说："现在最大的危险可能是过于自信，我们一定可以让人们接受我们的产品。"当然，只有当产品卖出去以后，人们才可以确信这一点。

而事实是，蛋农们考虑谁来给鸡佩戴这种隐形眼镜呢？这个产品并没有让怀斯的公司门庭若市，蛋农们认为这个故事太动听，以至于叫人难以置信。因为，如果是一个70万只鸡的鸡场，光给鸡佩戴眼镜这一项工作，就不知要花费多少时间和人工。戴好以后怎么保证鸡不乱动，而眼镜的位置又准确无误呢？

**问题：**

（1）你认为兰迪·怀斯的“鸡用隐形眼镜”项目会成功吗？为什么？

（2）一个企业要想使自己的经济效益好，就必须生产出受消费者欢迎的产品。你是怎么理解这句话的？

（3）说说你对下面这段话的理解：“不是你来决定要生产什么，而是由消费者的需求，也就是市场来决定你来生产什么，只有这样，你的企业才可以成功。”试想，这种隐形眼镜产品要如何改进才可以被客户接受？

（4）如何修改鸡用眼镜的设计方案，才可以使该项目运作成功？试列出改进的三个创新方案。

**【2】新时代　新智能　新青年**

张同学是一名计算机科学与技术专业的学生，怀揣着对智能科技领域的满腔热情，走上了创新创业的道路。

通过参加各类创新创业竞赛和实践活动，张同学不断丰富自己的项目经验，提高团队协作能力。而在智能家居市场不断扩大的浪潮中，小张敏锐地抓住商机，与几名志同道合的同学一起创办了一家智能家居企业。

现代人对家居生活的品质要求越来越高，越来越多的家庭希望通过智能化手段提高生活的便捷性和舒适度。基于这一市场现状，他们将目标客户定位为对智能家居有需求的年轻家庭和高收入群体。

他们充分利用计算机科学与技术专业的优势，开发了一系列具有人工智能功能的家居设备，如智能门锁、智能照明、智能空调等。在保证产品功能与实用性的同时，他们也同时关注产品的设计和用户体验，力求打造高品质的智能家居产品。

在张同学及其团队夜以继日的经营下，他们的产品在市场上受到了消费者的青睐，销售额逐年增长，他们还与房地产开发商、装修公司等合作伙伴建立合作关系，共同推广智能家居解决方案，不仅如此，企业还获得了多项国家发明专利和实用新型专利，在新时代各方企业争相发展的大浪中牢牢把握住了核心竞争力。

**问题：**

（1）当你认为一件事不可能做到时，你还会不会去做？说出你不去做的理由，分析一下如果去做了，会出现什么后果。

（2）当你决定去做一件事，遇到大多数人反对时，你还会不会去做？

（3）是不是每个人都适合创业？如果感觉自己不适合创业，应该如何去做？

**2．思考并回答问题。**

（1）了解当地对大学生创业的优惠政策，谈谈学习了以上两个案例后的感想。

（2）你觉得当前大学生创业最大的障碍是什么？

（3）你认为大学生创业成功率不高的主要原因是什么？

# 第五章

# 创业计划

**学习目标**

通过本章教学，使学生认识创业计划的作用，了解创业计划的基本结构、编写过程和所需信息等，掌握创业计划书的撰写方法。

## 第一节　创业计划书

**本节要点**

**使学生了解创业计划的基本内容及其重要性，认识创业者在创业过程中准备创业计划的原因，了解做好创业计划所需要开展的准备工作。**

在头绪纷繁的创业初期，每个人都不可能拥有所有必备的知识。但是，只要经过学习，并且与其他创业者一起探讨，就可以大大提高创业者的经营管理能力，增长专业知识。通过对管理方法的研究，特别是对成功企业家的观点和行为方式的学习，创业者会获得巨大的推动力。

在创业之前，创业者必须开始学习如何“推销”自己的经营思路、设想，因此首先要学会撰写一份专业的完整的创业计划书，去说服团队、客户以及投资人。创业课程教师和创业导师只能起到指路的作用，离开了实践锻炼，不可能在教室里让学生学会和掌握所有的经营技巧，要真正提高和强化自己的经营能力和商机捕捉能力，还需要在实践中慢慢摸索，细心体会。

当创业者确定了创业项目以后，就需要进一步对这个项目进行更深一步的细化和分解，并通过一系列的调研和论证，最后制定出一份具有可操作性的行动指南。可以说，创业计划书是对创业者整个经营设想的总结和概括。

### 一、创业计划书的作用

创业计划书是创业的行动导向和路线图，既为创业者行动提供指导和规划，也为创业者与外界沟通提供基本依据。

### （一）指导创业行动

在撰写这份计划书的思考过程中，创业者可以清楚地看到，什么才是未来事业成功中最重要的因素。创业者的经营计划以及如何实现它，在计划书中都可以写得清清楚楚。

### （二）提供创业信息

一份制作规范、专业的创业计划书就等于创业者的第一张创业名片。它会告诉创业者的资金支持者这不仅是一个浓缩的商业计划，同时也将成就一个未来的有信誉、有实力的企业家。创业者在创业初期获得的信任就从这里开始。

## 二、创业计划书的内容

创业计划书需要阐明新企业在未来要达成的目标，以及如何达成这些目标。创业计划要随着执行的情况而进行调整。

创业计划书包括以下六大内容（见图 5-1）。

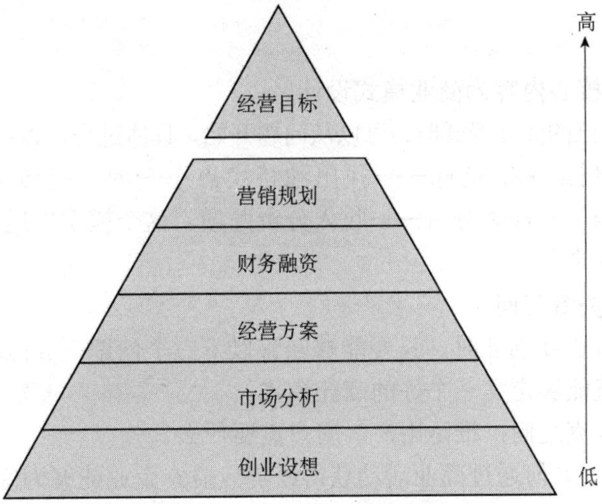


图 5-1　创业计划书的六大内容

### （一）创业设想

创业设想包括创业项目的具体描述、确定目标客户、产品或服务性能描述、满足顾客和市场的哪些要求。

创业设想的三大法则：挖刚需，配基因，抓住关键任务。

首先要看创业项目是否是刚需。什么是刚需？

第一是高频。高频打败低频，例如母婴行业的纸尿裤、奶粉、早教、玩具，都属于高频的行为，只要是高频的，就有市场机会。

第二是场景化。要有真实的使用场景，只要做微创新，提高体验就有很大的空间，例如玩具，尤其是老人玩具。技术创新的难度要大于商业模式创新。

第三是真需求。什么是真正的需求？凡是用户愿意花钱的就是真需求，用户不愿意花

创业计划—选项目

钱的就是伪需求。经常有人赠送产品，并且要求反馈，其实这样做只能是检验产品有没有bug（漏洞），并不能检验产品价格。

第四是强关系。微信，就是绝对的强关系。陌陌、社区虽然是弱关系社交，但是他们做兴趣组，做网红，其实就是运营节点式的强关系。强关系打败弱关系，强关系，也是刚需。

### （二）市场分析

市场分析包括分析顾客类型并细分市场、未来发展趋势分析、市场现状和需求。

创业计划—产品与服务

第一，项目的市场规模有多大？如果估计项目的市场规模只有一亿元，即便占了30%的市场份额，也只有三千万元，那还不如在一千亿元的市场里占 0.3%的市场份额，因为那是三亿元的营业收入。这两种选择的结果是截然不同的。投资人怎么看，能吸引什么人才，以及未来市场方向也会完全不同。

第二，从资金周转率看你的产品。假设一年的维度，用户会买几次？一个季度的维度会买几次？一周一天的维度会买几次？就能看到资金周转率如何。

第三，要有一定的利润率。太薄的利润是有风险的，它的需求不是刚需，有可能很快被颠覆。

### （三）经营方案

**1. 经营方案的核心内容为商业模式设计**

创业者在设计自己的商业模式时，可以从问题开始，具体过程可以描述为：找到问题——提出解决方案——列出关键指标——找出独特卖点——拥有门槛优势——拓展营销渠道——客户群体分类——成本分析——收入分析九项。这个模型更适合在校大学生或者准创业者设计商业模式之用。

**2. 商业模式的关键三问**

当准备创业或者正要创业时，只要能够回答以下三个问题，并能清晰地解释解决问题背后的商业逻辑，就能够定义一个好的商业模式。

（1）彼得·德鲁克之问：谁是用户？用户需要什么？

创业计划—团队

（2）管理者之问：如何通过商业活动获得经济效益？企业能够为客户提供价值的潜在逻辑是什么？

（3）创业者之问：我们凭什么创业？如何才能创业成功？这里的商业逻辑是：企业通过相关的商业活动，为用户创造价值、传递价值和获取价值，进而使投资者和企业获得利润。

**3. 商业模式的设计趋势**

在“互联网+”和共享经济到来的今天，商业模式设计的趋势是什么？没有展望未来，企业就没有未来，初创企业经营的也是未来。有关研究表明，“互联网+”之后的趋势是产业互联网。因为没有产业的依托，“互联网+”也可能是昙花一现。

**4. 商业模式不要模仿**

未来的商业模式将会是在产业互联网的基础上的大规模私人定制，就是C2M和M2C，完全以客户为中心，与客户共谋产品。

### （四）财务融资

财务融资包括启动资金预算、融资计划、股权结构设计。

### （五）营销规划

营销规划包括产品定位、定价策略、股权激励计划、广告方式、营销策略。

### （六）经营目标

经营目标要全面总结经营思路，篇幅以一页为宜。

> ⊙ 企业家提示
>
> 要向成功创业的企业家学习，而不要请教那些没有创业经历的总是疑虑重重的人，这种人根本不会提出什么好的建议，他们只会打击和挫伤你的锐气。

## 三、创业计划书的基本结构

创业计划书的基本结构

创业计划书包括产品（服务）创意、创意价值合理性、顾客与市场、创意开发方案、竞争者分析、资金和资源需求、融资方式和规划以及如何收获回报等内容。

**拓展阅读**　　**设计创业计划书的布局**

（1）简述计划内容（概要）。

（2）简要评价要进入的市场的市场需求（市场调研数据和结果）。

（3）描述进入市场需要的技术支撑、经验能力和需要的资金。

（4）描述将要提供的产品和服务会给顾客带来怎样的利益。

（5）描述如何进入市场（市场营销策略）。

（6）前景展望。

（7）财务预算指标。

（8）需要申请的资金数额以及将如何支配使用（选址、租金、工资、经营费用、固定资产、开办费等）。

（9）加盟和退出的前提和条件。

（10）团队构成。

附录：现金流和其他财务预测。

## 四、创业计划书中的信息搜集

准备创业计划书的过程实质上是信息的搜集过程，是分析并预测环境进而化解未来不确定性的过程。

### （一）信息整合

在撰写创业计划书的同时，可以把所有有关这个创业项目的信息进行整合，更加缜密地对创业项目的可操作性进行切实的思考，使之更加具体化。

### （二）前景分析

当写完创业计划书之后，仅对创业前景进行深入的分析是不够的，还需要创业者坚定不移、认真规范地执行。

## 五、市场调查的内容和方法

现代营销观念认为，实现企业各种目标的关键是正确认识目标市场的需要和愿望，并且比竞争对手更有效、更有力地传送目标市场所期望满足的要求。而市场调研是创业者了解目标市场需求和竞争对手的真正有效的手段。因此，在撰写创业计划书之前，市场调研得到了创业者和投资人共同的重视。

### （一）市场调研的功能和作用

简单地说，市场调研是指对与营销决策相关的数据进行计划、收集和分析的过程。

**1．市场调研的功能**

市场调研具有描述、诊断和预测三种功能。

市场调研的描述功能是指收集并陈述事实。例如，某行业的历史销售趋势是怎样的，消费者对某产品的态度如何。调研的第二种功能是诊断，即解释信息或活动的影响。例如，新产品生产出来对老产品的销售会带来什么影响，竞争对手的销售额大幅下滑（或上升）的原因是什么。最后一种功能是预测。例如，企业如何更好地利用持续变化的市场中出现的商机，经济周期、人口老化、低碳经济的推动对未来行业的发展有什么影响，传统行业里的创新机会在哪里。

**2．市场调研的作用**

市场调研的作用主要取决于创业者怎样运用调研结果，主要在下面几个方面发挥作用。

（1）通过了解、分析、提供市场信息，可以避免创业者在制定营销策略时发生错误，只有在实际了解市场情况下才能有针对性地制定市场营销策略和企业经营发展策略。

创业者在制定产品策略、价格策略、分销策略、广告和促销策略时，通常要了解的情况和考虑的问题是多方面的，主要有：要生产的产品或提供的服务在什么市场上有发展潜力？在目标市场预期可以销售多少？如何制定产品价格才能保证在销售和利润两方面都能上去？怎样组织产品销售？销售费用将是多少？

这些问题都只能通过具体的市场调研得到答案，而且也只能通过市场调研得来的具体答案才能作为创业者决策的依据；否则就会形成盲目的脱离实际的决策，而盲目则往往意味着失败和损失。

（2）提供正确的市场信息，可以了解市场可能的变化趋势以及消费者潜在的购买动机和需求，有利于创业者识别最有利可图的商机，为创业提供发展新契机。市场变化瞬息万变，促使市场发生变化的因素大致有产品、价格、产品结构、广告、推销等市场因素和有关的政治、经济、文化、地理条件等市场环境因素两类，这两类因素之间往往又是相关的，并且是不断变化的。

创业者只有通过广泛的市场调研，才能了解目前所处市场状况以及变化趋势。对于创业者来说，能否准确了解市场信息，并根据市场需求来设计自己的创业计划，是创业能否取胜的关键。

（3）有助于了解当前相关行业的发展状况和技术经验，为创新创业决策提供信息。当今世界，科技发展迅速，新发明、新创造、新技术、新产品层出不穷，日新月异。这种技术的进步自然会在商品市场上以产品的形式反映出来。市场调研有助于及时地了解市场经济动态和科技信息，为创业者提供最新的市场情报和技术生产情报，以便更好地吸取同行业的先进经验和最新技术，在传统行业里挖掘新商机，用创意整合原有产业，创新性地设计自己的创业项目。

（4）创业项目的整体宣传策略需要为新建企业的产品和服务在市场地位、产品宣传等方面提供信息和支持。新创企业在最初的市场宣传推广中，需要了解各种信息的传播渠道和传播机制，以寻找合适的宣传推广载体和方式，以及制订详细的营销计划，这些都需要市场调研来提供数据和分析。

⊙ 企业家提示

在高速变化的环境下，过去的经验只能减少犯错误的机会，但要保证企业宣传推广的有效性，更需要实时的信息更新和不断地关注市场变化，随机应变。

（5）根据市场调研所获得的资料，除了可供了解目前市场的情况，还可以依据过去市场发展变化的数据对未来市场变化趋势进行预测，从而使创业计划更具前瞻性和创新性。

### （二）市场调研的内容和方法

市场调研的内容涵盖新创企业从事市场营销活动将要涉及的全部领域，所以市场调研的内容相当广泛。主要的内容和方法有以下几点。

**1．市场调研的内容**

（1）市场环境调研。市场环境调研包括政治与法律环境的变化调研、经济和科技的发展调研、人口状况调研、社会时尚变化和竞争状况调研。其中重要的一步是行业现状与需求调研。

行业调研：在行业分析中应该正确评价所选行业的基本特点、竞争状况以及未来的发展趋势等内容，具体内容包括以下几方面。

① 该行业的发展程度如何？现在的发展动态如何？

② 经济发展对该行业的影响程度如何？政府是如何影响该行业的？

③ 是什么因素决定着它的发展？过去十年的价格趋势如何？

④ 该行业竞争的本质是什么？你将采取何种战略？

⑤ 进入该行业的障碍是什么？你将如何克服？

⑥ 该行业中典型企业的回报率是多少？未来十年的价格走向如何？

（2）市场需求调研。市场需求调研包括市场需求总量及其构成的调研、各细分市场及目标市场的需求调研、市场份额及变化情况构成调研。

需求调研要搞清楚你的项目的产品或服务在多大程度上可以解决顾客现实生活中的问

题和困难，或者你的产品或服务可以为顾客节省多少开支、增加多少收入。具体包括以下几方面。

① 顾客希望企业的产品能解决什么问题？顾客能从企业的产品中获得什么好处？

② 企业的产品或服务与竞争对手相比有哪些优缺点？顾客为什么会选择本企业的产品或服务？

（3）消费者行为调研。包括消费者需求调研、购买心理调研、动机调研、购买模式和购买行为调研，影响消费者购买决策的主要因素和消费者需求变化趋势分析，等等。

① 目前该行业还存在哪些“不方便”？有哪些未被满足的需求？

② 创新和技术进步在该行业扮演着一个怎样的角色？

③ 顾客更喜欢什么样的销售模式？

④ 你的产品可以满足顾客哪些物质或精神的需求？

（4）营销组合调研。包括产品状况调研、产品价格调研、销售渠道调研、广告和促销状况调研等。

① 市场上同类或类似产品的技术水平和受欢迎程度如何？

② 同类或类似产品的价格如何？判断未来的价格走向。

③ 竞争对手的销售渠道和网络如何？

④ 本企业产品可否进行电子商务？怎么进行网络或微博营销？

⑤ 选择怎样的宣传渠道和广告形式？

⑥ 企业为自己的产品采取了何种保护措施？企业拥有哪些专利、许可证，或与已申请专利的哪些厂家达成了协议？

**2．市场调研的方法**

（1）调查问卷法。调查问卷又称调查表，是由一系列事先拟定好的、需要调查对象书面或口头回答的问题组成的一种印件。调查问卷是市场调查中用于收集资料的一种最普遍、最常用的工具。其目的是从调查对象那里获取信息。问卷可以是表格式、卡片式或簿记式的。完美的问卷具有两个功能，即能将问题传达给被问人和使被问人乐于回答。

（2）测量量表法。测量量表法是指按照特定的规则对测量对象（目标、人物或事件）的某种属性赋予数字或符号，将其属性量化的方法。测量量表包括类别量表、顺序量表、等距量表和等比量表等。

① 类别量表：是市场调研中最普通的量表之一，它将数据分成各种互相排斥、互不相容的各种类别。

**【案例学习 5-1】　　调查表（1）**

性别：（1）男（2）女

地理区域：（1）城市（2）农村（3）郊区

类别量表中唯一的量化是对每一类别客体进行频次和百分比计算。例如，有 50 位男性（占 48.5%）和 53 位女性（占 51.5%）。

② 顺序量表：除了具有类别量表用数字代表特征的特点，还增加了对数据进行排序的

功能。顺序量表是基于可传递假设的应用，可以这样加以描述：“如果 a 大于 b，而 b 大于 c，则 a 大于 c。”

**【案例学习 5-2】**　　调查表（2）

请对下列品牌的传真机按 1～5 进行排序，1 表示最喜欢的，5 表示最不喜欢的，请将序号填写在选项后的括号内：

松下（　）东芝（　）夏普（　）Savin（　）理光（　）

③ 等距量表：除了包含顺序量表的所有特征，还增加了量表范围内各点之间的间距相等这一维度。这一量表具有顺序和差距的特征，但是零点时是任意的。相较顺序量表，等距量表在分析时更受欢迎，因为它能表示某一消费群体所具有的特征超过另一消费群体多少，能够研究出两个目标对象之间的差距。

等距量表常用于搜集消费者对新产品的有关态度，或者所有品牌进行排序的信息之中。

**【案例学习 5-3】**　　温度表法

常见的温度的表示法有两种，一种是华氏度，一种是摄氏度，华氏温度的结冰点表示为 32℉，摄氏温度的结冰点表示为 0℃。

④ 等比量表：除综合了上面所讨论的三种量表的功能之外，加上绝对零点或原点的概念。等比量表起源于零，因为有一个绝对的实证含义。例如，投资可能没有回报，或者西部某个地区的人口为零。量表上的数值表明了被测事物特性的实际值。

**【案例学习 5-4】**　　比　较

麦当劳的一个大包法式薯条重 8 盎司，而汉堡王的一包薯条重 4 盎司。因此，一大包麦当劳薯条的重量是一包汉堡王薯条的两倍。

（3）专家访谈法。如果要进入一个行业，可先找到一位在此行业里工作了三十年的专家进行访谈。可以跟他了解一下过去十年里这个行业的发展状况，并听他叙述一下对未来十年此行业发展的看法，以此获得要进入行业生命周期的判断。如果要进入的是一个新兴的行业或者原有产品的替代者，可以访问一下原来产品的使用者，有哪里“不方便”，对新产品有什么要求，以此获得新产品试用的感受。

（4）陌生拜访。有时候，一些家用日用品可以在上市前到目标客户家里进行陌生拜访，赠送小样品或者请他们回答一些问题，也可以赠送一些印有新公司或产品广告的小礼品，以宣传企业和产品，扩大知名度。

（5）街访。街访是采访的一种方式，顾名思义，就是在大街上采访。街访是一种被广泛采用的采访方式，它可用于市场调查、民意调查或其他相关的调查。其应用范围极其广泛，随机且具有代表性。现代社会街访被视为最接近事实真相的采访，在街上得到的第一手资料才是准确的和代表最广大消费者的意见的。

（6）网络调查法。泛指在网络上发布调研信息，并在互联网上收集、记录、整理、分析和公布网民反馈信息的调查方法。它是传统调查方法在网络上的应用和发展。

网络调查法是通过互联网、计算机通信和数字交互式媒体，按照事先已知的被调查者的 E-mail 地址发出问卷收集信息的调查方法。网络调查的大规模发展源于 20 世纪 90 年代。网络调查具有自愿性、定向性、及时性、互动性、经济性与匿名性。

网络调查法也叫网上调查法，是指企业利用互联网了解和掌握市场信息的方式。与传统的调查方法相比，在组织实施、信息采集、调查效果方面具有明显的优势。网络调查的优点有组织简单、费用低廉、客观性好、速度快，不受时空与地域限制。

⊙ 企业家提示

只有在充分了解消费者需要的基础上，发现消费者真正需要的产品，才有可能发现更多的机会，不断改进产品和营销组合，真正满足消费者的需要。

# 第二节　撰写与展示创业计划书

## 本节要点

使学生了解撰写创业计划书的方法，创业计划展示过程中需要注意的问题，以及创业计划书各构成部分的相对重要性。

## 一、研讨创业构想

一个好的商业想法未必是一个好的商业机会。创业者在撰写创业计划书之前，还必须认真思考和研讨如下问题（见图 5-2）。

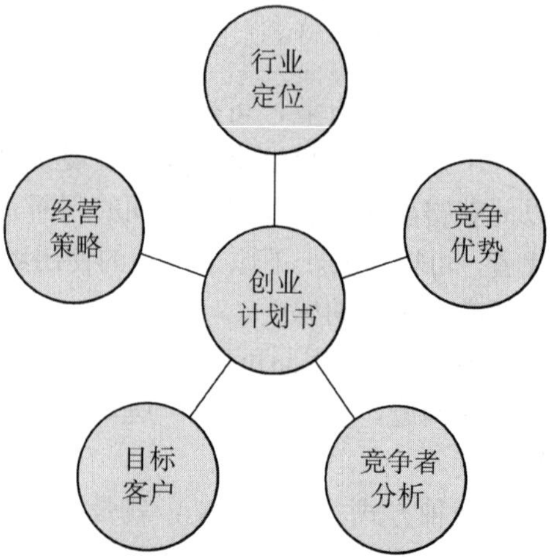


图 5-2　撰写创业计划书需要研讨的问题

### （一）行业定位

创业项目目前所处市场是空白市场还是成熟行业？如果是空白市场，要详细说明为什么要施行这个创业项目。

### （二）竞争优势

如果是成熟行业的话，需要说明项目的创新之处，或者竞争优势在哪里。这里需要你对即将开始的这个创业项目有相当的了解。

### （三）竞争者分析

这个项目目前有没有市场竞争者？分析竞争者的优势和劣势，怎样才能在竞争中获胜？谁跟你的项目拥有同样的目标客户？

### （四）目标客户

如果项目属于新兴行业，目前还没有竞争者或竞争者较少，那目标客户在哪里？如何赢得客户的信任并占领市场？

### （五）经营策略

只有确立了目标，创业行动才有方向。找到实现目标的方法和途径，就可以开始行动了。

> ⊙ 企业家提示
>
> 诸如上述这类问题，思考得越详细、越具体越好。《礼记》：“凡事预则立，不预则废。”没有事前周密的计划，是不会取得最后的成功的，“不打无准备之仗”是初次创业者创业行动前必须知道的原则。

## 二、分析创业可能遇到的问题和困难

### （一）从撰写创业计划书开始学会思考

**1．制订计划的过程就是学习的过程**

在撰写创业计划书的过程中，可以学会如何发现顾客的需求，如何分析市场，制定怎样的竞争策略，如何建立有自己特色的营利模式等。但是，一个再好的创业计划，如果没有资金的支持，最终也只是纸上谈兵。要想让创业梦想变成现实，必须寻找创业种子基金，以启动创业行动。

**2．创业计划书就是融资报告**

不论创业资金最后的来源是亲朋好友，还是天使基金、风险投资，都需要有一个详尽的，可以把创业梦想表达清楚、完整的创业计划书。同样，一份好的创业计划书不仅可以带来创业启动资金，有时还可以带来强大的合作伙伴，使创业团队更加坚强有力。

### （二）从写创业计划书开始学习理财

**1．当家理财的感觉**

目前大多数年轻人在树立创业意识之前，对挣钱、花钱的了解仅限于日常生活消费的层次，而在撰写创业计划书的时候，必须考虑创业项目如何选址，需要购置什么设备和固定资产，预算一下房租和人员工资最少需要多少。同时还要想到，任何一个创业项目都有潜伏期，潜伏期就是开始创业到自身盈利可以周转的时期，要确定维持这段时间需要多少预算。

**2．不当家不知柴米贵**

以上这些问题都是一个创业者必须思考的问题，就是说，撰写创业计划书就是给创业者一个强迫自己去思考和关注这些问题的考验，创业者的创新意识和责任感，也会在这期间得到加强。这时，也使准创业者在企业孕育期陡然增加了一种“不当家不知柴米贵”的感觉。

### （三）从写创业计划书开始学会协作

**1．做头雁的感觉**

作为一个创业者，也是创业团队的带头人，必须为了维持好创业期间资金的良好运转开动脑筋，思考清楚营利模式，思考如何提高团队的核心竞争力。任何一个开办起来的企业，不论大小都要维护好自身的现金流，因为企业就和一个生命机体一样，资金就是它的血液，没有新鲜血液的良好循环，企业就会生病，以致影响到生存。

**2．团队合作的开始**

创业计划书是否专业、完整、务实、可行，是否具有良好的市场容量、美好的市场前景和新的营利模式，是创业者是否可以获得创业基金支持的关键。因此在撰写创业计划书时，创业团队事实上就开始了第一次合作。

### （四）制定战略要考虑好可行性

创业前不仅要考量创业项目的产品或服务是否可以实现，营利模式是否可行，同时也应该考虑好采取什么样的经营策略。是大企业的追随者？是低价策略？还是品牌战略？无论采取哪种策略，都需要根据自身的情况来具体研究。

**【案例学习 5-5】　为什么品牌传播要简单和重复**

（1）建立品牌需要的投入是昂贵的。

（2）顾客需要花时间来理解一个品牌，并且对品牌信息做出反应，频繁变化，顾客会感到迷惑。

（3）顾客对品牌体验的“不一致”非常敏感。

（4）公司内部很多不同力量总想改变品牌，但只有长期一致的管理之后，品牌的最大收益才能体现出来。

## 三、凝练创业计划的执行概要

所谓执行概要或者执行总结，就是要求创业者用简单凝练的文字，把要做的事、怎么做、在哪做、卖给谁、如何卖等问题简单叙述一下，使读者可以在计划书的执行总结里，对整个创业计划书有一个大概的了解。

## 四、把创业构想变成文字方案

### （一）成功的创业永远是和周密的计划息息相关的

**1．创业计划要有可操作性**

踏踏实实的行动加上对未来发展的规划，可以让创业者学会如何在计划和行动中找到一个最佳位置。并不是所有的计划都可以实现，也不是所有的行动都会有结果。只有那些以行动为导向的计划才可以实现，任何脱离实际的空想，都会在现实面前碰壁。

**2．脚踏实地，不要幻想**

不要梦想无法企及的空中楼阁，只停留在纸上的设想永远也无法使人成为百万富翁，一个经过缜密思考的未来经营方案会为企业的稳步发展提供很大的帮助。

**拓展阅读　　大学生创业计划书大赛的起源**

最初的创业计划书竞赛起源于美国高校。那是在 1983 年，美国得克萨斯州大学奥斯汀分校的两位 MBA 学生，参照模拟法庭的形式，举办了一次创业计划书竞赛，目的是演练企业策划的过程。历经千辛万苦，终于成功举办了这个世界首次创业计划书竞赛后，他们得到了风险投资家的关注。从此，越来越多的创业基金、风险投资基金、律师事务所、会计师事务所和投资咨询公司也都参与到这类活动中来。

### （二）创业计划书大赛和风险基金有不解之缘

**1．风险投资基金可以让你一夜成名**

风险投资基金让很多有创意的年轻人一夜之间成就了梦想。因此，创业计划是否有新意，是否可以吸引风险投资家的关注，也是创业者是否可以做大的关键。

**2．高科技产业备受风险投资青睐**

对那些有市场前景的新技术、新能源，引领潮流的、吸引眼球的以及可以改变传统行业生产方式、服务方式、经营模式、营利模式，符合未来发展趋势的项目都会让风险投资家们感兴趣。

**【案例学习 5-6】　　雅虎在创业计划书大赛中获得风险基金**

家喻户晓的雅虎公司就是在创业计划书竞赛中脱颖而出，获得了 400 万美元的风险投资而起步的。

雅虎创办人杨致远在 1994 年与斯坦福大学一名研究生大卫·费罗合创雅虎。1996 年雅虎在纽约股票市场上市，每股股价由13美元飙升到33美元，杨致远个人身价高达1.32亿美元。他说："人人都说美国机会多，没想到机会降临得这么偶然。"而就是风险投资帮助他抓住这个机会的。

原来，杨致远在1995年上半年便开始与风险投资公司接触，希望公司得到更理想的发展。他明白硅谷是一个风险投资的乐园，在那里平均每天就有一家公司上市。当时微软、美国在线（AOL）等想收购雅虎，但都遭到了他的拒绝。结果，他终于得到风险投资基金的支持，而公司也得以成功上市。

**3．灵活性和创造性是企业发展的关键因素**

获得了基金只是第一步，而持续的创造力和坚韧不拔的毅力对创业者最后是否能取得成功更关键。撰写计划书的目标不要瞄准获得基金，只有把目光始终放在市场上，创业计划才可以实现。

**【案例学习5-7】　我国首届大学生创业计划书大赛**

国内首届"挑战杯"大学生创业计划书竞赛是于1999年2月10日在清华大学举办的。在这次大赛中，共收到了全国120所高校的400件作品，其中"美视乐"团队就是在这次竞赛中获得了上海第一百货股份有限公司的5250万元风险投资，成为中国大学生创业获得风险投资的第一例。

### （三）参赛的创业计划书尽量不用虚拟的项目

**1．现实的项目**

在写计划书时要考虑两点：一是离目标还有多远；二是怎样才能达到目标。写计划书的过程是创业者思考创业立项、筹措资金、办理手续，直至如何创造性地开展营销的全过程的总结。

**2．真实的理想**

在写创业计划书时，要结合学科内容，创业项目，应该是真实项目。尽管有的项目还不是很成熟或者不够现实，但其在大赛中绽放的智慧火花，还是值得赞赏的。

**3．重在撰写的过程**

撰写创业计划书是创业开始的关键一步。撰写创业计划书也是学生参与社会实践、增长职业经验的有效途径。创业者在进行市场调研、研究创业项目可行性的同时，也使创业意识和团队合作意识得到增强。

**4．企业策划的实训**

创业者在编写创业计划书的过程中，首先需要对项目的预计销售额有一个基本的估算，然后按照估算的销售额或者市场占有率，推算一下企业1～3年的经济指标。在此基础上，实际上是要求创业者模拟地把开办一个企业以及完成企业目标所要做的工作都在创业前认真地思考和演练一下。

**5．向导师学习的机会**

在目前大学生的创业培训中，每个创业者的计划书都会有创业指导专家来辅导，创业计划书也是创业者与创业导师向开业指导专家进行咨询的基础材料。要在此基础上，倾听企业家的建设性意见，把他们对设想中的潜力和不足的意见认真思考一下，力求使创业计划更加完善。

⊙ 企业家提示

一份创业计划书是否吸引人不在于篇幅长短，但是太短的计划书也不可能把你的营利模式阐述清楚。建议 20～50 页为好。

## 五、创业计划书的撰写和展示

创业计划书包括封面、目录、执行概要、主体内容和附件等。撰写创业计划书的过程是创业者（团队）反复思考、推理并讨论的过程。

创业计划书撰写方法

### （一）目前使用的几种创业计划书文本

目前，全国各地各种申请基金和参加比赛的创业者所使用的创业计划书版本不尽相同，如申请 YBC（中国青年创业国际计划）的是 YBC 提供的文本；申请天使基金的，是一种项目商务计划书文本，要求比较复杂，内容也很详尽；而申请上海银行开业贷款、创业前贷款和小企业贷款的创业项目，一般使用上海市劳动局编制的文本格式。

### （二）创业计划书实例

虽然各种创业计划书（商业计划书）的格式不尽相同，但基本内容不会差别很大，在这里你要学会的是如何做好撰写创业计划书的相关知识和内容的准备，以及书写时应把握的语气和基本内容的写法。具体在撰写时，还要按照各种基金或银行要求的文本格式填写。

【案例学习 5-8】　撰写创业计划书的基本内容

- 公司概况
- 经营思路
- 市场分析
- 未来经营计划
- 财务规划
- 市场营销

下面结合实例来讲解创业计划书的写作方法。

### 上海正奇信息技术有限公司的创业计划书（公司为化名）

#### 第一部分　公 司 概 况

位于上海的“上海正奇信息技术有限公司”是办公软件包“创业者助手”的生产商，这个软件涵盖了微小型企业商用办公以及通信管理所需要的所有功能。

除了生产本软件，正奇公司还经营如下业务。

（1）为上海地区的微小型企业提供相关软件咨询和管理软件开发等经营项目。

（2）除了为小企业服务，还为广大顾客提供广泛的服务和信息支持、软件定制等服务。

我们的市场调研显示：微小型企业在将来几年的发展势头会很好，因此我们计划把“创业者助手”软件推广到全国，把小型企业确定为我们产品的主要销售对象。市场调研报告还告诉我们：目前市场将对电子产品和相关的咨询服务产生巨大的需求。

在经营策略上，我们的市场定位是：帮助小企业实现增值，“创业者助手”软件将随附一促销产品推向市场。

上海正奇信息技术有限公司由范平和李其创立，他俩还负责公司的经营和管理，另外公司还签约了一些同学作为兼职职工，主要进行软件开发工作。

公司正式成立时间是2007年9月1日，注册资本100万元。

公司30%的资产属于范平的亲属集资，40%的资产来源于创业贷款，另外30%的资产属于李其筹集的创业援助。在第一个经营年度里，公司计划实现税前利润54万元，在第二个经营年度争取达到税前利润160万元。

## 第二部分 经营思路

上海正奇信息技术有限公司将推出最新开发的办公软件，经营广泛的软件咨询、软件管理以及软件开发业务，为广大小型企业提供细致周到和富有创意的服务。

目前市场上现有的大量办公软件由于无法兼容而给消费者带来了巨大的损失和使用的不便。尽管一般的办公软件具有文字图像处理和图表设计的功能，可消费者将其与通信软件（传真、网络等）、商用软件、数据库和专业软件连接时，往往会遇到极大的麻烦。因为小企业创业者很少是电脑专家，他们无法充分利用电脑的多种功能。更何况，他们基本也无法在这方面花费更多的时间。

因此，“兼容—自如”是我们设计“创业者助手”软件的宗旨：它兼容了完整的办公和商用软件功能，还拥有通信和数据库程序，以及简洁美观的人机对话界面设计。至于文字图像处理和图表统计功能，我们采用的是一家著名生产厂商的标准化软件，并对它的界面稍加简化。

此外，正奇信息技术服务还具有为小企业提供广泛的咨询服务和个性化软件开发的功能。

**1. 销售对象**

我们把本公司最主要的销售群体定位为拥有1～15名员工的小型企业，其中最具潜力的顾客是已经开始创业的年轻企业主和大学毕业生创业者。软件咨询和开发业务的服务对象则是上海地区的小型企业。

**2. 产品特点**

（1）功能齐全。

（2）操作简单。

（3）价格低廉。

（4）省时省电。

（5）易学易懂。

（6）产品规范、专业。

（7）提供完善的服务和咨询。

（8）技术先进。

（9）适应性强。

（10）结构严密。

**3. 产品特性**

（1）方便舒适。

① 一个软件包里应有尽有。

② 使用说明简单实用。

（2）安全可靠。

① 功能强大，执行一切指令。

② 即时更新，跟随潮流。

（3）走向成功。

① 为小型企业进入市场提供专业的服务。

② 低廉的价格为新开办的企业降低成本。

③ 不同凡响的效果帮助创业者达到事半功倍的目的。

**4. 其他服务**

除了售后服务，我们还可以为小企业在协调和管理中遇到的各种问题提供必要的解决方案，如：

（1）应该如何管理公司财务？

（2）应该如何为公司设计账单？

（3）应该如何通过计算机直接与外部通信或发传真？

（4）怎样建立一个客户群数据库？

（5）怎样才能准确地进行核算？

（6）公司的专用信函怎样设计较为规范？

## 第三部分 市 场 分 析

首先要写你对目前此项目的市场预期，以及你的目标顾客、目标市场和在创业初必将遇到的竞争对手等问题，也应该列出你的营销措施。

> ⊙ 企业家提示
>
> 这部分不要掉以轻心。你除了要思考关于项目的可行性，还要对本项目的预计投资回收期和盈利平衡点有非常清晰的计算。

**1. 找到你的潜在客户群**

经过市场调研和分析，我们的目标客户大致有以下三类。

A 类：购买“创业者助手”的新创企业。

B 类：接受软件和管理咨询服务的小企业。

C 类：接受软件开发定制的小企业。

下面进行顾客消费偏好的详细分析。

（1）A类——购买“创业者助手”的新创企业。

行业：服务业和咨询业、工业制造。

年销售额：100万元以下。

员工数量：10人以下。

公司驻地：全国各一线、二线城市。

客户需求：可以解决小企业所有综合管理和协调方案。

购买标准：价格低廉，功能齐全，有完善的售后服务。

供应商：目前尚无固定供应商，正在选择中。

企业文化：富有创新精神。

购买者：使用者/决策者。

订购金额：3500元（一次性购买软件的费用）。

（2）B类——接受软件和管理咨询服务的小企业。

行业：生产和服务业。

年销售额：500万元以上。

员工数量：20名及以上。

公司驻地：上海/华东地区。

客户需求：高效率的计算机产品以及软件开发。

购买标准：价格低廉，使用简便，产品规范。

供应商：目前根据少数小企业咨询人员的建议正在使用其他品牌的同类产品。

企业文化：富有创新精神。

购买者：决策者。

订购金额：5000元以上。

信誉：良好。

（3）C类——接受软件开发定制的小企业。

行业：生产和服务业。

年销售额：250万元以上。

员工人数：5～50名。

公司驻地：上海/华东地区。

客户需求：价格低廉，满足顾客的特殊要求。

供应商：目前选择其他供应商的产品。

企业文化：富有创新精神。

购买者：使用者/决策者。

订购金额：7000元以上。

信誉：良好。

**2. 对你的竞争者进行必要的分析**

主要可以分为两类竞争者：① “创业者助手”软件的同类者。② 上海地区软件咨询和开发业界的同行们。

⊙ 企业家提示

谁和你拥有同样的客户群体？在你的目标市场中有几个竞争对手？他们目前的经营情况如何？这个市场中你的优势和劣势在哪里？你预计采取哪些营销策略来赢得你的目标客户？这些问题都是必须考虑的。

可以从以下两个方面分析竞争者。

（1）分析“创业者助手”软件的竞争对手。

竞争者类型：各类办公/商用软件的供应商。

产品种类：标准化软件，缺点是常常无法与其他软件兼容。

销售对象：从家庭到大企业，没有特定的销售对象。

年销售额：5000 万元以上。

利润情况：各不相同，多数盈利状况较好。

员工数量：各不相同。

投资能力：投资能力很强。

生产现状：生产满负荷，盈利状况很好。

① 竞争对手采用何种营销策略?

利用很多促销手段，提供帮助客户增值的产品。

② 未来主要目标客户是谁?

在家办公的 SOHO 一族。

③ 目前，何种产品销售最好?

标准化办公软件。

④ 他们成功的关键因素是什么?

丰富的市场经验，杰出的编程能力，产品的规范化。

⑤ 竞争对手共占有多少市场份额?

A 类：30%；　　B 类：20%；　　C 类：13%；　　其他：37%。

⑥ 竞争对手将要推出什么产品和服务?

功能完备的多媒体家庭办公软件并附带通信功能；简单易操作的统计和核算软件。

⑦ 当前市场上同类产品的优点是什么?

使用范围广、种类众多的标准化产品。

⑧ 当前市场上同类产品的缺点是什么?

产品无法兼容，设计烦琐，功能庞杂，没有客户绝对满意的功能齐备的产品。

⑨ 竞争对手的产品价格是多少?

能够完全具备“创业者助手”功能的同类产品，至少需 4500 元。

⑩ 竞争对手的广告推广手段是什么?

在报纸上刊登广告和邮寄广告（目前尚没有使用电视广告的）。

⑪ 竞争对手拥有怎样的销售渠道?

覆盖全国的销售网络和电子商务。

⑫ 竞争对手的员工素质如何?

有的很好，有的不行。但我们的一定会比他们的好。

⑬ 竞争对手目前拥有怎样的客户群？

大型企业、大学生、在家办公者、服务业公司和中产阶级。

⑭ 顾客对竞争者的口碑如何？

从一般到很好，并不统一。

（2）分析上海地区软件咨询和开发业的竞争者。

竞争者名单：银蝶软件、好友软件（仅作为举例）。

产品/服务种类：软件开发（含咨询）。

销售对象：中产阶级、小型企业、学校等。

年销售额：300 万元。

盈利情况：有较好的利润收入。

投资能力：投资能力有限。

生产能力：基本满负荷。

① 竞争对手的经营战略是什么？

经营重点是提供各类关于商用软件的服务。

② 未来市场的销售对象趋势如何？

没有根本变化。

③ 目前销售最好的是哪个产品/服务？

实用软件开发。

④ 它们成功的因素是什么？

可以快速完成客户的要求；具有出色的编程能力；以用户就是上帝、全力满足客户需求为经营宗旨。

⑤ 竞争对手目前占有的市场份额是多少？

占上海地区市场份额的 7%。

⑥ 竞争对手即将推出什么新产品/服务？

尚未发现这类动向。

⑦ 竞争对手的服务有什么特色？

能满足客户的特殊要求，为客户定制他们需要的产品/服务。

⑧ 竞争对手的产品/服务有什么弱点？

产品更新不及时，依附于某大软件公司。

⑨ 竞争对手的营销策略是怎样的？

直接与客户联系。

⑩ 竞争对手的销售通路有哪些？

跟随大企业的软件客户，直接推销自己的配套产品。

⑪ 竞争对手的员工素质如何？

良好。

⑫ 竞争对手有哪些固定的大客户？

贝斯特电器公司、俏佳人美容公司、真美印刷公司、捷达机械制造公司、尼克咨询公司和博士书店。

⑬ 顾客对竞争者的口碑如何？

良好。

> ⊙ 企业家提示
>
> 所谓“知彼知己，百战不殆”，做市场调研时还要看你的经营地点附近的商圈情况，步行五分钟之内商圈的人口，车行十五分钟以内的人口及消费水平；你的项目所在地的交通状况，停车场地面积，与你具有同业竞争的对手情况，与你可以异业联盟的同伴在哪里。

**3. 市场调研和商机分析结果（5分制，从1～5，越来越大）**

（1）关于“创业者助手”。

市场规模：4。

产品潜力：5。

顾客兴趣：4。

购买潜力：5。

价格承受：3。

竞争程度：3。

市场容量：4。

再次购买：4。

**结论：市场吸引力巨大，可以开发。**

（2）关于软件定制和咨询业务。

市场规模：3。

产品潜力：5。

顾客兴趣：3。

购买潜力：4。

价格承受：5。

竞争程度：4。

市场容量：5。

再次购买：4。

**结论：市场潜力极其巨大，可以立项。**

## 第四部分　未来经营计划

**1. 目标**

“创业者助手”——中国小型企业的首选软件！

> ⊙ 企业家提示
>
> 无论做什么事，都需要在事前明确你的目标。目标明确之后，还应该找到实现目标的方法和策略，最好把长远目标分解成近期目标和执行时间表，一点点接近自己的理想目标。

**2. 产品特点**

“兼容—自如”是我们设计“创业者助手”软件的宗旨。

它包括完整的办公和商用软件，同时还拥有通信和数据库程序，以及人性化的界面。软件的文字图像处理和图表统计功能，我们采用的是著名厂商出品的标准化软件，并且对它的界面做了些许简化。

“创业者助手”包括以下功能。

（1）文字处理。

① 更加简单、人性化的标准化文字处理软件。

② 提供菜单式文件固定处理模板（传真、账单、信函等）。

（2）图表设计。

① 简洁、人性化的标准化图表统计软件。

② 现成的统计核算程序。

（3）图像处理。

① 更加简单、人性化的标准化图像处理软件。

② 现成的图像固定样式。

（4）数据库。

① 标准化产品。

② 适宜开发新数据库的环境。

③ 适宜性能良好的客户情况数据库。

（5）通信软件（传真、网络）。

（6）商用软件。

① 功能齐全的财务软件。

……（略去更多关于本产品的详细资料）

**3. 软件服务**

设立服务热线：我们为购买“创业者助手”软件的用户提供热线服务，并保证在24小时内给使用本产品的用户以满意的答复。

用户免费培训：客户可在固定的时间获得免费的培训。将定期讲解关于“创业者助手”的各种问题和小型企业在软件使用中可能会遇到的问题以及处理方法。

举办用户俱乐部：提供信息服务，提供各类软件咨询，进行专用软件开发。

**4. 销售对象**

“创业者助手”软件包的预期销售对象为国内拥有十名以上员工的小型企业，它可以满足服务业、工业（含手工业）企业需要的商用和管理功能需要。

软件咨询和开发业务的预期服务对象是本地区拥有五名以上员工的小型企业。

**5. 经营战略**

为了尽快把“创业者助手”软件包推向市场，我们准备以低价战略进入市场，同时首先打进小型企业，因为目前这类客户使用的软件较为庞杂和烦琐，并不适合小型企业的特点和要求。

软件咨询和开发业务方面，计划用广告的形式把信息散发到目标客户群。

> ⊙ 企业家提示
>
> 目前在产品链的低端充满了竞争，很少会有标新立异的没有竞争对手的产品，如何在竞争夹缝中生存，是每个创业者不得不思考的问题。即使你的产品属于专利新产品，也应考虑如何设置进入壁垒来阻止竞争者很快模仿或跟上，因此，建立属于你的营利模式很重要。

**6. 成功关键因素**

（1）“创业者助手”的竞争优势。

① 积极深入的市场营销手段。

② 良好的销售渠道。

③ 无可挑剔的齐全功能。

（具体实施方案见附录）

（2）软件咨询和开发业务的优势。

① 细致周到的服务。

② 对客户需要具体深入的了解。

③ 与客户紧密的联系。

（具体实施方案见附录）

> ⊙ 企业家提示
>
> 多数创业者在创业之初，都对风险预计得过小，对自己产品的市场预计过高，因此，客观冷静地分析隐藏的危机和不利因素，制定出相应的经营策略，有益于你提早做好危机防范。

**7. 公司管理情况**

上海正奇信息技术有限公司由范平和李其创立，李其因投资额与范平相同，都是30%，因此作为平等权利的经营者，与范平共同领导公司。范平和李其均是计算机专业的硕士研究生，经验非常丰富。

在自主创业以前，范平就曾经是某软件公司的兼职业务经理，做软件的推广工作，积累了一定的职业经验。李其在校读书期间，就多次在大学生科技发明竞赛中获奖，具有很强的创新能力和解决问题的能力，并且在创业前就拥有了多项专利。因此，范平主要负责市场营销、销售和软件业务、咨询业务；李其主要负责软件开发和内部管理，他们共同负责软件个性化定制业务。

（关于管理层的详细情况见附录中的公司创建者简历）

**8. 组织管理模式**

公司计划建立一个以项目为导向的组织模式。管理层的情况见第三部分，另有一名半日制雇员和一名实习生协助他们工作。

正奇公司还招收了10～15名计算机专业的同学做兼职人员，公司与这群同学保持长期可靠的合作关系。

> ⊙ 企业家提示
>
> 这部分要求创业者仔细考虑后，如实填写。如果是有限责任公司，还应按要求写出公司有关协议和章程，并附在附录中。

**9．经营驻地**

我们选择大学生创业园区作为公司驻地，这里不仅有适合创业的氛围，同时也给大学生创业提供免费的办公场地和经营的优惠政策。另外，我们在此地区发现了很多优秀的编程人员；这个场地也靠近我们的“创业者助手”软件的目标客户；软件咨询和定制业务在这里也有较大的需求客户群。这里交通便利，设施齐全，新办小企业多，正是正奇公司要寻找的理想驻地。

⊙ 企业家提示

在选址时要考察你的经营场地的周边概况，如地处何方、周围有何干道、靠近什么中心，经营场地以接近你的目标客户为宜。不宜在交通干道设立消费品的零售店（要充分考虑顾客是否可以停车或者是否有时间停留）；不宜在闹市区和客流量很大的地铁口、公园门口经营选择性或理智消费的产品（即需要考虑才会购买或者比较品牌才会买的商品）。

## 第五部分　财务规划

也许你以前不会计算花销，不会记账，但是，就从你决定创业的那一刻起，必须学会计算你手里的钱，并且要做到收入和支出心中有数。在做投资额预算和资金筹措计划时主要应考虑四部分：① 一次性投入：包括房租押金（通常付三押一）、装修费、初始货物资金、设备购置费。② 流动资金：低值易耗品费用、办公费、工资、房租、进货款。③ 不可预见费用：按总投入的5%～10%计算（即把前两项之和乘以5%～10%）。④ 总投资额：累计前三项。

**1．资本构成**

正奇公司的资本构成如下所示。

（1）范平自筹资本投资：30万元。

（2）李其募集资本投资：30万元。

（3）自有资本援助：10万元。

（4）天使基金：30万元。

**2．投资和折旧**

公司第一期投入资金82 800元，主要用于购置电脑和办公设备。

（购置物品的详细清单见附录）

月折旧费用为800元。

**3．物资和材料消耗**

在经营中的物资和材料消耗较少，每月500～700元。

（详细支出清单见附录）

**4．劳务费用**

第一个经营年度内的劳务费用预计为每月17 000～18 000元。第二个经营年度里，劳务费用预计为每月20 000元。

**5．市场开发及公司开办费用**

市场开发费用预计为97 000元。

公司开办费用预计为 2500 元。

（支出清单见附录）

**6. 固定投资**

第一个经营年度的固定投资预计为每月 25 000 元。

第二个经营年度的固定投资预计为每月 27 000 元。

（投资构成见附录）

**7. 可变资本**

根据正奇公司承担的项目不同，可变资本（包括软件开发的费用）在 20 000～47 000 元浮动。

（投资构成见附录）

**8. 销售计划**

在软件开发和咨询业务领域，正奇公司计划在 2007 年 9 月实现一期销售额 20 000 元，在此业务领域的月均销售额预计为 50 000～60 000 元。

2007 年 10 月，计划将“创业者助手”软件推向市场，预计月销售额在 50 000～12 000 元。这样，月销售额将上升到 185 000 元。

（详细的销售计划见附录）

**9. 投资回收期**

从下面的账目中可以看出，首期投资（公司筹建之前的投资）将在第一和第二个经营年度中收回。

⊙ 企业家提示

创业者一定要会计算投资回收期和盈亏平衡点。

投资回收期的计算公式：

投资回收期=总投资÷年利润，一般为 12～24 个月。

盈亏平衡点的计算公式：

总成本=总收入-总支出

预计经营成果如表 5-1 所示（大学生创业享受税收优惠政策，此处税收记为 0）。

表 5-1 经营结果

| | 第一年度/元 | 第二年度/元 |
|---|---|---|
| 销售额 | 1 370 000 | 2 400 000 |
| -变动资本 | 330 500 | 453 000 |
| -固定资本 | 302 400 | 325 400 |
| -进入市场费用 | 182 400 | 15 000 |
| -折旧 | 9600 | 9600 |
| =税前利润 | 545 100 | 1 597 000 |
| -税收 | 0 | 0 |
| =纯利润 | 545 100 | 1 597 000 |

注：每月经营成果损益表略，假定税收为 0。

**10. 流动资金**

正奇公司通过融资和初期销售额（已经有了第一批订单）而获得可靠的流动资金来源。它将从投资阶段的260 700元增长到观察期末的2 600 000元。

（流动资金计划见附录、第一批订单见附录）

## 第六部分　市场营销

**1. 关于“创业者助手”的营销计划**

（1）产品及软件的销售策略。在产品正式面世之初，我们计划先推出一个标准化版本（见未来经营计划和附录），以倾听顾客对该产品的反映。当此版本成功地打开市场后，我们再向市场推出第二个结构更加规范统一的版本。通过这一方式，我们将会赢得新的客户，部分新客户曾因1.0版本过大而未被采用，同时，老客户也会继续选用改进了的2.0版本。除此之外，公司还计划推出规模更大的“创业者助手”版本，以及一个简化的便捷版。

软件将在12个月内逐步被新版本替代。此外，用户还会不断地收到我们的补丁，对产品进行更新，这些费用也有必要计入财务的收支账目。

（2）服务设想。售后服务热线电话、VIP用户俱乐部、定期发送信息、提供使用者免费培训计划、免费会员咨询等。

（3）定价策略。经过市场调研，正奇公司决定采取低价策略进入市场。“创业者助手”1.0版本定价为3395元。将来，随着产品种类的增多，价格再逐步调整。

（4）广告宣传策略。通过和商业伙伴的合作，“创业者助手”只需支付10%的广告费，就可以出现在《电脑报》《计算机信息月刊》等专业杂志上。

（详细的广告宣传计划见附录）

另外，我们准备在2007年10月进行一次大型的广告邮寄，主要邮寄对象为2007年新成立的公司。同时，关于这个软件的测评文章将出现在专业论坛和专业杂志上。

2007年9～11月为公司的初创阶段，从2008年1月起，将开始又一轮关于“创业者助手”的广告宣传活动。

（5）产品分销渠道。“创业者助手”主要通过以下两个分销渠道送到客户手中。

① 通过邮发业务和网络订购。

- 由正奇公司直接邮寄。
- 由邮递公司派送（特快专递或快递公司）。

② 通过零售商。与代理商、超市、软件专卖店等零售商签订供销合同。

**2. 软件咨询和定制业务的营销策略**

（1）产品及软件的销售策略。立足于高品质的服务，提供最专业的咨询和软件定向开发业务。除了给用户提供“入门咨询”，帮助客户挖掘软件使用及管理中的潜力，我们还提供软件开发和软件标准化咨询服务。

我们的增值服务有：

① 商用软件开发。

② 软件兼容。

③ 建立数据库。

我们还将定期给客户提供关于软件使用和管理的建议，力求帮助客户最大限度地用好“创业者助手”，为客户着想。

（2）服务设想。定期给客户免费邮寄关于软件使用和管理的相关信息，同时为使用“创业者助手”的客户提供购买计算机软件和硬件的免费咨询，以保证他们购买到物美价廉的产品。

（3）价格策略。我们在公司开创之初，原则上只接受有一定规模的用户的咨询和软件定制，这样便于很快提高我们的知名度，价格也不会太低。

广告宣传策略：在2007年10月开始邮寄广告，同时还会以电话联络的方式争取一批新用户。到2007年12月，预计可以争取到7～12个新项目，它们将构成第一年度的主要业务。

（4）产品分销渠道。

① 概念。

所谓产品分销渠道，是指某种产品和服务在从生产者向消费者转移过程中，取得这种产品和服务的所有权或帮助所有权转移的所有企业和个人。因此，分销渠道包括商人中间商（因为他们取得所有权）和代理中间商（因为他们帮助转移所有权），此外，还包括处于渠道起点和终点的生产者和最终消费者或用户。但是不包括供应商、辅助商。

② 特点。

第一，分销渠道反映某一特定商品价值实现的过程和商品实体的转移过程。分销渠道一端连接生产，另一端连接消费，是从生产领域到消费领域的完整的商品流通过程。在这个过程中，主要包含两种运动：一是商品价值形式的运动（商品所有权的转移，即商流）；二是商品实体的运动（即物流）。

第二，分销渠道的主体是参与商品流通过程的商人中间商和代理中间商。

第三，商品从生产者流向消费者的过程中，商品所有权至少转移一次。大多数情况下，生产者必须经过一系列中介机构转卖或代理转卖产品。所有权转移的次数越多，商品的分销渠道就越长；反之亦然。

第四，在分销渠道中，与商品所有权转移直接或间接相关的，还有一系列流通辅助形式，如物流、信息流、资金流等，它们发挥着相当重要的协调和辅助作用。

### （三）确定未来的发展方向

#### 1. 确定企业目标

如果你现在要出发了，那么你是不是应该先确定要去哪里。显然，在你创业之初，也必须明确你未来的经营目标和企业未来的发展方向。

古人云：“人无远虑，必有近忧。”如果你没有明确的企业发展目标，得过且过的话，等你感觉到混乱时，恐怕为时已晚。关于未来的思考包括：你是要建立一个中等企业还是要当一个生意兴隆的个体户？你是在本地经营到老还是把业务做到全球？在你经营的第一年里，你是要做到销售额10万元还是100万元？你是想成为有影响力的企业家还是小富即安的企业主？

表5-2为某创业者企业目标。

表 5-2　某创业者企业目标

| 目　　标 | 内　　容 | 细　　节 | 分 级 目 标 |
|---|---|---|---|
| 目标 1 | 筹建计划 | 我的公司将于 2010 年 1 月 1 日成立 | |
| 目标 2 | 销售计划 | 在经营的第一个年度里我计划完成销售额 205 万元 | 首先完成每月拟订计划。此外，以年初计划确定销售计划。如在第一个经营年度里，我计划完成两个 40 万元以上的订单，五个 15 万元以上的订单，十个 5 万元以上的订单。本年度我预计完成销售额 205 万元 |
| 目标 3 | 还款计划 | 到 2010 年 6 月，我将实现收支平衡，即，毛利润=成本 | 通过创业培训，已经知道了初创阶段应减少固定成本支出，如果在公司成立 6 个月的时候还不能实现收支平衡，就应该加大市场开发和宣传力度，或者重新考虑市场接受程度和市场潜力问题 |
| 目标 4 | 利润目标 | 到第一个经营年度末，我将实现净利润 50 万元 | 利润目标也应该分解到月，甚至周、日，一点一点地完成 |

**2．确定行动策略**

在创业前有一个设想，对你的企业未来非常有帮助。因为你只有做得像一个企业家，才会成为企业家，如果你的做法处处与个体户的行为方式一样，那你注定就是个体户了。所以，你的定位就是你行动的指南。如果你有了创业的打算，不妨坐下来静静地思考一下：5 年后的你是怎样的？你的工厂是否拥有了全套的先进设备？你是在和客户联系业务，还是在给创业者出谋划策？不要以为这些是幻想，只有你想到了，你才可以做到。

### （四）为了未来的目标，创业者应该制定几个准则

**1．尽快把产品推向市场**

一些年轻的创业者都犯了追求完美的毛病，尽管很有思路和创新精神，但是显得不够实际。索尼公司的创始人在经营初期，只是因为想成为一名企业家，就坚持在实践中不断地完善自己的产品，以期最大限度地符合顾客的需求。

**2．不要把时间浪费在琐事上，要懂得授权**

你的主要精力应该放在关注顾客上，你的时间应该放在市场开拓和维护客户上。有关财务、法律、税务等事务应该交给专业人员来打理。

> ⊙ 企业家提示
>
> 刚开始创业时，万事开头难，事务繁杂，事事都需要创业者去关心、签字、决策。但是，创业者要学会掌握大局，抓住主要矛盾；不要充当多面手，把所有事务都揽在自己身上；要学会把精力放在市场开拓上，用最短的时间去争取第一份订单。

**3．不要动摇创业的决心**

不要盲目听信关于经营风险的故事，没有风险的地方注定没有机遇，你应该自信地按照自己的计划去做。

**4．尽量做到规范化**

不管是刚开始还是经营中，企业上下，每一个决策都应该做到规范有序。只有这样，你的事业才会有一个良好的开端。

> ⊙ 企业家提示
>
> 做公司，就是做品牌，没有品牌的公司永远都是小本买卖。品牌从何而来？从创业者一开始就坚持规范开始。规范化不是讲排场，而是做事规范化，形象规范化。

**5．所有的行动都遵循着一个不变的准则**

为了企业灿烂的明天、辉煌的目标而努力！

## 六、创业计划书和路演技巧

### （一）创业计划书的适宜长度

一份计划书是否吸引人不在于篇幅长短（但是太短的计划书也不可能把你的营利模式阐述清楚），关键在于你的商业模式是否可以打动人心。

创业路演技巧

很多参加创业大赛的创业计划书动辄上百页，其实没有必要。适宜的长度一般为20～50页。

> ⊙ 企业家提示
>
> 培根说："写作使人精确。"认真撰写商业计划将会使你对创业项目有更深刻的认识，写作过程可以有效检验你思想的逻辑性和一致性。

### （二）展示创业计划书的注意事项

一份好的计划书，在展示时需要注意以下几点。

**1．激情在创业计划书展示中发挥着重要作用**

拓展阅读　　乔布斯演讲

> 乔布斯在斯坦福大学2005年毕业典礼上说："我很清楚使我一直走下去的，就是我做的事情令我无比钟爱。你需要去找到你所爱的东西。对于工作是如此，对于你的爱人也是如此。你的工作将会占据你生活中很大的一部分。你只有相信自己所做的是伟大的工作，你才能怡然自得。如果你现在还没有找到，那么继续找，不要停下来，只要全心全意地去找，在你找到的时候，你的心会告诉你的。"

激情是指一种强烈的内驱力，一种极度的喜爱，一种偏执的信念。人在激情的支配下，常能调动身心的巨大潜力，完成看起来不可能完成的事情。很多投资家和基金都很看重创业者的激情，因此在你的字里行间，你做PPT展示时，都要充满发自内心的激情。

⊙ 企业家提示

（1）保持激情。你只有有激情才有动力，才能感染自己和其他人。

（2）做事专注。抓准一个点，然后做深、做透。

（3）执行力。不仅知道，更要做到！

（4）学习的习惯。学习是最便宜的投资！

（5）反省的习惯。“事不过三”，经常反省自己的得失！

**2．将作品尽量制作成模型**

如果你的作品可以制作成模型，这是最直观的。如果不能制作成模型，但可以把生产过程、服务模式用动画来演示，也有助于别人理解项目的可行性。

**3．在能用图表表示时，一定要利用图表**

俗话说：“一表胜千言。”例如，竞争与竞争形势分析时的对比图、财务状况预测等。

**【案例学习 5-9】　　亚马逊的 doordesk**

亚马逊的创始人贝佐斯在 1994 年时是投资管理公司 D.E.Shaw 最年轻的资深副总裁，他在寻找投资机会时得知网络用户一年激增 23 倍的信息，于是产生了创业的想法，几周后便辞去了工资丰厚的职位，和太太一起驾车去西雅图，路上起草了商业计划，到西雅图后立即在所租的房子的车库里架起电脑，聘请了四名助手开始编写软件。当时的办公桌是把门安在四根柱子上做成的，称为 doordesk，后来这种 doordesk 成了亚马逊的标配，以提醒大家仍在创业。激情让贝佐斯抓住了机会，他于 1995 年 7 月成立的亚马逊书城在早期就取得了出乎意料的成功：没有任何广告宣传，30 天内亚马逊的书就卖到了美国和其他 45 个国家。

**4．进行“一分钟电梯演讲”训练**

要求你在一分钟之内必须简明扼要地告诉读者商业计划的内容。用第一句话概括清楚你要做的事；在第二句话中，说明申请资金的数量和用途；第三句话说明未来的市场潜力有多大。

**【案例学习 5-10】　　一分钟电梯演讲**

这是英国剑桥大学驻校企业家、创业讲师道森来中国时带领中国学生进行的一次实践训练，据说在剑桥创业学习中心经常有这样的训练。

道森说，通常银行家和基金管理人都很忙，而大学生的创业计划一般都要去融资，这时最好的办法也许就是在他的办公室楼下等他。也许他的办公室就在这所 CBD 的 30 层，那你恰好、也只有在电梯上楼的 1 分钟内有机会跟他说明你的创业计划。

**5．创业计划书路演技巧**

（1）充分的准备工作。汇报人一定要提前练习几遍 PPT 的内容，保证汇报时内容的连续性和完整性，以防在答辩现场断片儿。路演一定要预估好时间，简单明了说明产品的目标用户和满足了用户的哪些需求，产品的市场容量和营利模式，团队成员和目前项目所处的状态。

（2）饱满的精神状态。以良好的精气神展示你的热情，充满自信心。如果演讲人自己都不够自信，那凭什么要求投资人投资呢？要不断告诉自己一定能成功，将信心传递给评委和投资人。

（3）汇报时抓重点、明诉求。汇报时一定要说到点子上，突出企业或项目的亮点和高度，对于产品的运营方式需要思考清楚，如何通过亮点去吸引用户，如何通过差异化的体验去打败对手。避免将过多的时间花在陈述材料上，否则时间一定是不够用的。对于成立时间不长的企业，企业发展历程不容易讲，但可讲述企业成立的前期背景和基础，同时把重点放在团队成员、项目的创新性（技术、模式等）以及市场前景上，给人以很大的想象空间和可行性。

（4）巧妙回答专家的问题。一般而言，企业在大赛路演时会提到诸如：团队、财务、市场、产品、竞争等方面能达到什么程度，专家关心的是为什么你能做到、你是怎么做到的。所以对专家的问题在实事求是回答的同时，要有一定的闭环逻辑性和技巧性，对这类问题要有相对明确的解决方案。

（5）路演之演讲框架。① 一句话定位你的公司到底是做什么的。② 重点数据和目前形态（盈利如何？用户量如何？关键亮点和数据？等等）；③ 市场痛点和市场规模；④ 产品亮点和业务优势；⑤ 有力结尾，邀请关注。

**【案例学习 5-11】　美国 Y Combinator 的路演样本**

大家好，我是 Mattan，这是我的合伙人 Chris。我们是 One Month Rails。（**一句话总结自己是做什么的**）

我们教人们在一个月内学会线上编程。（**重点数据和目前形态**）

One Month Rails 目前已经营利，而且销售额呈快速增长的态势。在过去的 4 个月，我们的收入从 1000 美元/月跃升到 40 000 美元/月。每一门课有 50 万的流量。（**优势和亮点**）

我们如此成功的原因是用户能在这里创建真实生活用的软件产品和应用。图中是一个叫 Sheldon 的学生在我们平台上做的一个真实社交网站。当有真实的产品，我们的用户能得到升职机会、工作机会，甚至创建自己的公司。我们发明了一个线上视频、社交互动的一个类似可汗学院的教学模式。（**团队和经历**）

Chris 和我都是线上教育专家。Chris 在过去的两年在 General Assembly 设计并运营顶级的课程。而我创造了在 SkillShare 上迄今为止最受欢迎的两个课程。我们总共设计过数百项课程并在 Bloomberg、哥伦比亚大学、American Express Open 等机构教授。所以我们懂教育。（**战略以及发展**）

在接下来的 6 个月，我们将上线发布已经在线下成功测试的 4 大模块的课程。这个月是 Ruby，下个月是 Lean Marketing，再下一个月是 HTML&CSS，再到 APIs。

在十个月内，我们就会有十多个模块课程，从 OS 系统到 Python，就能产生出多于五百万美元的年收入。但是仅仅就是这样吗？我们之所以选择编程课程这个垂直领域，是因为我们能很快地进入和占领这个市场。但是这样的一个模式能在其他的垂直领域复制，和只停留在高中市场的可汗学院不一样，用户会愿意支付能在一个月内产生真实产品的教学。

## 七、创业计划书常见误区及应对措施

### （一）市场情况阐述模糊

应对措施如下。

（1）从最有可能打动读者的部分开始。首先要写你对目前此项目的市场预期，以及你的目标顾客、目标市场和在创业初必将遇到的竞争对手问题等，也应该列出你的营销措施。

（2）大多数投资商认为：在创业中取得成功的秘诀就是要找到并开拓一个足够大的市场。

（3）一般情况下，市场需求应给出肯定描述。

（4）市场调研非常重要。对给出的数据要做注释，权威数据应该给出来源，以增加可信度。

尽量避免使用诸如“前景乐观”“潜力巨大”等形容词来描述未来的市场，而应该对市场调研的数据结果做如下分析。

**1．关于创业者计划中将要开发的产品或服务（见表5-3）**

表5-3　产品和服务分析

| | 5 | 4 | 3 | 2 | 1 |
|---|---|---|---|---|---|
| 市场规模 | | | | | |
| 产品潜力 | | | | | |
| 顾客兴趣 | | | | | |
| 购买潜力 | | | | | |
| 竞争程度 | | | | | |
| 市场容量 | | | | | |
| 再次购买 | | | | | |

用数据和分析结果来说明，最后根据分值做出项目是否可以开发的结论。

**2．关于你要进入的行业**

同样对于行业也做一个分析（同表5-3），最后根据分析做出市场潜力大小是否可以立项的结论。

> ⊙ 企业家提示
>
> 市场调研和分析这部分不要掉以轻心。你除了要思考关于项目的可行性分析，还要对项目的预计投资回收期和盈利平衡点非常清楚。

### （二）缺少对竞争者和竞争形势的详细分析

如果没有做好这部分调研分析，就会使创业者对自己的产品或服务盲目自信，对市场预期超过实际需求，导致产品一上市就遭冷遇，因此应对措施是在你要进入某个领域和市场前，必须“谋定而后动”，做好如下分析。

（1）找到你的潜在客户群。

（2）对你的竞争者进行必要的分析。

（3）分析本行业处在生命周期的哪个阶段。

**（三）缺少对不确定因素的分析和应对措施的分析**

在创业的过程中，从开始选择项目、选择组建团队、制订规划和目标、融资和取得经营执照，到正式开业，这期间无时无刻不存在着不确定因素，只有你事前预料到了风险，制定了应对策略，才可能在创业路上少走弯路。

应对策略：主动向在此行业里成功经营的企业家或创业导师咨询，请他们帮你分析一下计划书，有些经验是值得借鉴的，但是专家和导师的意见也只能是供创业者参考，而不能代替决策。

**（四）对财务数据预估的数字缺少依据**

凡是出现在计划书的财务报表中的数字都应该是有依据的，或者是有相关资料参考预估的，不能凭空想象就写上去，要经得住推敲，经得住基金或投资商、银行家的追问，他们经常会问到这些数字是怎么来的。

最需要说明白的数字如下。

（1）第一年期望的营业额是多少？

（2）第一年期望的净收益是多少？

（3）第一年将会偿还多少贷款？

（4）需要多久可以完全偿还贷款？

（5）计算你的总投资额、盈亏平衡点、保本销量、投资回收期，这些数据对投资商非常重要。

**（五）创业团队成员不互补**

有些团队是由同学组成的，因此在性格、专业，甚至性别上都差不多，这样的团队是不均衡的。因为创业者需要互补，需要在决策时有人提出不同意见，往往太相似的人看问题的视角也类似，这是应该避免的。

应对措施：团队成员在专业、性格、经验、经历甚至性别上要力求互补，不要都是某一专业的人员组成，这样不利于人岗匹配和协同作战。

## 八、互联网创业公司的创业计划书

互联网创业企业从组建公司到产品上市，一般都要经过四个阶段：种子期、A 轮投资期、B 轮投资期、C 轮投资期。其间，初创公司处在不同时期，投资人对创业者的要求是不同的。因此，在企业发展的不同时期，企业要适应投资人的要求，对商业计划书要不断地进行修改和调整。商业计划书也应该配备一个简略的 PPT 和一个详尽的文字版本。

**（一）商业计划书的撰写工具**

对于初创业者，在撰写商业计划书之前，应该梳理一下自己的商业模式，这时可以利用商业模式画布来评价和定位。

商业模式画布是一种用来描述商业模式、可视化商业模式、评估商业模式以及改变商业模式的通用语言，其中共分九大模块，如图 5-3 所示。

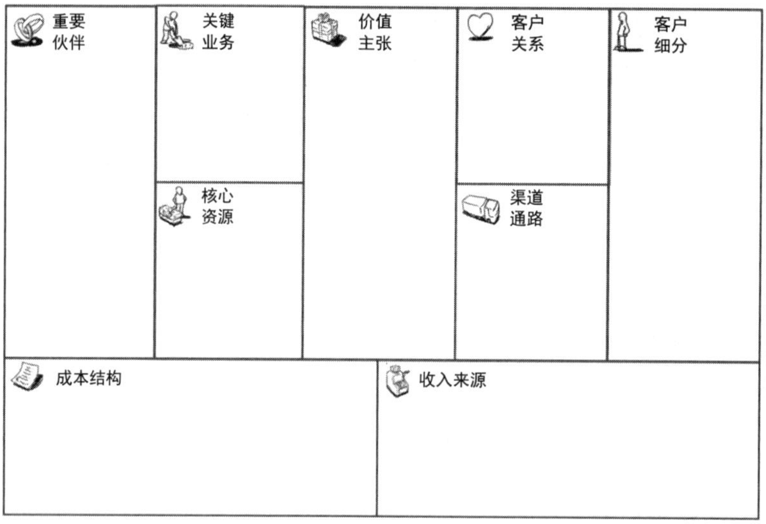


图 5-3　商业模式画布

商业模式
画布（上）

商业模式
画布（下）

客户细分构造模块用来描绘一个企业想要接触和服务的不同人群或组织，这里是指客户的群体。

价值主张构造模块用来描绘为特定客户细分创造价值的系列产品和服务，这里主要指企业的产品、服务或解决方案。

渠道通路构造模块用来描绘公司是如何沟通、接触其客户细分而传递其价值主张的，也就是公司的销售或者服务的渠道。

客户关系构造模块用来描绘公司与特定客户细分群体建立的关系类型，这里包括战略合作伙伴、联盟客户、普通客户、渠道客户、直接销售客户等。

收入来源构造模块用来描绘公司从每个客户群体中获取的现金收入（包括一次性收入和经常性收入），比如产品销售收入、服务收入、投资理财收入、第三方业务收入等。

核心资源构造模块用来描绘让商业模式有效运转所必需的最重要因素，比如产品、专家、原材料、专利等。

关键业务构造模块用来描绘为确保其商业模式可行，企业必须做的最重要的事情，比如不同业态、分公司、机构等。

重要伙伴构造模块用来描绘让商业模式有效运作所需的供应商与合作伙伴的网络，比如战略供应商、销售渠道、分销商、物流、IT 外包、人力资源外包等。

成本结构构造模块用来描绘运营一个商业模式所产生的所有成本，比如销售成本、人力资源成本、服务成本、原材料成本、生产成本、运营成本、物流成本、消耗成本等。

### （二）创业计划书必须回答的 10 个最重要的问题

（1）如何用数字证明这是一个有潜力的机会？

（2）产品或服务是否具有可行性？能给客户带来什么价值？

（3）项目是否具有创新性？是如何定位的？
（4）目标市场在哪里？
（5）怎样让客户来买单？
（6）项目有没有差异化？表现在哪里？
（7）管理团队有能力和实力创业吗？
（8）项目是否具有核心竞争力？
（9）财务和融资规划是否可行？
（10）公司愿景是怎样的？

## 九、股权众筹的创业计划书的内容

股权众筹商业计划书一般包括如下要素。

### （一）融资额范围

股权众筹产品除了确定融资额度和出让股份，还应定义众筹成功的融资额范围。例如，预期融资 100 万元，出让 10%的股份，实际融资只有 60 万元，那么项目方是否同意融资 60 万元，出让 6%的股份，需要说明。同样需要设定融资上限，高于多少时，融资认筹将不再接受，这些都需要在设计股权众筹产品时予以说明。

### （二）股权众筹的时间

传统融资的商业计划书一般都不对外公开，因此不需要设定融资的时间期限。而股权众筹的商业计划书，其资料信息在有限时间内是不允许更改的，因此需要设定募资时间期限。

众筹期限一般为正式公布的两个月内。因此在计划书中还需要说明一旦时间到期而募资额没有完成，是否支持延长众筹期限，延长的期限为多久等具体事宜。

### （三）领投人要求

目前众筹入股项目公司的通常方式是全部投资人共同成立一个合伙公司，由合伙企业持有项目方的股权。

执行合伙人一般是众筹的领投人，项目说明书中可以对其提出条件要求。例如，领头人必须是某领域专家、某认证协会会长、上下游某公司老板等。除此之外，对领投人的认筹比例也可以设定一个范围值。

### （四）跟投人要求

除领投人之外的众筹投资人都称为跟投人。《中华人民共和国合伙企业法》（以下简称《合伙企业法》）规定有限合伙公司由两个以上五十个以下合伙人成立，因此跟投人不能超过 49 人。

例如，对于传播性要求较高的消费类项目，可以将认筹额度定得高一些，这样门槛高，投资人虽然少了，但是相对专业。因此，实际操作中可以根据具体情况来定。

### （五）诚信管理

通常在签订合伙协议之后，投资人才将投资款打入相应账号。从意向到打款的周期较长，也会出现投资人变动的情况。

不同的股权众筹平台有不同的诚信管理机制，如诚信评分机制、保证金制度等。例如，云筹平台使用的就是保证金制度，在众筹产品设计时，设定缴纳保证金，以确保投资人的优先权，除此之外，还设计了保证金的退还机制，等等。

**6．认筹投资人的特定权益**

股权众筹产品前期投资人大多是产品或服务的忠实粉丝或者 VIP 会员，也是融资项目的种子客户。因此，需要在众筹股权计划书中设计吸引客户留下的特殊优惠政策，给众筹投资人特定的权益，如产品试用权、服务终身免费权、网站金牌会员、代理分销权等。

## 思考与训练

**1．思考并回答问题。**

（1）你目前有写创业计划书的打算吗？

（2）在创业计划书中，创业者最容易忽略的是风险防范，你认为通常市场风险有哪些？

**2．进行“三小时网络创业学习法”的练习。**

参照案例中的创业计划书的格式，找几个同学一起来模拟一下：假如你来开办这个公司，将如何运作？要求所有资料都通过网络搜索得来，时间控制在 3 小时左右（团队成员可以分工协作，也可以独立完成）。在练习中掌握书写商业计划书的要素和写作方式。经过多次练习后，就会掌握创业计划书的写作流程和企业家的思维方式了。

**3．根据前文提供的创业计划书简洁模板，设计撰写一份创业计划书。**

要求：最好的原始创意，结合自身所学专业，或者紧密联系当地经济发展热点的，建议老师给予加分。

# 第六章

# 新企业的开办

**学习目标**

通过本章教学，使学生对企业本质、建立企业流程、新企业成立相关的法律问题和新企业风险管理等有所了解，进而认识到创办企业所必须关注的问题。

## 第一节　成立新企业前的思考

### 本节要点

使学生了解注册成立新企业的原因，新企业注册的程序与步骤和新企业选址的影响因素等；认识新企业获得社会认同的必要性和基本方式。

**拓展阅读**　　创业设立前须思考的问题

在企业设立前须仔细思考以下问题，努力做到权衡利弊，事先策划。

（1）一般新办企业可以享有哪些法定的税收优惠政策？

（2）大学生创业有哪些扶持政策？

（3）如何合理运用不同的产业政策、区域政策、科技政策获得税收及投资优惠？

（4）新创办企业的市场发展方向及商业营运模式是否明确？

（5）如何筹划新创办企业未来业务经营项目涉及的税种及税率？

（6）不同组织形式的企业在法律责任、税费标准、组织架构方面有哪些不同？

（7）如何根据创业者自身特点和业务内容，选择恰当的企业组织形式？

（8）自己或是请律师准备合伙协议或公司章程？

（9）如何明确投资人的股份比例，各方的责、权、利关系？

（10）股东会、董事会、监事会职权怎样划分及其对企业未来的影响如何？

（11）法律、行政法规禁止经营的项目有哪些？

（12）目前经营哪些产品或服务（经营范围）须通过政府授权部门的前置审批？

（13）新创办企业营业项目涉及哪些政府行业管理部门？准入程度如何？

（14）新办企业涉及的工商、银行、技术监督、会计事务所、公安、地税、国税等机构的办事程序与管理权限范围有哪些？

（15）怎样办理企业机构代码证、银行开户许可证、铸刻许可证、国（地）税税务登记证？
（16）新办企业须向注册所涉及的7家政府部门机构缴纳哪些费用？收费标准是什么？
（17）企业正常营运一年须缴纳各项规费明细有哪些？
（18）新办企业如何能既方便、省钱又快捷、合法地办理申报注册手续？
（19）是否需要委托企业登记代理机构帮助办理注册？如何寻找这些机构？费用如何？
（20）企业开业需哪些文件？
（21）企业起名应遵循哪些具体规定？须综合考虑哪些因素？
（22）会计事务所通过什么方法验证注册资本？如何顺利通过验资？
（23）不动产、商标、专利及专有技术等无形资产作价入股有什么影响？
（24）如何申请一般纳税人资格、取得增值税发票？
（25）如何选择有利于与之发生结算、融资及提现业务的往来银行？

## 一、企业组织形式选择

一家新创企业可以选择的组织形式有多种，主要有个人独资企业、合伙企业、有限责任公司（包括一人有限责任公司）和股份有限公司。

在注册企业之前，创业者应对适合企业的几种法定组织形式的特点、设立条件以及设立程序有一定的了解，如注册资本金限定、设立条件以及到哪里申办等；要熟悉这几种法定组织形式的法律特征，然后结合自身条件选择一个最适合自己的企业形式。

⊙ 企业家提示

选择企业形态须考虑因素：

- 从承担的法律后果看，是有限责任还是无限责任。
- 税务规划（能否节税、注册地点与税收情况如何）。
- 是否增加额外的企业成本。
- 是否可分散创业或投资风险。
- 是否仍然取得企业管理控制权。
- 是否有利于持续融资。
- 是否有更好的商业信用和社会信誉。

## 二、企业的组织形式

目前我国现行法律规定，对个人独资企业、合伙企业、有限责任公司（包括一人有限责任公司）和股份有限公司均设置了不同的要求。从《公司法》规定的设立条件看，股份有限公司明显不适合微小型企业采用。

拓展阅读　　目前适合新创企业的组织形式

（1）个人独资企业：具体规定参照《中华人民共和国个人独资企业法》（以下简称《个

人独资企业法》)。

（2）合伙企业：具体规定参照《中华人民共和国民法通则》中有关合伙的规定和《合伙企业法》。

（3）有限责任公司（包括一人有限责任公司）：具体规定参照《公司法》。

（4）民办非企业：具体规定参照国家民政部《民办非企业单位登记管理暂行条例》。

### （一）预先核名

起名前，需要先把自己预先想好的四个名字（一正三副）按顺序排好，到工商部门预先审核，看有无重名，名字审核下来以后方可采用。

### （二）有限公司名称的规范格式

行政区域+字号（2 字以上）+行业关键词+组织形式。

例如，上海　大众　汽车销售　有限公司

上海　正奇　信息科技　有限公司

### （三）行业类型

按照创业项目的性质类型，只能选一个。

## 三、选定企业的组织形式

### （一）应注意几种经营形式的区别

最新规定的有限责任公司最低注册资金为 1 万元，而且股东人数最少可以是 1 人。通常有限公司比个体户经营形式在人们心目中的信任度高，经营行业项目限制较少，未来发展空间大，还可以取得一般纳税人资格。股东对企业债务承担有限责任，即最高清偿不得高于注册资本金的数额。

⊙ 企业家提示

目前，在中国个人所得税和企业所得税差别比较大，在个人投资经营亏损不能抵消个人收入、个人收入不能减除相关费用的情况下，有些高收入的人期望以成立公司逃避高额个人所得税，把一些个人收入转移到公司作为经营收入，并减去一些开支，通过缩小净利润避税。但这种做法并不可取。

### （二）主要产品（服务）和经营范围

这些内容是创业者在选定创业项目、筹集启动资金时必须考虑的。

⊙ 企业家提示

要注意仔细阅读和学习有关符合该种组织形式的法律法规，如需要行业主管部门批准的，与饮食有关的行业需环保行政管理部门和卫生防疫站审批；从事药品和保健品行业的需要医药管理局和卫生防疫站审批；社会力量办学须经教育部门审批；创办养老院，须经民政部门审批；从事娱乐场所经营的须经文化部门，公安局治安科、消防科审批等。

（三）创业者个人情况

创业者个人情况包括创业者年龄、性别、文化程度、技能特长、兴趣爱好及相关工作经历等。

（四）创业的基本条件

创业的基本条件包括创业项目、资金、场地等。

这部分内容就是本书要求创业者学习和思考的问题。如果项目还没确定，就应填写创业的意向；面积、租金以及场地的位置，要与你的创业项目相匹配。

**1．创业场地要靠近你的目标客户群体**

不同的行业需要不同的场地，在选择场地时，首先应该考虑是否和你的行业吻合。例如，要开一个办公服务配套型公司，就应该选择在办公楼宇聚集区；如果要开大型制造或者生产的工厂，就要选择在郊区比较空旷的场地；如果是开茶坊，就要在喧闹的市区；如果是开有情调的咖啡馆，就要在幽静的地方。总之，公司的氛围一定要与周围的环境协调一致，并且要靠近目标客户群体。

【案例学习 6-1】　大、小型超市因为靠近目标客户而生意兴隆

目前在一线、二线城市里，到处可见那种大型的综合超市，它们因为紧紧靠近它的目标客户——都市里的居民，而大多生意兴隆。

而规模较小的便利店，因为营业时间长，通常开在社区门口，方便社区的居民购买，因此成为顾客频繁光顾的地方。

**2．初次创业还要考虑租金的承受力**

如果你没有能力或者不需要自己造房子，那你就要考虑租房。开业之初，千头万绪，都是需要花钱的地方，往往还会出现意想不到的支出。通常在租房时，租金的支付方式是押一付三，就是你需要一次性支出四个月的房租。这时，你既要考虑启动资金够不够，还要考虑在生意只投入未产出利润期间你的储备金是否充足。同时还要对这个场地的销售额做出初步的预算，看你的盈利是否可以满足你租金和管理费用的支出，如果营业额足够大，就算租金贵，也可以租用；但是，如果此地没有生意，那就算再便宜也不要租用。

【案例学习 6-2】　不同地段、不同租金的建材店

孙毅和刘立在大学毕业后一起到上海创业，并同时担任一家建材企业的驻沪代表。货源不成问题，也不需要占用自己的资金，但是厂家规定要自负盈亏，就是经营期间的费用，如水电费、人员工资和房租，都要自己挣出来。

因为人生地不熟，朋友们给他们推荐了宜山路建材市场和一家市区工厂旁的两个店面。位于建材市场内的摊位比较贵，小孙害怕生意做不出而选择了便宜的路边的店面；而小刘比较大胆，租下了建材市场昂贵的店面。

一年以后，小刘的销量和利润已经远远超过了小孙，并且开了分店。

为什么租金便宜的反而不如租金贵的挣钱呢？因为小刘所在的建材市场知名度高，顾客盈门；而租金便宜的店面，前来购买的顾客很少。

所以，地段对生意很重要，利润是由顾客的购买力来实现的。

**3．创业场地要符合国家有关行业的规定**

国家对各行各业都有一定的规定，如经营餐饮业的场地应该满足环保和卫生部门的要求；有噪声和污染的企业要远离居民区，同时还要达到国家环保部门的有关标准；经营一些特殊行业的，还应该获得有关部门的资质鉴定，如社会力量办学，需要教育部门审批，学校的场地也有相应的硬件规定，等等。总之，不论是哪种行业，你一定要先看好是否符合国家规定再从事，否则就会造成不必要的损失。

**【案例学习 6-3】　　沈懿枚的汉草食餐饮有限公司**

沈懿枚长得文静而秀美，在大学里学的是对外贸易专业，因为家庭有中医渊源，所以，一直对药食同源的食疗感兴趣。在某创业种子基金的资助下，她在上海西区一个白领聚集的小区楼下开办了一家“汉草世家中医食疗健康会所”，很受爱美容和想瘦身的女孩青睐，还吸引了一些喜欢中医的外国客人。但是，由于这里是居民楼底商，不符合餐饮的环保要求，无奈她的餐厅搬迁了。

最后，她在新的地方又重新开了一家“知味屋茶餐厅”，这家餐厅在她的经营下生意日渐兴旺，但她心底还是对药膳情有独钟，只是这个地段不适合开食疗餐厅。

**4．选择创业场地还要搞清市政规划**

有的创业者在选择场地时，感觉样样都满意，就是忘了市政规划，结果刚刚建立客户群就因为市政动迁而需要搬迁。这样的情况确实很常见，还希望创业者考虑未来三年里这个地方的规划，这些可以到市政规划部门咨询。

**【案例学习 6-4】　　几经搬迁的蓝花酒店**

蓝花酒店经营得很好，因为几家连锁店都靠近大学，加上饭菜口味很适合大学生，价格公道，门庭若市。

但 2000 年因为市政工程马路拓宽，位于复旦大学和同济大学门口的两家饭店被迫关掉了。当能干的女老板庄蓝在 2002 年选好一个位于宝山区的新地址并刚刚装修好时，又遇到了高架桥拓宽的市政工程，无奈只好再次搬迁；第三次她用了两年时间融资了 1000 万元，在当时比较偏僻的靠近新江湾地区盖起了一座四层楼的蓝花大酒楼，以为这次可以一劳永逸了，谁知道又赶上城市规划大学城，这个地区要动迁，所以，刚刚盖好两年的大酒楼，在 2006 年被迫拆除，最后这家酒楼只好搬进了星级酒店，做起了酒店餐饮。

几次搬迁，使酒店的老客户流失了，不仅没赚到钱，还把老板本人搞得身心疲惫。

**5．选择创业地址还应考察周边的邻居**

创业者的企业在制定竞争战略时要与公司所处的环境联系起来，如果周边都是同业经营，那竞争形势会很严峻，价格和利润都会削减；如果周围是异业经营，也要看其顾客群体里有没有你的目标客户，例如，对方经营饭店而你经营停车场，就是很好的异业联盟。

**【案例学习 6-5】　　产品的价格取决于环境**

孙小茜2007年从东华大学毕业时，在网络上看到了郎咸平教授的一次演讲，他在演讲中说，他曾在大陆和台湾的两所大学里分别做了一个调查，问学生大学毕业后干什么。大陆的名牌大学毕业生大多都填“我要当 CEO”，而在台湾，大学毕业生大都填“我要开咖啡馆”。于是她便在亲友的协助下，在上海佳木斯路上一个幽静的地段开了一家两层共计60多个座位的咖啡馆，环境幽雅舒适，很有品位和格调。

但是，过了一段时间，她发现她的咖啡就算18元一杯，顾客也很少，而在徐家汇，同样的咖啡48元一杯，也一样生意兴隆。后来她才发现，是她咖啡店所处的地区消费能力不行，而且周边的社区以老住户—上海本地居民居多。在家的大多是退休的老人，而工作的又无暇光顾，回到家已经是晚上了。因为地段不好，所以价格提不上去，效益一般。

最后，她把咖啡馆承包给一对刚好关闭了自己公司的小夫妻，自己去应聘了一家室内设计公司，回到了自己的大学专业上。咖啡馆在这对夫妇的经营下，也逐渐没有了踪影。

**6．要考虑交通和停车情况是否方便客户驻留**

如果创业项目是传统经营类，如开店，或者是经营餐饮类，有时即便是很好的地段，就因为无法停车也会影响顾客的光临。门前有绿化带，会不方便顾客进店购买。

如果创业项目是开公司，需要在楼宇办公，就要考虑停车位是否充足，地铁、公交是否便捷。创业者的任何决策都是为了顾客的利益，顾客至上永远是企业决策的依据。

**【案例学习 6-6】　　位于高架桥边上的建材市场**

上海五角场的翔殷路是一条比较繁华的马路，原来这里有一家很大的建材市场，名字叫“春申江建材市场”，市场生意兴隆，顾客盈门。

随着中环线的建设，马路向两边拓宽了，这家建材市场就成了高架桥引桥下边紧靠路边的一溜门面了。关键是高架桥的高度把它的整个门面挡住了，而且下边的马路改成了封闭道路，这下马路对面的顾客过来极不方便，要绕一个很大的圈子到前边一百米左右的路口，才可以步行过去。因为门口被挡住了，开车的顾客也必须把车开到前边路口，才可以调头过来。

这里虽然地处交通要道，车水马龙，但是顾客无法驻足，甚至进门都很困难，导致本来生意很好的市场，由于市政建设而大受影响，最后只有关门大吉了。

⊙ 企业家提示

总的来说，在选择场地时要考虑的因素很多，但是第一要考虑是否方便顾客上门，是否有利于企业经营，这一点很关键。基于科技的发展，现在大学生创业更多人倾向于轻资产创业。

**7. 按照创业场地综合评估表（见表 6-1）给选定的场地做一个全面评估**

表 6-1　创业场地综合评估表

| 考察因素 | 重要性 | 地点 1 | | 地点 2 | | 地点 3 | |
|---|---|---|---|---|---|---|---|
| | | 满意度 | 得分 | 满意度 | 得分 | 满意度 | 得分 |
| 接近顾客 | | | | | | | |
| 交通物流 | | | | | | | |
| 环境设施 | | | | | | | |
| 招工水平 | | | | | | | |
| 竞争情况 | | | | | | | |
| 房　租 | | | | | | | |
| 市政规划 | | | | | | | |
| 总　分 | | | | | | | |

在选择经营场地时，除了要考虑目标客户和竞争情况，还需考察其基本设施是否齐全，交通是否便捷，物流系统是否通畅，能源供应是否充足，劳动力成本高低情况，是否符合政府关于经营项目的环境规定，等等，甚至当地对创业者的支持力度都是很重要的因素。

评分标准：

（1）重要性：5～1，重要性递减。

（2）满意度：5～1，满意度递减。

（3）得分：重要性×满意度=场地总评价。得分最高的应该就是最佳选择。

> ⊙ 企业家提示
>
> 选择合适的经营场地，对创业初期的启动很关键。开业大吉，会让你信心倍增；出师不利，容易使你沮丧。因此，要充分考虑租金、位置、经营商品和客流量的关系，还要对店铺周边的人口及消费能力进行切实调查。

## 四、有限责任公司和股份合作企业的特点

### （一）有限责任公司

有限责任公司的特点如表 6-2 所示。

表 6-2　有限责任公司的特点

| | |
|---|---|
| 含义 | 由若干股东（1～50 个自然人或法人）共同出资，每个股东以其认缴出资额对公司负责，公司以其全部资产对其债务负责 |
| 特点 | 1. 具有独立法人地位，法人实体与其股份持有者相分离<br>2. 股东承担有限责任，不必担心生意方面的债务或问题会危及私人财产<br>3. 公司各股东分别纳税，即公司缴纳法人所得税，股东从公司取得的收入以个人名义纳税 |

续表

| | |
|---|---|
| 法律方面 | 1．政府出台《公司法》，有限公司受到更多政府法律监管<br>2．企业可以以独立股东生命而永续存在，股权转让方便<br>3．法律规定公司须设正规法人治理结构，但实施有弹性 |
| 财税方面 | 1．公司视规模大小，可把所有权和经营权分离或者不分离<br>2．公司可把产权多元化，分散投资风险<br>3．公司可能受大股东操纵而损害小股东利益<br>4．经营成本增大 |
| 运作方面 | 1．需要定期填报公司财务报表<br>2．小公司贷款时，银行或者债权人可能要求以股东个人资产担保<br>3．在某些特定场合“责任有限”仍有例外，如有限公司不缴税或缴不起税、拖欠员工工资、渎职行为，公司的董事应负个人责任 |
| 适用场合 | 1．有限公司是最常见的企业形态，适用大多数成立企业的情形<br>2．经营风险比较大的行业和生意 |
| 经营管理方面 | 1．公司视规模大小，可把所有权和经营权分离或者不分离<br>2．公司可把产权多元化，分散投资风险<br>3．公司可能受大股东操纵而损害小股东利益<br>4．经营成本增大 |

### （二）股份合作企业

股份合作企业是一种有中国特色的企业体制，如表6-3所示。

表6-3　股份合作企业的特点

| 含义 | 合作企业成员既是企业股东又是雇员 |
|---|---|
| 特点 | 1．企业具有独立法人地位<br>2．采用“一人一票”的民主管理原则<br>3．股东承担有限责任 |
| 法律方面 | 1．没有完整的法律，各地各部门有不同的法规<br>2．体现一种民主决策制度，但成员可能不熟悉集体决策方式<br>3．股权过于平均，可能不利于激励企业经营管理层 |
| 财税方面 | 1．资本来源多元化，对个人投资额要求较低，容纳更多人参与<br>2．一般按股份比例分红<br>3．政府对股份合作制有优惠支持政策 |
| 经营管理方面 | 1．合作企业成员互相提供支持，但是决策不能向企业精英管理人才集中<br>2．有利地方经济发展，职位、资金和利润都可保留在当地<br>3．企业迁就当地社会发展需求，而盈利和追求投资回报动机不足 |
| 运作方面 | 1．需要定期填写企业报表<br>2．合作制难以满足大投资股东的经营需求<br>3．目前由国有企业改制的股份合作制不规范 |
| 适用场合 | 股份合作制可在许多行业和产业上成立运作（信用合作社、劳动合作组织、消费合作社、供销合作社） |

# 第二节　申办成立公司

## 本节要点

**本节主要介绍各种企业组织形式的特点以及注册资金的要求，使创业者可以根据自身情况来选择适合的企业组织形式。**

公司申办程序的内容是创业者必须了解的重要内容。通过学习各种组织形式的特点以及注册资金的要求，有利于创业者根据自己的实际情况来选择要申办的组织形式，确定好创业项目的组织形式之后，创业者就要根据法律规定进行企业申办了。

具体申办手续如表 6-4 所示。

**表 6-4　各种组织形式申办手续一览表**

| 组织名称 | 登记机关 | 法律依据 | 设立条件 | 注册资金 | 提交文件 |
|---|---|---|---|---|---|
| 个人独资企业 | 企业所在地工商所 | 《个人独资企业法》 | 有民事能力的一个自然人 | 最低 3 万元 | 1. 投资人登记申请书<br>2. 投资人身份证<br>3. 经营场所证明<br>4. 企业名称核准通知<br>5. 规定的其他文件 |
| 合伙企业 | 工商行政部门 | 《合伙企业法》 | 合伙人数不少于两人 | 最低 3 万元 | 1. 合伙人登记申请书<br>2. 合伙人身份证<br>3. 合伙人委托书<br>4. 合伙协议<br>5. 出资证明<br>6. 经营场所证明<br>7. 规定的其他文件 |
| 有限责任公司 | 工商行政部门 | 《公司法》 | 1～50 人 | 最低 3 万元 | 1. 登记申请书<br>2. 公司章程<br>3. 验资证明<br>4. 规定的其他文件 |

## 一、企业注册流程

注册有限公司的流程如图 6-1 所示。

企业的注册与建立

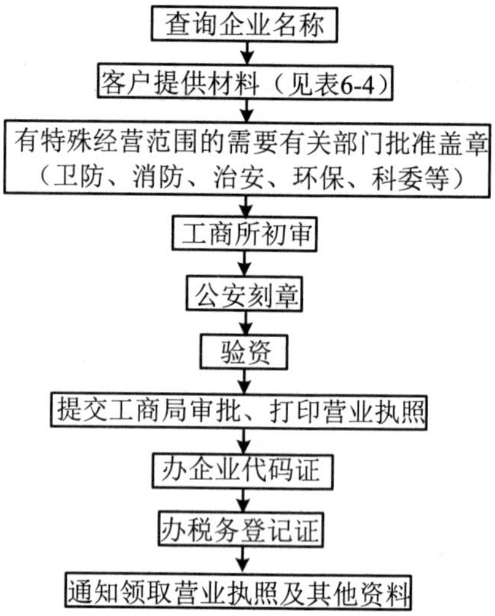


图 6-1　注册有限公司的流程

## 二、企业注册相关文件的编写

### （一）有限责任公司（1～50 个股东）

有限公司注册时需要的相关文件如下。

（1）股东身份证明复印件（法人为营业执照、自然人为身份证），外地自然人需办暂住证，无业证明。

（2）法定代表人照片 6 张（1 寸、2 寸均可）。

（3）办公场所租（借）房协议原件及出租（借）方产权证明（复印件）。

（4）验资凭证：以货币出资的现金缴款单及银行询证函；以实物出资的购货发票及货物销售证明。

（5）法人股东需提交上月资产负债表及损益表、股东会决议。

（6）企业名称核准通知书。

（7）拟报批的经营范围（如有特种行业需前置审批项目批文）。

（8）财务人员身份证、会计上岗证、照片 2 张。

（9）公司董事长签署的《公司设立登记申请书》。

（10）全体股东委托代理人的证明，被委托人的身份证复印件。

（11）公司章程。

### （二）股份合作企业（8 个以上股东）

股份合作企业注册时需要的相关文件如下。

（1）股东身份证明复印件（营业执照、身份证），外地自然人需办暂住证，无业证明。

（2）法人代表照片 5 张（1 寸、2 寸均可）。

（3）办公场所租（借）房协议（原件）及出租（借）方产权证明（复印件）。

（4）验资凭证：以货币出资的现金缴款单及银行询证函；以实物出资的购货发票及货

物销售证明（最低注册资本 1 万元）。

（5）企业名称核准通知书。

（6）拟报批的经营范围（如有特种行业需前置审批项目批文）。

（7）财务人员身份证、会计上岗证、照片 2 张。

（8）组建负责人签署的登记申请书。

（9）企业章程。

（10）资金来源证明。

（11）企业主要负责人履历表。

（12）企业从业人员名册。

（13）申请报告。

### （三）企业类型的转换升级

创业者可能希望创业的企业形态在经营过程进行转换。如从个人独资起步，逐步转变成股份合作企业、有限责任公司，甚至最后成为上市公司，一步一个台阶地发展。

企业形态转换涉及事务包括以下几方面。

（1）个人或家庭财产与企业财产的分离。

（2）债权、债务的清理。

（3）清产核资，资产重新评估。

（4）法律主体改变的社会公告。

（5）相关权利证照（如专利权、房产证、特许权、合同）的过户及费用。

（6）增加工商注册费用。

（7）视同销售（增值、贬值）的税务后果。

（8）注意原有的优惠政策是否能够延续到新企业。

如果企业在开办费用预算上允许，还是一步到位注册成有限责任公司为好。

### （四）企业名称

**1．构成企业名称基本要素**

企业名称由四个基本要素构成，即行政区划、字号、行业特征、组织形式。

| 例如： | 上海 | 申沪 | 咨询 | 有限公司 |
|---|---|---|---|---|
| | 行政区划 | 字号 | 行业特征 | 组织形式 |

**2．企业名称的规范要求**

（1）企业法人必须使用独立的企业名称，不得含有另一个企业名称。

（2）企业名称应当使用符合国家规范的汉字，民族自治地区的企业名称可以使用该地区通用的民族文字。

（3）企业名称不得含有外国文字、汉语拼音字母、阿拉伯数字。

（4）企业名称不得含有有损国家利益或社会公共利益、违背社会公共道德、不符合民族宗教习俗的内容。

（5）企业名称不得含有违反公共竞争原则、对公众造成误认、可能损害他人利益的内容。

（6）企业名称不得含有法律或行政法规禁止的内容。

**3．企业名称核准的内容**

（1）符合法律规范的企业名称，必须符合《企业名称登记管理规定》及《企业名称登记管理实施办法》对企业名称规范的要求。

（2）申请在先设立在先的原则。

（3）规定范围内同行业企业名称不得相同或近似。

**4．企业名称预先核准**

（1）首先提供 4（1 主 3 副）个候选企业名称。

（2）预先核准的企业名称保留期为 6 个月。

（3）有正当理由在保留期内未完成企业设立登记的，在保留期届满前，可以申请延长保留期，延长的保留期不得超过 6 个月。

**5．企业取名的原则（大众认同又与众不同）**

（1）形象力。具有表现企业、产品、理念功能的形象张力。

（2）个性化。具有差异性，与众不同，表现行业特征与企业个性。

（3）关联度。与企业产品、行业或企业理念精神紧密相关，因而具有独特性和排他性。

（4）现代感。与国际接轨，利于现代企业形象塑造。

（5）文化力。注入企业文化或理念精神内涵，与企业性质、员工素质、思想水平、文明程度相契合，因而具有渗透力、号召力。

（6）亲和力。字面优美，字义纯正，有亲近感，蕴含理念为社会所认同。

（7）读音。读音响亮，利于传诵。

（8）书写。简洁明快，利于传播。

**6．字号命名心理**

（1）吸引注意，激发兴趣。如森林饭店、金龙绸布店。

（2）引导方向，方便顾客。如舒适床上用品公司。

（3）反映特色，突出传统。如同仁堂药店。

（4）加深记忆，易于传播。如全聚德烤鸭店。

**7．字号命名方法**

（1）特色命名法。

（2）服务宗旨命名法。

（3）名人名事命名法。

（4）吉利命名法。

### （五）商品名称

**1．名实相符，形意一致**

（1）按主要功能命名。如洗衣机、摄像机等。

（2）按主要效用命名。如止痛片、降压灵等。

（3）按主要成分命名。如虎骨酒、绿豆糕等。

（4）按主要产地命名。如高丽参、宁波汤圆等。

（5）按创始人名字命名。如张小泉剪刀、杨国福麻辣烫等。

（6）按产品外形命名。如动物饼干、宝塔糖等。
（7）按外语译音命名。如美能达、三洋等。
（8）按褒义词命名。如百岁酒、万金油等。

**2．词句恰当，便于记忆**

如饿了么、大众点评、美团等。

**3．诱发情感，引起联想**

如拼多多、淘宝、康师傅等。

**【案例学习 6-7】　　企业和创业项目起名很关键**

随着创业教育的深入，教育部已经把互联网+创业大赛和“挑战杯”大赛列为国赛，各个高校每年都会面临备赛的任务。创业大赛作为创业教育的实践环节，需要学生认真撰写一份商业计划书，而给项目起名就显得格外重要。

“饿了么”团队第一次融资的时候，当时担任评审专家的李肖鸣老师就问张旭豪：“你们为什么叫这个名字？”张旭豪回答：“我们几个人晚上玩游戏，到半夜了，肚子饿了，于是到处找餐馆名片打电话，没有一家肯送餐，于是我们就萌生了‘送外卖’这个想法，起什么名字呢？饿了么？就是我们几个当时互相问的话。”无疑，“饿了么”这个名字给他们项目很加分，让人一下就能记住，马上就知道他们是干什么的。

“风声边界”是一个大赛中的参赛项目，当你第一眼看到这名字，会想到他们是做什么的？这样抽象的名字，不仅评委记不住，用户也很难理解，他们竟然是做储物柜的。他们的项目，没有获奖，跟其名字不合适也许有一定关系吧！

## 第三节　投资股东与创业团队选择

### 本节要点

**本节介绍了创业资金、股东、团队成员的来源与选择原则，目的是使学生懂得一些创业前股东选择的基本方法，使准创业者少走弯路。**

### 一、投资股东的选择

#### （一）从何处寻找投资人

（1）打工积累。
（2）创业基金。
（3）亲戚：父母、子女、其他近亲和远亲。
（4）朋友、同事和同学。
（5）商业合作伙伴、竞争对手的员工。
（6）对你的生意感兴趣的人：商人、企业、商业或公共服务机构。

（7）专业或者风险投资公司。

### （二）选择的原则

（1）是否参与企业实际的经营管理活动。
（2）企业的控制权是否能够把握。
（3）是否能带来企业必需的资金、技术、技能、人际关系和管理经验。
（4）是否增加企业的信用和声誉。

## 二、创业团队的组成

### （一）从何处寻找创业团队成员

（1）从股东队伍中选择，既是企业拥有者，也是企业经营者。
（2）亲戚、朋友、同学。
（3）商业上的合作伙伴。
（4）从商业顾问、律师、会计师、公关、政府官员中选择。
（5）聘请职业经理人。

### （二）选择的原则

（1）创业者的天赋、素质、知识结构必须能够互补，相辅相成。
（2）是否增加企业的信用和声誉，对顾客有号召力。
（3）最好原来这些团队成员是熟悉和相互了解的，减少创业初期的磨合时间。
（4）能够在创业团队中形成一个权威中心。
（5）通常需要由3～5位创业者组成一个创业团队。

### （三）优秀管理团队的特点

（1）拥有共同的奋斗目标（每个成员都希望成功）。
（2）各个成员的优势互补。
（3）至少有3个成员，但通常最多不超过6个。
（4）能够同患难共吃苦（今后也能够共富裕）。

## 三、初创企业的股权结构设计

创业初期的公司在股权结构上比较合理的是那种适度集中的股权结构，创始人能够占有60%到70%的股份，然后联合创始人能够占到20%左右的股份，员工激励早期的预留不超出20%是比较合理的。

### （一）股权结构设计中不可取的几种设计

**1．6∶4的股权架构**

这样的股权结构设计只要出现问题，一定是毁灭性的，一定有合伙人被踢出局。当创始股东仅两人、股权结构为6∶4时，只要有一人反对，就无法符合“代表三分之二以上表决权的股东通过”条件，这样的话，涉及上述事项的决策或决议就无法施行。

**2．均等的股权结构**

不同的合伙人对创业项目的贡献不一样，虽然你出 100 元我出 100 元，但在实际操作过程中每个人的特长和优点不一样，贡献度就不一样，如果出资一样多，贡献度不一样多，在企业早期还是可以的，项目没做成另当别论，项目做成了合伙人会因为利益分配不均衡而出现矛盾。

**3．只有一个股东**

因为《公司法》规定一人有限责任公司的股东如果不能举证证明个人财产与公司财产是独立的，将对公司债务承担连带责任。很多创业企业一开始的财务不规范，往往经不起审计，所以这个一人有限公司不可取。

**4．五五分的股权结构**

均等里面最差的就是 5∶5 分账，比如真功夫，通常这样的公司会陷入僵局，公司形不成有效的决议。因为《公司法》股东会会议做出修改公司章程、增加或者减少注册资本的决议，以及公司合并、分立、解散或者变更公司形式的决议，必须经代表三分之二以上表决权的股东通过。

通常的创业公司表决权都是按出资比例分配的，这种情况下，5∶5 的股权是无法形成股东会决议的，那么导致的局面就是一个股东控制公司财务章证照，另外一个股东被逼急了就只能申请解散公司，但是解散公司也是有条件的，就是公司两年内不能形成有效的股东会决议。有这种股权结构的企业最终的结局就是两败俱伤。

### （二）比较理想的股权分配方案模型

**1．模型一**

绝对控股：创始人持有公司 67%的股权，合伙人 18%（指的是联合创始人），员工期权 15%。

在公司章程没有特别约定的情况下，折中股权结构下创始人就是绝对的老大，因为《公司法》规定大多数公司的决策按照出资比例投票即少数服从多数，这里边不包括公司章程有特别约定的，但是一些重大的事情是需要超过三分之二表决权的，修改公司章程、增加或减少注册资本，合并、分立及解散，而 67%刚好超过了三分之二，所以持股 67%是绝对的老大。

**2．模型二**

创始人持有 51%的股权，合伙人持有 32%的股权，期权 17%，公司大多数事务创始人都是可以拍板的，但唯独上面的修改公司章程、增加或减少注册资本，合并、分立及解散，如果没有其他小股东同意决策不了。所以这种模式可以将期权池的股权由创始人代持，释放期权时只释放分红权而不释放表决权。

**3．模型三**

创始人持有 34%的股权，合伙人持有 51%的股权，期权 15%。这种情况下创始人虽然不能拍板，但是有搅和权，只有重大事项的一票否决权，没有决定权。这种模型对于创始人来说是一种无奈的选择，适合创始人比较缺钱，联合创始人或者投资人比较强势的情形，所以创始人只能保留一票否决权。

【案例学习 6-8】　　对股权不重视会限制公司发展

对股权缺乏基本认识的，不仅仅是创业者，也包括大量非专业机构的投资人。比如，经常看到，有投资人投 70 万元，创始人投 30 万元，股权一开始简单、直接、高效、粗暴地做成 70：30。但是，项目做了两年后，创始人认为，自己既出钱又出力，吭哧吭哧却干成了小股东，投资人只出钱不出力却是大股东，不公平。想找其他合伙人，却发现没股权空间。投资机构看完公司股权后，没有一家敢进。优秀合伙人与后续机构投资人进入公司的通道都给堵上了。

根据统计数据，高达 19.49%参与体检的创业企业由外部投资人控股。这些企业在未来招募合伙人与外部融资时，都会经历股权之痛。如果没有在创业早期调整股权结构，这会给后续合伙人与机构投资人进入添堵，进而限制了公司的发展。

⊙ 企业家提示

很多初创企业一开始把股权当大白菜卖，等到公司启动融资，发现股权结构不对，想对股权架构进行调整时，发现微调早期投资人股权就是动人家价值三五百万元的蛋糕，结果经常是鸡飞蛋打。

# 第四节　注册企业必须考虑的法律与法规

## 本节要点

**本节通过对企业注册前置条件的介绍，提醒学生要创业就要首先学习相关的法律法规，遵纪守法并且建立必要的自我保护意识。**

创业者在创建和经营企业前，必须了解国家关于企业注册的有关前置条件（见表 6-5）。在创建企业的过程中，必须了解和遵守有关法律法规，以确保自身和他人的利益没有受到非法侵害。与创业有关的法律主要包括《中华人民共和国专利法》《中华人民共和国商标法》《中华人民共和国著作权法》《中华人民共和国反不正当竞争法》《民法典》《中华人民共和国产品质量法》《中华人民共和国劳动法》等。

表 6-5　国家法律法规规定的前置审批项目（节选）

| 序　号 | 企 业 类 型 | 前置审批项目 |
|---|---|---|
| 1 | 广告经营 | 市工商局广告处发《广告经营许可证》 |
| 2 | 旅行社 | 三类旅行社由省级旅游局发给《经营许可证》 |
| 3 | 旅馆（招待所）、浴室、刻字、打字、复印、印刷、废品收购 | 公安部门发给《特种行业许可证》 |
| 4 | 邮电通信企业 | 邮电部门审查；非邮电部门代办业务由县级以上邮电部门审查 |

续表

| 序 号 | 企业类型 | 前置审批项目 |
| --- | --- | --- |
| 5 | 图书报刊和录音制品的出版发行 | 新闻出版部门审批录音、录像制品的复录生产单位<br>广电部审批录音录像制品的批发<br>文化市场管理办公室审批经营图书、报刊零售 |
| 6 | 水路运输/公路运输 | 县级以上交通局审批/交通管理部门批准 |
| 7 | 进出口贸易 | 经贸部审批 |
| 8 | 娱乐场所（歌厅、舞厅等） | 文化部门发给《文化经营许可证》；公安局治安科、消防科审批 |
| 9 | 文物经营 | 省级文化行政主管部门审批 |
| 10 | 小轿车经营 | 国家工商局审批 |
| 11 | 会计事务所/审计事务所 | 财政部门审批/审计机关批准 |
| 12 | 房地产经营 | 建设部门核发资质等级证书 |
| 13 | 股票发行 | 地方政府或中央企业主管部门审批 |
| 14 | 卫星电视广播地面接收设施经营 | 工商局市场处会同有关部门审批 |
| 15 | 物业管理 | 房产管理局审批，办理物业管理资质证书 |
| 16 | 商标印刷 | 工商局商广处核发《商标印刷指定证书》 |
| 17 | 报关企业 | 海关总署审定 |
| 18 | 法律咨询服务 | 市司法局审批 |
| 19 | 环境保护 | 环保部门审批 |
| 20 | 餐饮行业 | 环保行政主管部门审批、卫生防疫站审批 |
| 21 | 肥料、农药经营或直供 | 工商局专项审批 |
| 22 | 医疗器械 | 医药管理局审批 |
| 23 | 汽车维修 | 汽车维修行业管理处审批 |
| 24 | 信息中介 | 工商局经纪人管理办公室审批 |
| 25 | 网吧 | 公安局、电信局、文化局审批 |
| 26 | 职介所 | 劳动局审批 |
| 27 | 美容、美发 | 公安局、卫生防疫站审批 |
| 28 | 保健品销售（“健”“药”） | 卫生防疫站或医药管理局审批 |
| 29 | 药品销售 | 县级卫生行政部门核发《经营许可证》 |
| 30 | 锅炉、压力容器制造 | 由劳动局审查同意 |
| 31 | 化学危险品经营 | 经营由市化学危险品管理办公室审批 |
| 32 | 建筑施工 | 建设部门发给《资质等级证书》和《资质审查证书》 |
| 33 | 金银收购，金银制品加工，经营、回收金银 | 人民银行批准 |
| 34 | 食品（含饲料、添加剂）生产销售 | 由卫生防疫部门核发《卫生许可证》 |
| 35 | 社会力量办学 | 教育部门 |
| 36 | 养老院 | 民政部门 |

注：注册时以当时当地国家和地方政府政策为准。

# 第五节　开业资金预算

## 本节要点

通过对开业资金预算内容的介绍，使学生了解创业启动资金的各项费用明细，从而学会估算创业启动资金。

创业初期的财务管理

通过表6-6计算开业需要资金，考虑前几个月经营亏损，一般需要计算2～4个月宽裕期。

表6-6　开业启动费用预算表

| 费 用 项 目 | 估计每月费用 | 估计启动费用 |
|---|---|---|
| 雇主/经理工资 | ________×2个月= | |
| 其他人员工资 | ________×3个月= | |
| 租金 | ________×4个月= | |
| 广告宣传费用 | ________×3个月= | |
| 运输、托运费用 | ________×3个月= | |
| 原材料供应品 | ________×3个月= | |
| 电话电信费用 | ________×3个月= | |
| 其他公用事业费（水电气） | ________×3个月= | |
| 保险费 | ________×3个月= | |
| 税项 | ________×4个月= | |
| 办公行政费 | ________×3个月= | |
| 招待费 | ________×3个月= | |
| 律师和会计费 | ________×3个月= | |
| 其他每月杂费 | ________×3个月= | |
| 固定资产购置 | | |
| 固定资产安装调试 | | |
| 更新改造费 | | |
| 初始库存 | | |
| 经营许可执照费 | | |
| 过户费 | | |
| 开业前广告和促销费用 | | |
| 不可预见费用 | | |
| | | |
| 合　计 | | |

【案例学习6-9】　　注册企业，像网购一样便利

——上海“一网通办”再升级

注册企业能否像网购一样便利？上海用新探索给出答案：可以！

不带身份证原件、营业执照，张俊杰申请企业名称变更时浦东企业服务中心综合受理窗口这一幕，使记者吃惊。

“有‘随申办市民云’啊。”张俊杰掏出手机打开“随申办”App，进入他的专属页面，点击“我的证照”，身份证、营业执照就跳出来，窗口工作人员一扫就确认身份了。“早先还要交纸质复印件，现在连这也不用了，省好多事。”

在全国率先实行政务服务“一网通办”后，上海把目标锁定在“更好、更高效地办成一件事”。“找政府办事，能不能像网购一样便利？”上海市主要领导提出设想，“每个人、每个企业都应该在‘一网通办’中有自己的专属页面，办啥事就进自己的页面申请、提交，是不是更好？”

上海重新改造“一网通办”网页架构，并于2019年10月17日正式上线，实现了“一人一档、一企一档”。只要持上海身份证的居民，或在上海注册的企业，在“一网通办”系统注册后即生成自己的专属页面。为方便个人用户，“一网通办”还推出移动端App“随申办”，市民走到哪儿都可办个人或企业事务。

据统计，截至2020年3月22日，上海已有771万个人用户在“一网通办”实名建立档案，占实有人口30%以上；189万企业法人建立企业档案，约占设立企业的90%；“随申办市民云”用户已超过1000万。

## 第六节　营销的进化

### 本节要点

**通过发布的《2020年数字营销与商业增长白皮书》及对不同行业的、不同企业的思考，我们总结出了营销的进化方向，为“互联网+”时代的创业者们提供了营销思路。**

2020年12月29日，全球最著名的咨询公司埃森哲和巨量引擎公司在2021年引擎大会上联合发布了《2020年数字营销与商业增长白皮书》。这份白皮书对营销领域的各行各业进行了全面的扫描和洞察。

创业初期的营销管理

### 一、消费者的流动化和关联营销

根据埃森哲的调研，25%的消费者表示不愿意花钱购买“不理解自己”的商品；多达65%的消费者表示，如果企业无法持续提供强关联度，他们将更换使用其他更相关的品牌。

消费者的流动化具有这样三个特征：不断演变的消费者角色、快速变化的兴趣、动态的消费者旅程。如果企业希望通过静态的、一成不变的内容对消费者进行长期的影响，成功的可能性非常低。

因此，初创企业需要敏锐地捕捉消费者需求的变化，与消费者的变化能够保持同步，围绕着消费者的动态需求设计产品、渠道和内容，提高品牌的忠诚度，驱动业务长期增长。

**【案例学习 6-10】利用苹果手机的超强关联性，最终成功借势上位**

Blendtec 是美国一个新兴的搅拌机品牌。

自 2011 年苹果 4S 上市后，Blendtec 每年都会把最新款的苹果手机放在自家的搅拌机里打碎，并拍摄成一个名为“Will it blend?”（这能打碎吗？）的视频，在网上播放。而且每一次，其老板汤姆•迪克森（Tom Dickson）都会亲自上马，把最新款的苹果手机、iPad（平板电脑）等，放在其最新款的搅拌机里面打碎。

借着苹果产品的超高人气，汤姆把 Blendtec 这个品牌从零做到了市值上亿美元。

⊙ 企业家提示

既然别人能在苹果手机上做关联营销，那么利用手机上的微信自然也可以做关联营销。微信是我们日常生活中使用最普遍的社交软件，2017 年其活跃用户数量已经超过 9 亿，每天有海量的信息在微信中交流，所以整个微信生态已经是一个超高频的场景。创业者不妨也来试试关联营销。

## 二、营销内容生产力化

任何企业的营销内容都承载了丰富的品牌信息，是企业与消费者沟通的所有产品、渠道和服务的总和，也是企业的核心资产和战略重点，更是企业业务增长的最核心的战略。因此，只有将营销内容做到打动人心，才有可能驱动品牌增长。

通过调研，73%的 CMO（首席营销官）认为，具有创造力和好创意是从竞争中脱颖而出的关键。

面向消费者的初创企业也必须拥抱新技术，去适应消费者行为的变化，在营销内容上大胆尝试新的形式和新的渠道，以更多维度的展现形式、更为丰富的角度、更为立体的内容场景吸引消费者的关注和热爱，并将产品和服务融入消费者的生活中。

**【案例学习 6-11】　新东方转行做助农直播——东方甄选**

随着国家“双减政策”的实施，新东方变身“大型农业平台”、直播卖货了。新东方称：助农直播成为了俞敏洪老师和“东方甄选”努力的方向，这件事被赋予了更为坚定的意义——通过俞老师和平台的力量，让更多的农民有所收益，助力共同富裕。

新东方教育科技集团在香港和纽约上市，截至 2021 年 5 月 31 日收入 43 亿美元，但在新的形势下，新东方在 2023 年 11 月份就全面停止了为幼儿园到九年级的学生提供课外辅导。该公司在香港证券交易所提交的一份文件中说，这些辅导业务在过去两个会计年度的每一年中都占收入的 50%～60%。当时新东方表示，公司将把资源转向其他教育产品，包括备考和成人语言培训，同时探索其他领域的机会。

在直播活动中，创始人兼董事长俞敏洪表示，他将创建一个销售农产品的平台，并亲自带领数百名教师通过直播推广这项服务。目前，东方甄选的粉丝量已经超过了三千万。

## 三、营销直接关系到企业的经营

在数字化如此发达的今天，企业所面对的经营大环境也发生了改变。企业不论规模大小，也无论身处于何地，在提升消费者体验以及品牌建设上已经拥有了更多的选择，也需要采用更加多元的做法。

比如，以短视频和直播为代表的新互动形式，打破以往传统营销的局限，或以内容为抓手，或将“超级性价比”做到极致，为消费者带来前所未有的体验，以帮助企业触达更广泛的消费群体。

而企业也需要将传统的营销思维转向更为长效的经营思维，通过精准的用户洞察以及持续有效的阵地运营，对消费者忠诚度进行长期投资，让消费者不再是过客，而是沉淀下来的长期的高价值的用户，以获得更深度的来自用户的对品牌的忠诚和认可，从而获得品牌持续稳定的价值。

**【案例学习 6-12】　　宝马如何深耕粉丝的经营**

近几年，由于造车新势力的崛起，特斯拉、蔚来、小鹏、理想等品牌在资本市场上受到了极大的追捧和认可，特斯拉创始人马斯克一跃成为全球首富。新势力的崛起让汽车销售整体承压，包括宝马在内的部分豪华车品牌只有通过更新品牌定位及营销策略等方式，才能赢得日趋年轻的中国豪华车消费群体。

从 2018 年起，宝马开始在抖音平台上进行“阵地”式的经营，并成功实现连续 105 周位居汽车粉丝榜首。宝马是如何深耕粉丝的经营，来赢得更为年轻的消费者群体的呢？

通过阵地经营，全面拥抱新媒体和年轻群体：2020 年 8 月至 9 月，宝马在抖音官宣易烊千玺作为宝马的新一代品牌代言人。同时，在抖音平台推出年度品牌大牌和年度品牌发布会等相关活动。宝马借助抖音成熟的短视频和直播的内容创作模式，长期占据抖音汽车品牌粉丝规模的榜首。

从高质量的内容生产，到高质量的粉丝转化：宝马汽车持续产出高质量的内容，以吸引抖音用户的“看、赞、评、转”的四连击逐渐扩大粉丝的规模。在这个过程中，宝马汽车逐步掌握了与年轻一代消费者的沟通方法，并满足了年轻消费者对内容的需要，形成了品牌方和消费者的相向而行。

重视全链路的数据分析，获得更多消费者洞察：宝马汽车通过线上线下活动和互动，全面深耕粉丝的运营。在 2020 年 11 月份的广州车展上，宝马在抖音的平台上发起了“花城花式秀宝马”的互动活动。活动中粉丝创作的大量视频内容填充了宝马在抖音上的内容池。除了这些内容，宝马汽车的经销商还通过视频的内容，跟进有购车意向的用户，为拓展新生意做好准备。

## 思考与训练

1．为创业计划书项目选择企业组织形式，并给创业项目的企业、产品或服务起名。

2．讨论如何寻找自己的股东和创业团队。

3．估算一下自己项目的开业启动资金。

4．互联网时代，进化的不只是营销，你认为创业者需要具备哪些能力和素质，才能不落后于时代的发展？

5．思考并和同学讨论自己跟十四五规划和2035年远景目标有何关系？

6．思考一下在校期间自己如何提升创业能力。

附：创业初期的客户管理

# 参考文献


[1] 秦言．中国小企业[M]．北京：中国计划出版社，1998．

[2] 拉斯讷，斐济，法依克司．创业者手册[M]．胡蔚，译．北京：中信出版社，2000．

[3] 龙斯沃希．新办企业成败手筋：27 个实例研究[M]．顾海兵，等译．沈阳：春风文艺出版社，1997．

[4] 王耀辉．开放你的人生[M]．北京：人民出版社，2008．

[5] 东方惠子．终身受益[M]．北京：中国档案出版社，2001．

[6] 麦古金．小企业创业实务[M]．杨莉，等译．深圳：海天出版社，2007．

[7] 法雷尔．创业时代[M]．李政，杨晓非，译．北京：清华大学出版社，2006．

[8] 中国就业培训技术指导中心上海分中心，上海市职业培训指导中心，上海市开业指导中心．创业培训辅导教程[M]．北京：中国劳动社会保障出版社，2004．

[9] 英涛．第一桶金[M]．北京：中国纺织出版社，2009．

[10] 佐秉珊．点燃你的激情[M]．北京：石油工业出版社，2007．

[11] 赵青，曾新．心态决定命运[M]．北京：中国档案出版社，2005．

[12] 共青团中央，中华青年联合会，国际劳工组织．大学生 KAB 创业基础（试用本）[M]．北京：高等教育出版社，2007．

[13] 上海青少年活动中心．创业故事[M]．上海：上海三联书店，2007．

[14] 汤和平．独道[M]．北京：中国商业出版社，2008．

[15] 武峻．选择做自己最擅长的事[M]．北京：中国纺织出版社，2008．

[16] 科特勒．营销管理[M]．梅汝和，梅清豪，周安柱，译．北京：中国人民大学出版社，2001．

[17] 鲍尔，巴特利特，犹特侯温，等．企业政策战略过程管理[M]．尹可，尹薇，译．大连：东北财经大学出版社，2001．

[18] 李肖鸣，郑捷．青年创业指南[M]．北京：中国文史出版社，2009．

[19] 高晓杰，曹胜利．创新创业教育：培养新时代事业的开拓者：中国高等教育学会创新创业教育研讨会综述[J]．中国高教研究，2007（7）：91-93．

[20] 唐静，朱智广．创业教育对大学生创业影响的实证研究：以广州大学城十所高校为例[J]．常州大学学报（社会科学版），2010（3）：95-99．

[21] 顾剑秀，方鹏．大学生创业教育：现状、问题及有效途径[J]．煤炭高等教育，2012（5）：77-79．

[22] 徐建军．大学生创业教育的有效途径[J]．理论研究，2010（1）：31-36．

[23] 周秋江．大学生创业教育现状调查与实现途径研究[J]．宁波大学学报，2007（4）：64．

[24] 邹建芬．大学生创业能力开发与培养的路径探析[J]．高校教育管理，2011（6）：

91-95.

[25] 李群如．大学生创新创业教育路径的探索与实践[J]．人力资源管理，2011（6）：73-75.

[26] 曾尔雷．高校创业型人才培养的路径选择[J]．中国大学教学，2011（6）：26-29.

[27] 马玉海，张月．高校创业教育的评价体系及其构建[J]．创新与创业教育，2012（1）：32-35.

[28] 陈浩凯，徐平磊．创业教育质量评价指标体系研究[J]．理工高教研究，2007（5）：67-70.

[29] 雷家骕．国内外创新创业教育发展分析[J]．中国青年科技，2007（2）：26-29.

[30] 水延凯，等．社会调查教程[M]．5版．北京：中国人民大学出版社，2010.

[31] 金伟灿，莫博涅．蓝海战略[M]．吉宓，译．北京：商务印书馆，2016.

# 附录　创业计划书模板

## 什么是创业计划书

创业计划书就是你的创业大纲！

创业计划书是第一印象，如果第一印象不能抓住投资者，就等于失败了一半。写创业计划书的最终目标是说服投资者，因此要在大纲范围内，有条不紊地呈现创业想法，也就是创业必须做到的事情。

当开始写创业计划书时，首先要有大纲，这样的思维模式对创业是很有帮助的。

## 创业计划书摘要

一句话说明理念由来。（切入点）

一句话说明市场的需要。（市场前景）

一句话说明你们提供了什么需要。（产品）

一句话说明还有谁提供了这些需要。（竞争对手）

一句话说明你们提供的比他们提供的强在哪儿。（优势）

一句话说明你们如何做出这个“强”。（研发）

一句话说明你们如何把“强”弥补到“需要”那里去。（市场运作）

一句话说明你们弥补的需要能赚多少。（营利模式）

一句话说明你们赚的分给投资者多少，要投资者提供什么。（回报）

一句话介绍一下你们。（团队优势）

如摘要的思维逻辑，正文就是在这样的思维框架下写出的。

还没有注册公司的话则自行换为“团队”，再引用“公司”的思路自行编制计划书，这份文案里，可以按照需要来增删。

正文要求：能用一句话说完的，绝不用两句话。

# 模板A　适合提供给风险投资公司的创业计划书模板

## 第一章　基本情况篇

公司叫什么。
公司在哪。
公司是什么性质。
公司股东有哪些。
控股结构是怎样的。
公司主要业务是什么。
公司员工组成是怎样的。
公司财务怎样。
公司近期目标和长期目标是什么。

## 第二章　公司管理

概述。
高层是哪些。
高层简介。
高层怎么分工。
管理体系是怎样的。
融资后要设立哪些机构，相关的人员配备怎样。
管理层及关键人员将采取怎样的激励机制和奖励措施。
管理层的薪酬如何，是否有员工持股计划。
公司是否建立人事管理制度。
对有关知识产权、技术秘密和商业秘密采取的保护措施。
公司是否存在关联经营。
公司、公司主要管理人员是否卷入法律诉讼及仲裁事件中，对公司有何影响。

## 第三章　行业情况

概述。
市场前景怎么样。
谁在使用产品。
消费者使用产品的目的，为何购买。
列出产品的前三大客户类型，以及他们的购买力。
所投资的产品行业目前所处发展阶段。
是否拥有专门的技术、版权、专利、配方等。
更新换代周期是多久。

说明本产品是否有标准。

产品与同类产品的比较。

本公司产品的新颖性、先进性和独特性。

重点说明在性能、价格、售后服务和技术支持等方面的优势。

本公司与行业内五个主要竞争对手的比较。

影响行业和产品发展的因素。

过去 3～5 年各年全行业销售情况，列明资料来源。

未来 3～5 年各年全行业销售收入预测，列明资料来源。

公司未来 3～5 年的销售收入预测（融资不成功的情况下和融资成功的情况下）。

## 第四章　研　发

概述。

产品成品演示。

产品功能表。

依据功能表的研发架构。

已研发成果及其先进性。

未来要研发什么。

公司研发资金总投入是多少。

计划再投入的研发资金是多少。

列表说明每年购置开发设备、开发人员工资、试验检测费用，以及与开发有关的其他费用。

现有技术资源。

研发模式是怎样的。

对研发队伍有怎样的激励机制和措施。

未来 3～5 年研发资金和人员投入计划，列表说明。

## 第五章　产品制造（互联网行业自行替换成产品运营）

概述。

公司目前的年生产能力，厂房面积和生产人员数量（替换成互联网行业即维护人员多少，服务器、数据量多少，维护效果如何，以下自行替换）。

生产方式。

生产设备先进程度如何，价值是多少，是否投保，最大生产能力是多少，使用寿命。

如需增加设备，采购计划、采购周期及安装调试周期情况。

产品的生产制造过程和工艺流程。

控制产品的制造成本的措施。

产品质量管理体系。

关键质量检测设备，成品率控制方法和采用的控制标准。

原材料、元器件、配件、零部件等采购情况。

采购渠道。

原材料质量控制手段。

## 第六章　市 场 方 案

概述。

产品定价方式。

销售成本的构成。

销售价格制定依据和折扣政策。

销售网络、广告促销、设立代理商和售后服务方面的策略和办法。

市场方案的竞争优势与哪些因素有关。

对销售人员采取什么样的激励和约束机制。

竞争对手的销售方案。

你们有哪些优势。

短期销售目标。

长期销售目标。

列表说明营业额预测。

列表说明市场份额的预测。

## 第七章　财 务 状 况

概述。

列简表说明公司在过去的基本财务数据（主营收入、主营成本、主营利润、管理费用、财务费用、净利润、补贴收入、总资产、总负债和净资产，主营产品的盈亏平衡点、毛利率和净利率）。

说明财务预测数据编制的依据。

在你们这个依据下，提供融资后未来 3 年项目盈亏平衡表、资产负债表、损益表、现金流量表。

说明与公司业务有关的税种和税率。

公司享受哪些优惠政策，由谁提供。

## 第八章　风　　险

概述。

详细说明创业中可能遇到的政策风险、研发风险、市场开拓风险、运营风险、财务风险、对公司关键人员依赖的风险等。

如何量化这些风险。

应对这些风险的对策和管理措施。

决策后风险是否降低，程度如何。

最终投资风险有多大。

## 第九章　融资计划

概述。

融资目的和额度。

说明拟向投资者以什么价格出让多少股权，作价依据是什么。

资金用途和使用计划。

列表说明融资后项目实施计划，包括资金投入进度、效果和起止时间等。

说明投资者可享有哪些监督和管理权力。

参与公司事务方式及参与程度。

说明公司将为投资者提供怎样的报告。（如年度损益表、资产负债表和年度审计报告）

说明投资的变现方式：上市、转让、回购等。

说明融资后未来3～5年平均年投资回报率及有关依据。

## 第十章　进度表

详细列明项目实施计划和进度，注明起止时间，已完成成果，计划完成目标，各项目资金投入，各项目资金产出，等等。

# 模板B 常用的参赛计划书模板

## 创业（商业）计划书

### 公司主营：求职信息咨询与培训服务

## 目 录

# 第一部分　执 行 总 结

## 1.1　产 业 背 景

高校扩招的影响已经开始显现，就业人数激增，竞争格外激烈：2005 年我国毕业生达 338 万，比 2004 年增长 20%，2013 年预计会达到 680 万人。毕业生的激增直接导致劳动力供大于求的尖锐矛盾，构成了巨大的就业压力。调查资料表明，大学生初次就业率逐年下降：2003 年为 70%，2004 年为 65%。究其原因，很大程度上是在校学生求职信息与技巧的缺乏：如何准备各行业各公司的面试，如何掌握成功通向职场的诀窍，各行业各公司的相关信息已经成了在校学生最需要的资源，也自然成为求职过程中炙手可热的商品。

## 1.2　公司与产品服务

××××××××××公司（×××××××××× Co., Ltd. 以下简称×××）是一家致力于提供相关求职信息与服务的供应商。公司的口号是“按图索‘机’”，取“按图索骥”之意。×××愿意为广大求职者提供最有价值、信息量最丰富的求职×××，帮助他们成功走向职场。

依据信息时代国际流行的“Tripod”三位一体商业模式，×××以图书出版作为轴心业务，单独出版针对各种行业与公司的求职信息书籍；同时以网络为依托，积极拓展培训与咨询等其他增值服务，所有业务相辅相成，为求职者提供全方位、个性化的专业服务。×××矢志成为国内大规模的、拥有先进管理技术的求职信息与服务提供商，帮助×××的客户在求职过程中获取最新、最有效的信息，从而顺利踏上职场之路。

## 1.3　定位与发展战略

- 公司定位：求职信息与服务提供商（包括出版与培训）。
- 使命：利用在中国市场本土求职信息服务产业的先行优势，凭借庞大的求职信息收集网络与先进的管理与分析技术，向广大求职者提供高质量的求职信息与服务。
- 远景：成为跨出版与网络等多媒体的世界一流的求职信息与服务提供商。

×××的发展战略如下。

- 短期目标（2007—2008 年）：开展图书出版业务，成功推出第一系列书籍，稳定现金流。
- 中期目标（2008—2012 年）：继续扩展书籍涉及的行业与公司，同时积极开展网络、咨询与培训业务，扩充收入来源。
- 长期目标（2012 年以后）：调整商业模式，通过拓展与企业的合作向企业提供增值收费服务，寻求新的利润增长点。

## 1.4 市场与竞争分析

从实际情况出发，×××将把起始的目标客户定位于高校毕业生。有关部门统计，2013年中国高校毕业生将达到680万人。而通过×××的细致调查，在受访者中有40%的人愿意承担平均20元的求职书籍，因此×××评估国内求职信息书籍的市场容量在2013年将达8000万元。同时通过详细的分析，我们相信这个市场将以每年40%左右的速度增长。

与这个巨大市场产生鲜明对比的是市场内高度差异化的竞争，而×××本身独一无二的竞争优势也将确保它的市场份额。

- 单独针对特色化细分行业和公司的求职书籍：×××将选择求职者最关心的行业与公司进行特色化细分，并单独出版介绍，每本书籍只针对一类行业或公司，对症下药，提供与该行业或公司相关的求职信息。这是×××最大的独特之处。
- 最完善的本土求职信息数据库：作为先行者的×××会利用1～2年的时间收集大量第一手、真实且实用的求职信息，并不断完善，形成庞大的数据库与人际网络。×××的求职信息将全部来自对每年各高校中进入上海各行业工作的×××成员的跟踪采访以及与×××合作的公司人力资源部门的访谈，以保证×××提供信息的实用性与时效性。

相比×××，目前国内的求职培训机构还没有提供和×××类似的求职信息的书籍，而国外求职信息产业的领先者如Vault等还未进入中国市场。在此基础上，根据调研结果，预计×××将占有该市场30%的份额，仅依靠图书出版业务公司年收入就可达约600万元。

## 1.5 营销策略

在确定初期以书籍出版业务为重点的基础上，×××的营销策略将更加着重于公共关系的开发以及与出版商、发行商的战略合作。一方面，×××会通过定期和不定期的校园宣传、校园活动赞助以及校园讲座确立起在这一范围的合作关系，并以此为基础积极拓展校园公共关系，以较低成本迅速提高×××的知名度与收入；另一方面，×××将极力发展与出版商、发行商的战略合作，共享出版商的销售渠道并迅速打开市场。

# 第二部分 产品与服务

## 2.1 产品与服务定义

依据信息时代国际流行的“Tripod”商业模式（见图A-1），×××将以图书出版为轴心业务，出版针对各种求职者最关心的行业与公司的书籍；同时以网络为依托，积极拓展培训以及咨询等其他增值服务，为求职者提供全方位、个性化的专业服务。这也是×××为所有求职者提供价值的途径。

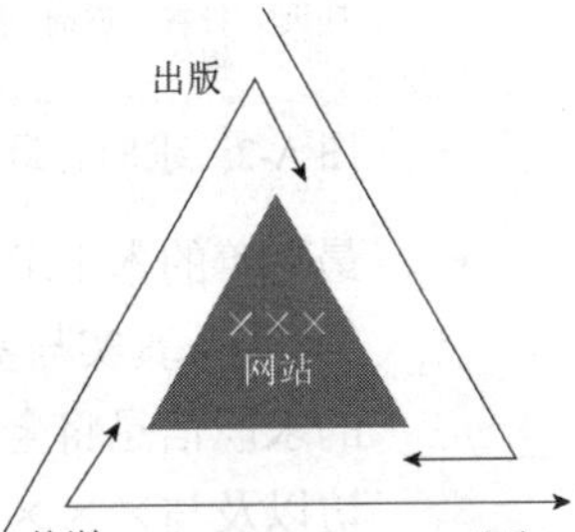

图A-1 “Tripod”商业模式

- 出版：出版是×××的核心业务。×××计划出版业内众多顶级畅销书，涉及求职信息、求职技巧、求职面试等年轻人关注的人生规划问题。各类书籍将涉及求职者最关心的行业与公司，并单独出版，每本书籍只针对一个行业或一个公司，对症下药，提供与该行业或公司最全面、最实用的求职信息。

- 咨询：×××将会建立目前中国最大的求职培训网站 www.×××-career.com.cn，网站会提供我们出版的求职书籍的电子版下载和部分书籍的精华版下载。
- 培训：×××计划邀请行业内拥有丰富经验的职业培训师为×××服务并努力发展×××自己的专业培训师资源，为求职者提供行业知识、简历制作以及面试技巧等多方面的培训。
- 网站：×××将会以网站为平台，在提供咨询服务的同时，及时公布×××的书籍与培训信息，并开辟互动社区，了解更多求职者的需求并及时提供个性化的定制服务。

## 2.2 产品与服务的客户价值

准备找工作的大学生将始终是×××的主要客户群体，×××的主打产品和服务都将为在校大学生量身定制，力求为学生客户提供丰富、及时、有效的求职信息，为广大的求职者创造特有的客户价值。

- 针对需求的分类书籍：×××的各类书籍涉及求职者最关心的行业与公司，每本书籍只针对一个或几个细分后的行业或公司。根据×××的调查（见图 A-2），我们发现广大求职者对于行业有明显的偏好，对四大会计师事务所（以下简称四大）、投资银行、咨询、消费品以及 IT 行业的关注度占据了前五位，相对于工业及其他行业有巨大的优势。因此×××的书籍出版初期将关注于这五个行业的求职信息，分别详细介绍相应的行业历史、商业模式、职业发展、主要公司以及求职面试流程等重要信息。而这其中我们也会根据广大求职者的需求来确定在书籍中介绍的公司，例如在消费品行业的求职信息书籍中，×××将会着重介绍宝洁、联合利华、欧莱雅以及玛氏等著名企业，以充分满足求职者的需求（见图 A-3）。

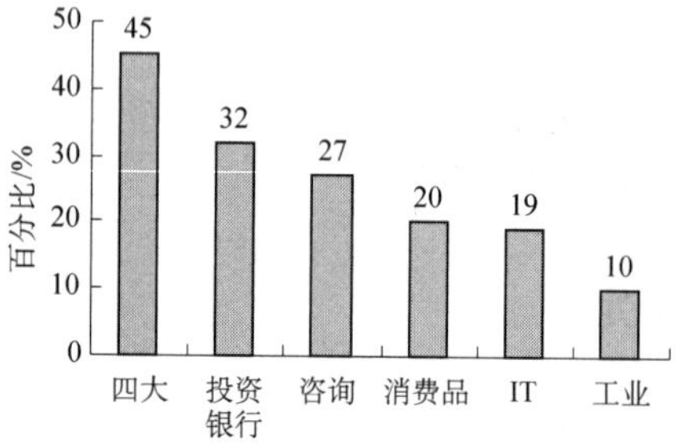


图 A-2　求职者最关注的行业

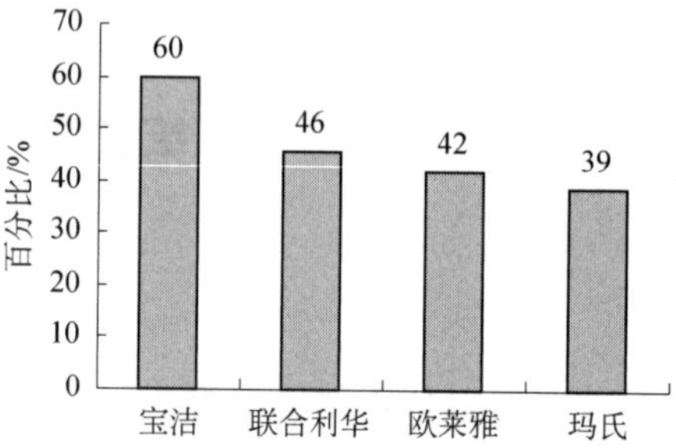


图 A-3　求职者最关注的公司（消费品行业）

- 最完善的本土求职信息数据库：作为先来者的×××会利用 1～2 年的时间收集大量第一手、真实与实用的求职信息，并不断完善，形成庞大的数据库与人际网络。×××的求职信息将全部来自对每年各高校中进入上海各行业工作的×××成员的跟踪采访以及与×××合作的公司人力资源部门的访谈，以保证×××提供信息的实用性与时效性。让求职者对于任何一个行业求职信息的搜索都有最实际的收获。

- 人才：在×××的核心团队中有在高校中从事多年就业方面工作的老师，他们积累了大量的毕业生资源与 HR 采访经验。×××将不断发展进入各行业中著名公司的毕业生成为我们团队的成员或资源。通过这些毕业生和对各著名公司的 HR 访谈获取第一手的行业及公司信息。

### 2.3 发展规划

×××的最终目的是实现产业化，公司按其发展阶段将逐步提供以下服务。

第一阶段：开展图书出版业务，推出第一系列书籍，稳定现金流，包括以下三点。

（1）推出会计师事务所、投资银行、咨询、消费品、IT 五个行业的求职信息书籍。

（2）与出版商、发行商达成战略合作，共享销售渠道，进行市场拓展。

（3）继续完善信息库的建设，将行业扩展到工业、房地产等其他潜在的热门行业。

第二阶段：继续拓展书籍涉及的行业与公司范围，同时积极开展网络咨询与职场培训业务，扩充收入来源，包括以下几方面。

（1）完成网站的建设并推向市场。

（2）网站开放求职书籍的电子版下载（收费或免费）。

（3）开展职场培训，主题涉及简历写作、面试技巧与职场生涯发展等。

（4）通过与各高校合作的项目（讲座等方式）拓展公共关系。

（5）继续出版下一系列的求职书籍。

第三阶段：调整商业模式，通过拓展与企业的合作向企业提供增值服务，寻求新的利润增长点，包括以下几方面。

（1）为企业提供网站广告以及关于公司专辑的求职书籍出版的服务。

（2）向企业提供高端的增值服务，涉及校园调查以及企业校园行等。

（3）继续出版下一系列的求职书籍。

（4）继续深化求职咨询与培训服务。

（5）开展网上真实模拟面试。

（6）推出 E-LEARNING 部分和知名企业以及成功求职者的访谈录。

## 第三部分　市 场 分 析

### 3.1 市场机会

求职信息咨询产业在国外由来已久，Vault、Wetfeet、Monster 等网站是国际上著名的求职咨询信息平台，这些机构从成立之初就高速发展，涉及的书籍购买、注册人数每年都以指数级增长。这样的产业之所以能够兴起并快速发展，是因为在求职过程中各个行业和公司的基本信息以及求职过程中的指导信息（如简历写作、面试、笔试形式等）都是求职者迫切希望了解的，而他们也非常需要这样一个能有效整合与收集求职信息的平台来提高他们求职的效率与成功率。

这样的市场机会国内也同样存在。一方面，相比国外同等城市，近年，上海每年的就业环境激烈程度有过之而无不及，就业市场已经完全成为买方市场；另一方面，目前很多刚刚走出大学的毕业生们仍然将求职重点放在了知名外企中，而这些行业和公司的求职信息发布呈现分布散、密度小的特点，收集相对困难。因此，综合这两方面的因素以及国外类似机构成功的经验，可以得出结论：目前国内求职信息咨询产业拥有巨大的需求市场。

而与此巨大的需求市场产生强烈对比的是，国内并没有出现类似国外 Vault、Wetfeet、Monster 等专门提供系统的、完整的、大量的求职信息的咨询机构，ChinaHR、51job 目前关注的领域只在于公司求职信息的发布和人力资源的外包服务，没有提供系统、完整的行业与公司信息。而国外的领先者 Vault 机构到目前为止尚未专门考虑独自进入中国市场，同时这些国外的求职信息咨询机构所提供的信息都是基于美国和欧洲行业和公司的，与中国国内还有较大差异。因此，求职信息咨询产业在国内还处于未被开发的状态。

由此可知，×××所面对的市场有很大的商业机会。按照麦肯锡咨询公司根据所提供产品/服务以及商业模式对产业的分类（见图 A-4），×××处在右上角的新产业中，即拥有新的产品（求职信息咨询服务）与新的商业模式（Tripod），该产业为高增长的投资领域。

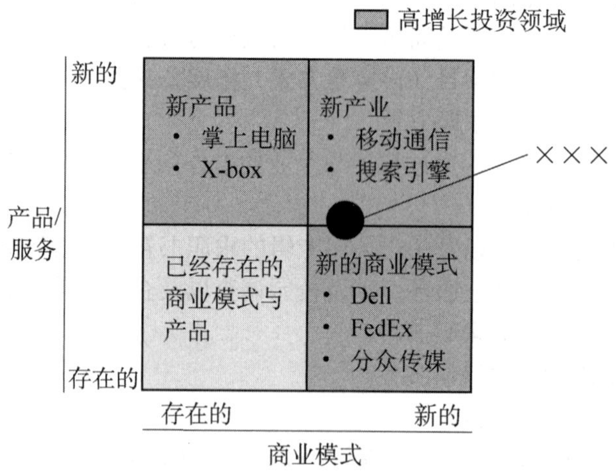


图 A-4　根据产品/服务及商业模式对产业的分类

## 3.2　目标市场定位

从目前这个产业刚刚从国内起步的实际情况出发，目标客户群定位于有就职需要的在读大学生。主要有以下两条理由。

- 高需求：对应届毕业生来说，求职过程是人生的第一份工作，针对性不足，对行业和公司的求职信息有广泛的需求；而且应届毕业生又缺乏工作经验，本身对于各行业、各公司的求职信息缺少必要的了解。
- 价格承受：×××主要通过出版物发布信息，因此消费者需要面对的费用主要是出版物价格。根据我们的调查，在校学生与社会求职者的承受能力不会有太大差异。

## 3.3　市场容量估算与趋势预测

根据相关的调查分析，高校毕业生逐年增长：2001 年，104 万人；2002 年，145 万人；2003 年，212.2 万人；2004 年，280 万人；2005 年毕业生达 338 万人，而 2013 年全国普通高校毕业生人数预计会突破 680 万人（见图 A-5）。而×××的求职市场调查表示，在受访者中有 40%的人愿意承担平均 20 元的求职书籍，假设 400 万人中间一半会前往大城市寻找就业机会，需要买书了解职场信息，那么×××评估国内求职信息书籍的市场容量在 2013 年将达到 6400 万元（8000 万×20 元×40%=6400 万元）。同时通过详细的分析，我们有信心这个市场将以每年 40%左右的速度增长。

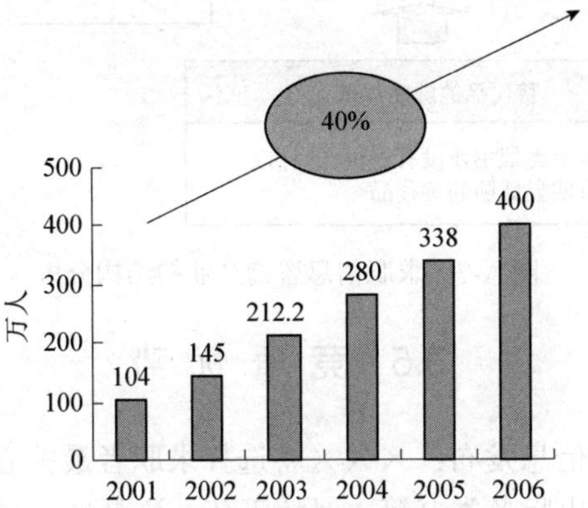


图 A-5　近年来全国毕业生人数

×××的进一步调查显示（见图 A-6），被访者（全部为在校大学生）70%以上愿意尝试×××的分类求职书籍。针对最热门的五个行业，我们发现这个比例均超过 20%，响应人数最多的四大会计师事务所达到了 53%。因此在此基础上，我们根据调研结果，预计×××将占有该市场的 30%，仅靠出版业务公司每年就可达到 600 万元以上的收入规模，并且每年保持 30%的增长率。×××相信这个项目对于其雇员和投资者来说大概率会赢利。

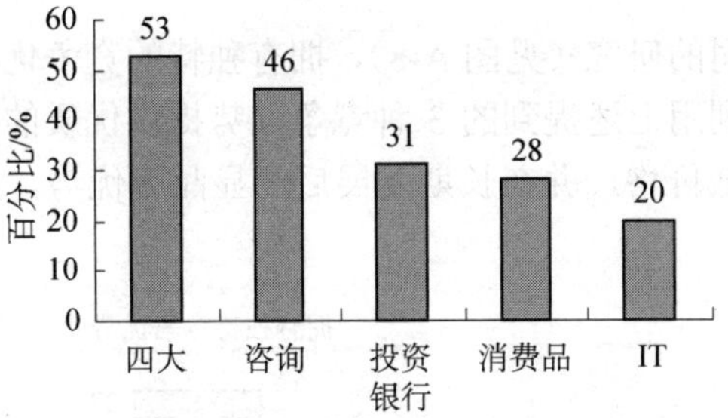


图 A-6　求职者愿意购买×××书籍的百分比

## 3.4　产业结构分析

求职信息咨询产业的结构分析如图 A-7 所示。

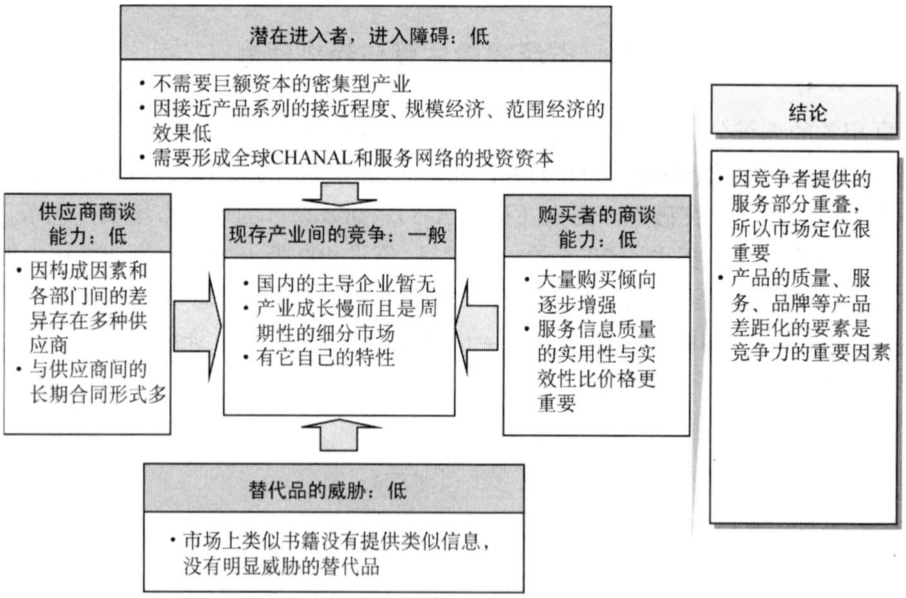


图 A-7　求职信息咨询产业的结构分析

## 3.5　竞争优势

- 完全针对行业的信息发布：×××将选择求职者最关心的行业与公司，进行特色化的细分，单独出版各类书籍，对症下药。这是×××的独特之处。
- 先导优势：作为先来者的×××会利用 1～2 年的时间收集大量第一手、真实与实用的求职信息，并不断完善，形成庞大的数据库与人际网络。而×××的求职信息将全部来自每年各高校中进入上海各大行业里的公司工作的×××成员的跟踪采访以及对与×××合作的公司人力资源部门的访谈，保证了×××提供的信息的实用性。
- 与私人投资者的战略合作：×××已和私人投资者达成协议，基本业务能够得到保障。

根据麦肯锡咨询公司的研究（见图 A-8），拥有独特的竞争优势的企业往往可以高速成长，而×××完全可以利用上述提到的 3 种竞争优势提供优质的服务，利用先导优势的规模效应降低成本从而降低价格，并在长期发展后凸显品牌优势，从而达到自身独有的竞争优势。

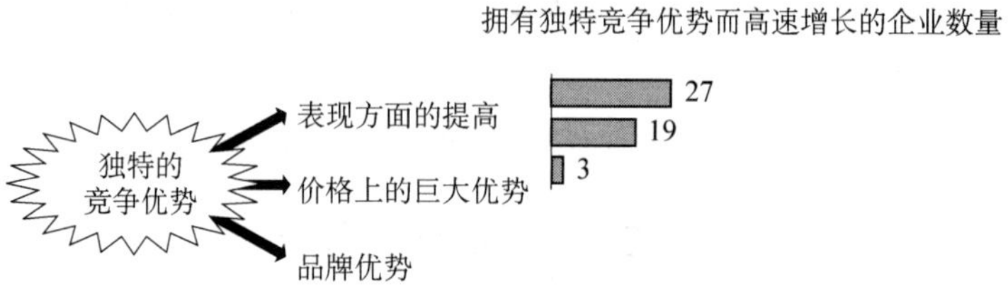


图 A-8　独特竞争优势

# 第四部分 竞争战略

## 4.1 商业目的

**1．市场开发现状分析**

（1）国内具有一定规模和知名度，经营相同、相似业务的公司/网站。

- 北京纽哈斯国际教育咨询公司：HiAll——www.hiall.com.cn。
- “前程无忧”51job：前程无忧——www.51job.com，中国最大的求职招聘网站。
- 北京网聘咨询有限公司：智联招聘——www.zhaopin.com。
- 诚迅金融培训公司：诚迅联丰——www.chainshine.com。
- 各大搜索引擎连带业务。

（2）国外具有一定规模，经营相同、相似业务的公司/网站。

- Monster, Inc.：Monster——www.monster.com，2005 年 4 月 19 日收购中华英才网 40%股份。
- Vault, Inc.：Vault——www.vault.com。
- Wetfeet, Inc.：Wetfeet——www.wetfeet.com。

（3）国内公司现状与市场竞争分析（见图 A-9）。

| | | 国内竞争者 | | | | | 国外竞争者 | | |
|---|---|---|---|---|---|---|---|---|---|
| | | ××× | HiAll | Zhaopin | 51job | Chainshine | Monster | Wetfeet | Vault |
| | 求职 | | ● | ● | ● | | ● | ● | ● |
| 公司业务 | 出国咨询 | | ● | | | | | | ● |
| | 招聘 | | | ● | ● | | ● | ● | ● |
| | 培训 | ● | ● | | | ● | | | |
| | 实习中介 | | | ● | ● | | ● | ● | |
| | 电子出版物 | ● | ● | | | ● | | | |
| | 印刷出版物 | ● | | | | | | | |
| 业务地区（周边） | 国外 | | | | | | ● | ● | ● |
| | 全国 | | | ● | ● | | ● | | |
| | 北京 | | ● | | | ● | | | |
| | 上海 | ● | | | | | | | |
| 客户人群 | 在校学生 | | ● | ● | ● | | ● | ● | ● |
| | 毕业生 | ● | | ● | ● | | ● | ● | ● |
| | 在职者 | ● | ● | ● | ● | ● | ● | ● | ● |

图 A-9 国内公司现状与市场竞争分析

① 求职、招聘类网站。

- 竞争激烈：知名度高、规模较大的网站只有前程无忧、中华英才网、智联招聘、中国人才热线四大门户招聘网站，以及政府相关网站。
- 内容繁杂：针对群体为所有求职者和需要招聘的企业。据中华英才网总裁张建国介绍，2005 年估计有 130 万家企业在该网上发布过招聘广告，2006 年将达 200 万家。

② 提供职场培训机构。

- 地域性差异：全国各地的就业情况、人才类型、公司分布差异明显，导致同一培训机构难以靠相同模式拓展各地业务。HiAll 目前在北京的培训初具影响力，而上海本地目前还没有具有一定影响力的机构。
- 学生针对性弱：针对在职者或实习生的培训计划为主，针对学生干部或学习优异学生为主，培训资源分配不均，普通在校学生很难得到机会。

③ 提供出版物机构。

- 信息资料分散：企业信息资料以电子版为主，一般位于各大高校 BBS 精华区，内容更新缓慢，时效性低。
- 版权问题：网站发布的信息版权、著作权难以保障，非法转帖现象严重。

**2. 市场进入策略**

- 以上海为起点：对上海的情况更加了解，市场需求大，竞争对手少，人际关系广泛。
- 以长三角地区为拓展：区域经济发达，企业数量多，工作岗位多。2003 年，规模以上的工业企业数就达到了 29 489 个，而商务部研究院在《2005—2007 年跨国公司对华产业投资趋势调研报告》中指出，未来三年，从选择投资区域企业数分布看，长三角占全国 47%，“独占鳌头”，使得长三角成为全国人才聚集区。
- 以高校聚集大城市为目标：2004 年，中国普通高等学校毕业生为 239.1 万人，研究生毕业生为 15.1 万人，而且之后数年将维持现状或者还有增加，他们无疑是×××的潜在客户群体。

## 4.2 市 场 定 位

目标客户群从地域角度“从点到面”，主要定位于各高校面临毕业的学生，也包括其他对行业或公司信息有需求的社会人士。

待公司进入第二阶段后期，市场表现得到巩固，与企业的合作也将纳入公司主营业务，企业将成为该阶段及其以后公司发展的主要客户群，×××将向其提供高层次、个性化的服务。

## 4.3　×××发展战略（见图 A-10）

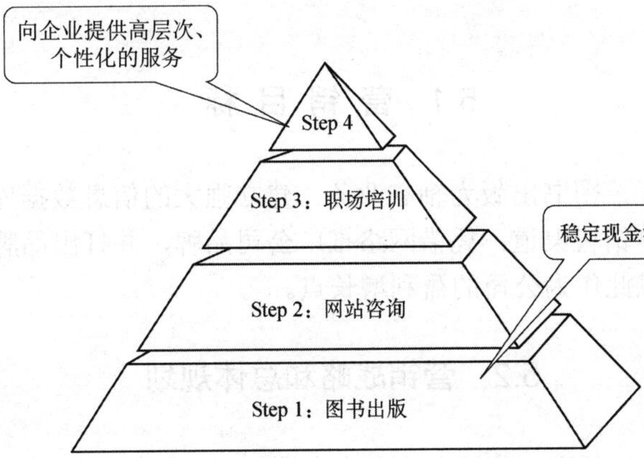


图 A-10　×××发展战略

**优势（Strength）**

- 地域优势：中国经济发展的最前沿，长江三角洲的中心拥有硬件配套优势、劳动力优势、需求量优势、信息资源优势、产业链优势等。
- 信息优势：处于面临毕业的关键时期，身边的信息与资料丰富，最贴切、最准确。创业团队中有本科生，也有研究生，客户的所求所需恰是团队所有成员的所求所需。
- 资本优势：公司发展阶段不采用风险投资，无撤资压力与资本风险。已与私人投资者进行接触，得到积极响应，愿意投资我们的项目。

## 4.4　竞争力分析（SWOT）

**1．劣势（Weakness）**

- 资金劣势：公司成立初期的 30 万元主要用于图书的出版，剩余资金较少。现金流风险对公司资金产生压力。
- 经验劣势：学生创业，对于公司运营与危机应对的经验需要逐渐积累。

**2．机遇（Opportunity）**

- 市场机遇：国内市场尚未充分开发。20 世纪 80 年代出生高峰带来如今毕业生人数激增，公司潜在客户群体随即迅速增加。

**3．威胁（Threat）**

- 机遇威胁：毕业生数量高峰的优势将在 10～20 年后丧失，国外投资对中国的热衷也会降温，公司的未来也许需要进行重新构架。
- 环境威胁：相关法律仍不完善，不公平的竞争对公司将有致命影响，如盗版问题等。

# 第五部分　营 销 策 略

## 5.1　营 销 目 标

以公司网站为依托，图书出版为轴心业务，建立强大的信息数据库，与出版商、发行商进行战略合作，共享销售渠道；凭借网络推广公司品牌，并打出品牌化的求职培训服务和相关的电子书籍，以此作为公司的盈利增长点。

## 5.2　营销战略和总体规划

- 销售渠道：与出版商、发行商结为战略伙伴，共享发行销售渠道；进行市场公关。
- 价格：对求职者采取合理定价（中低）；对企业客户，将免费低层次服务升级到收费高层次、个性化专业服务。
- 产品与服务：图书出版、网站咨询、职场培训、高级客户服务等。
- 推广方案：书籍促销、校园推介、网站广告、书籍内页、封面广告等。

## 5.3　销售渠道策略

**1．图书出版销售渠道**

- 市场公关，与客户群体积聚场所建立合作关系。
- 与出版商、发行商结为战略伙伴关系，共享销售渠道，也可缓解现金流压力。
- 校园推广与校园促销。

**2．其他产品销售渠道**

产品的组合优化带来渠道销售的整合，以及产品推广的影响力共享。

## 5.4　产品与服务策略

**1．图书出版**

- 充分体现公司信息数据库的核心竞争力。
- 进行特色化的行业与公司细分，体现×××书籍的价值，即不同客户能够搜索到共同需要的分类行业或公司信息。
- 免费电子图书与收费电子书籍相结合；收费电子书籍与收费印刷图书相并存。实现内容差异化，渠道多样化。
- 逐步从×××书籍上升为×××丛书，实行品牌化战略。

**2．网站咨询**

×××品牌的宣传载体与信息媒介提供了解×××品牌的渠道。

提供即时的电子书籍阅览、下载，与印刷图书进行产品组合的优化。

**3．职场培训**

特色化的行业与公司细分的现场阐述，结合×××品牌丛书的核心价值、营销方式共进。

**4．高级客户服务**

与企业建立战略伙伴，打通与企业的信息渠道，使特色化的行业与公司细分更合理。

为企业推荐，并且打造适合细分职能的合适人选，树立“榜样式”营销模式。

## 5.5　市场策略

**1．学生市场**

囊括所有准备找工作的在读大学生。

在信息混乱、众说纷纭的环境下，为他们提供真实、个性化的信息分享与职业指导。

**2．社会求职者**

指有工作经验的求职者。

按照求职需要，提供特色化行业与公司细分信息，提高就业准确度和择业效率。

## 5.6　价格策略

实行差别定价法。

对个人求职者合理定价（中低）；对企业客户提供高层次专业服务，相对价格略高。

- 兼顾图书出版资金的回笼，即公司现金流的通畅，合理定价。
- 企业客户由免费低层次服务转型为收费高层次服务，需市场公关。

## 5.7　沟通策略

- **求职者**：以网站为实时沟通平台，并以新客户的新要求作为特色细分的新方向。
- **企业**：以走访、面谈为主要沟通方式，交换互有信息。

# 第六部分　经营管理

## 6.1　商业模式

**1．公司本身模式——“Tripod”模式（采用图书出版、网站咨询、职场培训三大方式）**

三大方式在时间上，按出版、咨询、培训分别向市场推出；在投入上，把出版物作为自己的轴心业务以稳定现金流，咨询与培训业务作为公司发展到一定程度以后的收入拓展渠道。

**2．与企业合作模式——非固定模式（低层次合作和高层次合作）**

公司的业务初期向企业免费提供服务，吸引新进客户，快速开拓市场。等市场占有率达到一定程度，公司业务稳定时，再推出一系列的高端收费服务，增加新的盈利点。

## 6.2 ×××价值链（见图A-11）

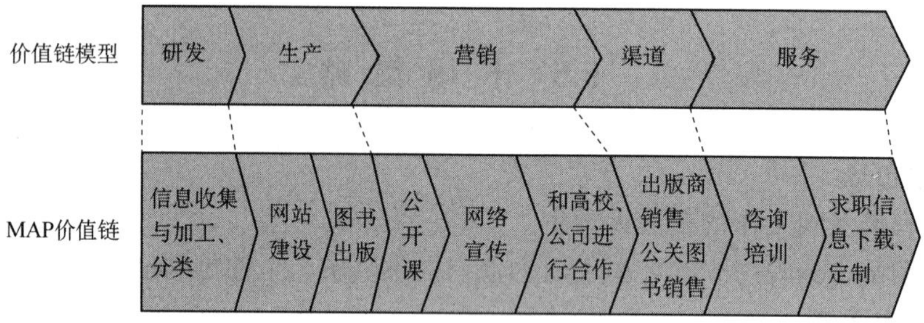


图A-11　×××价值链

## 6.3 价值链分析

- 研发：×××提供服务的基础是各行业与各公司的详细信息。×××通过访谈等形式来获得第一手资料，访谈工作由公司的正式员工完成。
- 生产：网站是×××“Tripod”商业模式三大业务的平台，提供信息查询与下载功能。网站建设工作由公司首席信息官负责。
- 营销：×××会通过在各高校BBS的宣传以及与高校就业中心的合作来拓展×××的公共关系。同时×××会不定期开展公开课来提高×××的知名度。
- 渠道：×××主要通过与出版商的战略合作，并利用出版商的渠道来拓展市场。
- 服务：×××提供高质量的关于各行业、各公司以及求职技能等方面的信息，同时提供关于求职的培训与咨询服务。另外，×××也向企业提供广告以及校园调查等不同层次的服务。

# 第七部分　团队组成

## 7.1 团队成员

**执行总裁（CEO）：蒋逸明**

上海交通大学电子信息与电气工程学院研究生二年级学生，曾任上海交通大学宝洁学生职业发展协会会长。本科毕业于北京大学，获计算机、经济学双学位，曾获北京大学十佳社团负责人称号。有广泛的人际关系基础，善于分析、处理问题。曾在多家知名大企业实习，如博思艾伦咨询公司、麦肯锡（上海）公司、英特尔（上海）科技有限公司等，对公司运营有着深刻的见解。

蒋逸明主要负责日常的生产经营管理活动，使整个企业保持良好的业绩，确保资产保值增值以及每个财政年度末向董事会报告公司的财务状况和盈利情况。

**运营总监兼首席信息官（COO&CIO）：周辰**

上海交通大学电子信息与电气工程学院本科四年级。国际青年成就组织（JA）资深培训师。曾在多家知名企业实习，如贝恩顾问管理公司、麦肯锡（上海）公司、通用电气（中国）有限公司等，同时，社会活动经验丰富，曾担任上海人民广播电台记者，现代信息杂志社 *Hello IT* 杂志学生主编。

周辰主要负责主持公司日常的运营工作，协调、平衡各部门之间的关系，确保整个企业的良好运作，并维护公司网站的正常运行。

**市场总监（CMO）：陈斯佳**

上海交通大学管理学院金融学本科三年级，专业成绩优秀。担任学院团委外联部部长，上海交通大学合唱团团长，2005 校园“十大歌手”之一。组织过诸多有影响力的校园活动。曾赴香港作为交换生交流一年。具有极佳的人际交往能力。

陈斯佳主要负责公司的产品推广、品牌建设，保证图书出版销售渠道畅通。

**财务总监（CFO）：韩宗佳**

上海交通大学管理学院国际经济与贸易本科三年级。校学联人力资源管理中心主任，获英语高级口译证书，上海新长宁教育集团项目经理以及贝恩顾问管理公司项目助理，麦肯锡公司培训生。曾负责刊物的编辑和出版与财务报表的编制。获美国马里兰大学史密斯商学院主办的“中国商业计划大赛”第三名。

韩宗佳主要负责公司财务管理，对公司的财务控制、会计、收受、金融、投资活动负责，并根据各部门的计划预算资金提出融资方案。定期向董事会递交财务报告。

**公共关系主管（CSR）：吕亚佳**

上海交通大学管理学院工商管理系本科三年级。极富创新精神，勤于思考，曾在市、全国和国际竞赛中屡屡赢得大奖。2004 年在美国举办的第 55 届国际科学与工程大赛上获得 7 项大奖并拥有国家专利。担任“拜耳国际环境大使”。曾获得上海市“明日科技希望之星”荣誉称号。受邀赴美参加 2006 年哈佛亚洲商业年会以及第 52 届哈佛模拟联合国活动。

吕亚佳主要负责通过公司的各种公关活动，建立公司产品与服务的识别度，提升公司形象，并负责客户对于公司各种需求的响应、整理以及反馈。

## 7.2 成员技能分析

虽然×××的成员专业背景不同，但从图 A-12 可以看到×××的成员无论是在专业知识还是在软技能上都有很强的互补性，是一支具有强大战斗力的团队。更重要的是×××的团队成员都有共同的理想，愿意为了×××的使命而共同奋斗。

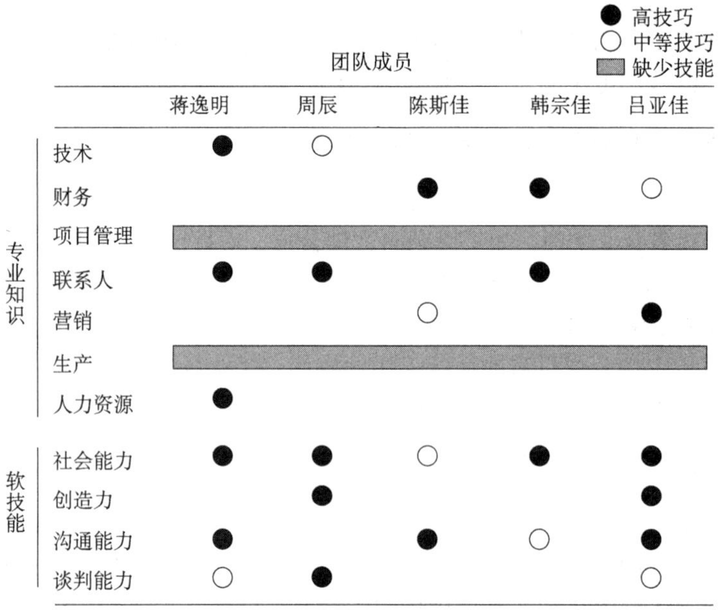


图 A-12　成员技能分析

# 第八部分　财务分析与融资

## 8.1　CVP 分析（见表 A-1 及图 A-13）

表 A-1　CVP 分析

| 固 定 成 本 | 元/年 | 可 变 成 本 | 元/年 |
|---|---|---|---|
| 管理人员费用 | 108 000 | 水电费用 | 6000 |
| 营销人员费用 | 120 000 | 生产租金 | 36 000 |
| 研发人员费用 | — | 运输成本 | 11 840 |
| 生产人员费用 | 55 620 | 促销活动 | 70 000 |
| 租金 | 18 000 | 合　计 | 123 840 |
| 水电费 | 5400 | 单位可变成本 | 2.09 |
| 折旧 | 1350 | | |
| 无形资产摊销 | 1000 | 盈亏平衡点销售额 | 497 600 |
| 合　计 | 309 370 | 2007 年预测销售额 | 1 200 000 |

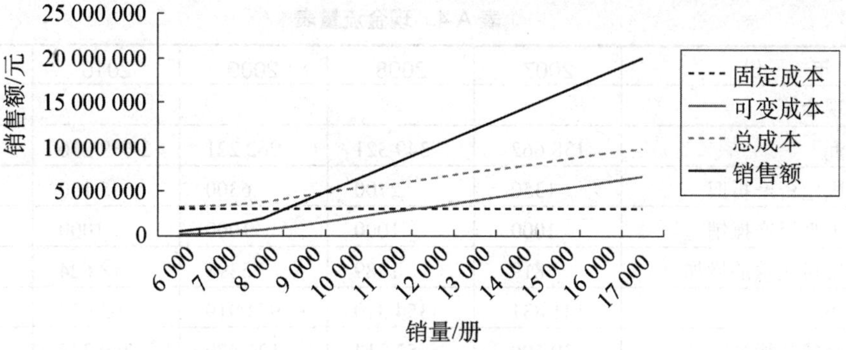


图 A-13　CVP 分析

根据 CVP 分析，我们的保守销售额预测远大于盈亏平衡点销售额。因此，我们的商业模式能够帮助我们在第一年生存，并且在以后几年赚取利润。

## 8.2　五年财务年报

五年财务年报如表 A-2 至表 A-5 所示。

表 A-2　损益表

单位：元

| 年　份 | 2007 | 2008 | 2009 | 2010 | 2011 |
|---|---|---|---|---|---|
| 一、主营业务收入 | 621 600 | 1 302 400 | 3 404 000 | 9 590 400 | 29 870 100 |
| 减：主营营业成本 | 109 460 | 221 087 | 565 069 | 1 562 054 | 3 973 953 |
| 营业费用 | 190 000 | 418 000 | 1 097 800 | 3 435 960 | 13 059 552 |
| 主营业务税金及附加 | 49 728 | 104 192 | 272 320 | 767 232 | 2 389 608 |
| 二、主营业务利润 | 272 412 | 559 121 | 1 468 811 | 3 825 154 | 10 446 987 |
| 减：管理费用 | 133 750 | 209 800 | 316 450 | 664 400 | 1 099 750 |
| 三、利润总额 | 138 662 | 349 321 | 1 152 361 | 3 160 754 | 9 347 237 |
| 减：所得税 | — | — | 190 140 | 521 524 | 1 542 294 |
| 四、净利润 | 138 662 | 349 321 | 962 221 | 2 639 230 | 7 804 943 |

表 A-3　利润分配表

单位：元

| 年　份 | 2007 | 2008 | 2009 | 2010 | 2011 |
|---|---|---|---|---|---|
| 一、净利润 | 138 662 | 349 321 | 962 221 | 2 639 230 | 7 804 943 |
| 加：年初未分配利润 | — | 76 264 | 268 391 | 797 612 | 2 249 188 |
| 二、可供分配的利润 | 138 662 | 425 585 | 1 230 612 | 3 436 842 | 10 054 131 |
| 减：提取法定盈余公积 | 13 866 | 34 932 | 96 222 | 263 923 | 780 494 |
| 提取法定公益金 | 6933 | 17 466 | 48 111 | 131 961 | 390 247 |
| 三、可供股东分配利润 | 117 863 | 373 187 | 1 086 279 | 3 040 958 | 8 883 390 |
| 减：支付现金股利 | 41 599 | 104 796 | 288 666 | 791 769 | 2 341 483 |
| 四、未分配利润 | 76 264 | 268 391 | 797 613 | 2 249 189 | 6 541 907 |

表 A-4　现金流量表

单位：元

| 年　　份 | 2007 | 2008 | 2009 | 2010 | 2011 |
|---|---|---|---|---|---|
| 一、经营现金流 | | | | | |
| 净利润 | 138 662 | 349 321 | 962 221 | 2 639 230 | 7 804 943 |
| 加：固定资产折旧 | 1350 | 2700 | 6300 | 45 100 | 117 300 |
| 无形资产摊销 | 1000 | 1000 | 1000 | 1000 | 1000 |
| 应付账款的增加 | 819 | 1289 | 5398 | 18 624 | 73 359 |
| 现金流入小计 | 141 831 | 354 310 | 974 919 | 2 703 954 | 7 996 602 |
| 减：存货的增加 | 39 600 | 52 214 | 126 470 | 369 346 | 658 044 |
| 应收账款的增加 | 15 570 | 17 127 | 46 062 | 135 592 | 444 487 |
| 现金流出小计 | 55 170 | 69 341 | 172 532 | 504 938 | 1 102 531 |
| 经营活动产生的现金流量净额 | 86 661 | 284 969 | 802 387 | 2 199 016 | 6 894 071 |
| 二、投资现金流 | | | | | |
| 固定资产投资 | 10 000 | 10 000 | 40 000 | 270 000 | 330 000 |
| 无形资产投资 | 5000 | — | — | — | — |
| 现金流出小计 | 15 000 | 10 000 | 40 000 | 270 000 | 330 000 |
| 投资活动的现金流量净额 | −15 000 | −10 000 | −40 000 | −270 000 | −330 000 |
| 三、筹资现金流 | | | | | |
| 吸收权益性投资 | 200 000 | — | — | — | — |
| 现金流入小计 | 200 000 | — | — | — | — |
| 支付现金股利 | 41 599 | 104 796 | 288 666 | 791 769 | 2 341 483 |
| 现金流出小计 | 41 599 | 104 796 | 288 666 | 791 769 | 2 341 483 |
| 筹资活动的现金流量净额 | 158 401 | −104 796 | −288 666 | −791 769 | −2 341 483 |
| 现金净增加额 | 230 062 | 170 173 | 473 721 | 1 137 247 | 4 222 588 |
| 货币资金的期初余额 | — | 230 062 | 400 234 | 873 953 | 2 011 200 |
| 货币资金的期末余额 | 230 062 | 400 235 | 873 955 | 2 011 200 | 6 233 788 |

表 A-5　资产负债表

单位：元

| 年　　份 | 2007 | 2008 | 2009 | 2010 | 2011 |
|---|---|---|---|---|---|
| 一、资产 | | | | | |
| 流动资产 | | | | | |
| 货币资金 | 230 062 | 400 234 | 873 953 | 2 011 200 | 6 233 789 |
| 应收账款 | 15 570 | 32 698 | 78 760 | 214 353 | 658 839 |
| 存货 | 39 600 | 91 814 | 218 285 | 587 630 | 1 245 675 |
| 流动资产合计 | 285 232 | 524 746 | 1 170 998 | 2 813 183 | 8 138 302 |
| 固定资产 | | | | | |
| 固定资产原价 | 10 000 | 20 000 | 60 000 | 330 000 | 660 000 |
| 减：累计折旧 | 1350 | 4050 | 10 350 | 55 450 | 172 750 |
| 固定资产净值 | 8650 | 15 950 | 49 650 | 274 550 | 487 250 |
| 固定资产合计 | 8650 | 15 950 | 49 650 | 274 550 | 487 250 |

续表

| 年　　份 | 2007 | 2008 | 2009 | 2010 | 2011 |
|---|---|---|---|---|---|
| 无形资产： | | | | | |
| 商标权 | 5000 | 4000 | 3000 | 2000 | 1000 |
| 减：商标权摊销 | 1000 | 1000 | 1000 | 1000 | 1000 |
| 商标权净值 | 4000 | 3000 | 2000 | 1000 | — |
| 无形资产合计： | 4000 | 3000 | 2000 | 1000 | — |
| 资产合计 | 297 882 | 543 696 | 1 222 648 | 3 088 733 | 8 625 552 |
| 二、负债和所有者权益 | | | | | |
| 负债： | | | | | |
| 应付账款 | 819 | 2108 | 7506 | 26 129 | 99 489 |
| 负债合计 | 819 | 2108 | 7506 | 26 129 | 99 489 |
| 所有者权益： | | | | | |
| 实收资本 | 200 000 | 200 000 | 200 000 | 200 000 | 200 000 |
| 盈余公积金 | 13 866 | 48 798 | 145 020 | 408 944 | 1 189 438 |
| 法定公益金 | 6 933 | 24 399 | 72 510 | 204 472 | 594 719 |
| 未分配利润 | 76 264 | 268 391 | 797 612 | 2 249 188 | 6 541 907 |
| 所有者权益合计 | 297 063 | 541 588 | 1 215 142 | 3 062 603 | 8 526 064 |
| 负债和所有者权益合计 | 297 882 | 543 696 | 1 222 648 | 3 088 732 | 8 625 553 |
| 净值 | 297 063 | 541 588 | 1 215 142 | 3 062 603 | 8 526 064 |

## 8.3 财务比率分析

财务比率分析如表 A-6 和图 A-14 所示。

表 A-6 财务比率分析

| 年　　份 | 2007 | 2008 | 2009 | 2010 | 2011 |
|---|---|---|---|---|---|
| 获利能力分析指标 | | | | | |
| 毛利率/% | 23.42 | 29.50 | 38.93 | 39.55 | 39.12 |
| 净利率/% | 23.42 | 29.50 | 32.51 | 33.02 | 32.66 |
| 资产回报率/% | 46.55 | 83.02 | 108.95 | 122.43 | 133.26 |
| 权益报酬率/% | 46.68 | 64.50 | 79.19 | 86.18 | 91.54 |
| 资金经营周转能力分析指标 | | | | | |
| 应收账款周转率/% | 38 | 49 | 53 | 55 | 55 |
| 应收账款天数/天 | 10 | 7 | 7 | 7 | 7 |
| 存货周转率/% | 3 | 3 | 4 | 4 | 4 |
| 应付账款周转率/% | 134 | 151 | 118 | 93 | 63 |
| 总资产周转率/% | 2 | 3 | 3 | 4 | 4 |
| 固定资产周转率/% | 68 | 96 | 90 | 49 | 63 |
| 现金销售额率/% | 38.86 | 33.80 | 29.53 | 25.17 | 26.09 |
| 资产销售额率/% | 50.32 | 45.92 | 41.31 | 38.65 | 36.10 |
| 生产成本销售额率/% | 18.49 | 18.67 | 19.09 | 19.55 | 16.63 |
| 营业费用销售额率/% | 32.09 | 35.30 | 37.09 | 42.99 | 54.65 |
| 管理费用销售额率/% | 22.59 | 17.72 | 10.69 | 8.31 | 4.60 |

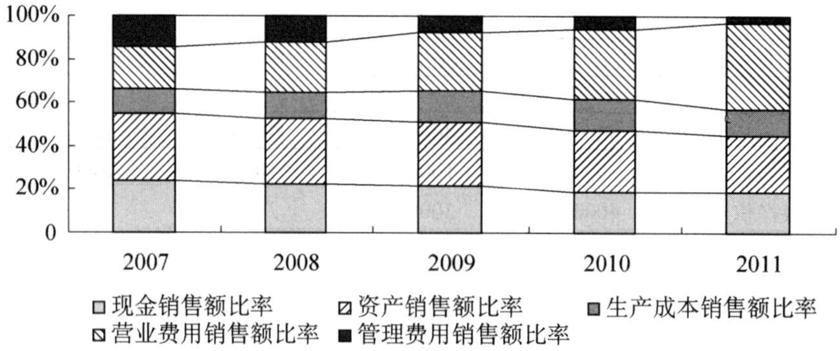


图 A-14　财务比率分析

## 8.4　IRR、NPV、PP 计算

• 　净现值分析（NPV）

已发现项目除去时间影响的现值。按照贴现率 $i$=15%计算。

本项目的净现值为 19 759 710 元。

• 　投资回收期（PP）

投资回收期表明公司可以在多少时间内收回投资。

本项目的投资回收期为 2 年 10 个月左右。

• 　内部报酬率（IRR）

假定用 $i_1$ 表示折现率，求得 $NPV_1$ 略大于零；再提高折现率，用 $i_2$ 试算，求得 $NPV_2$ 略小于零，利用插值法计算出本项目的内部报酬率为 66%。

## 8.5　灵敏度分析

为了更清晰地反映基于销售量的变化所引起的主营业务收入、利润总额、净利润和净资产的变化，特别制作图 A-15 至图 A-17 以供对比。

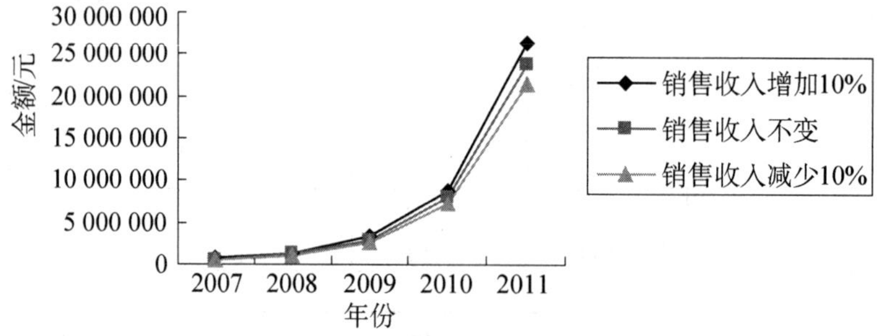


图 A-15　销售收入灵敏度分析

由图 A-15 中看出，销售收入增减 10%，不会引起销售收入、净利润的大幅变化，说明这两项指标对销售量并不敏感，由此也可证明公司的经营状况和获利能力是稳定的。

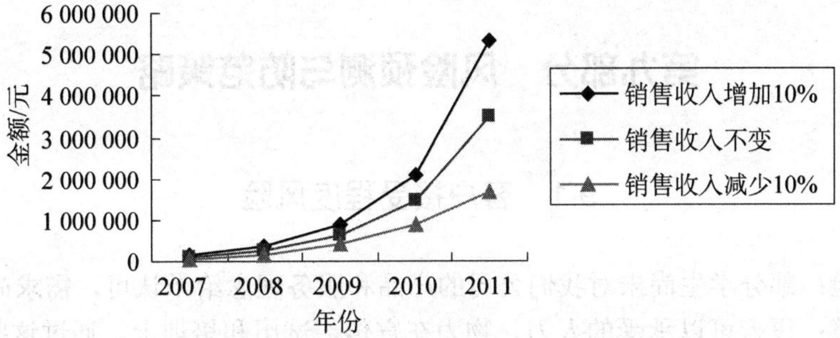


图 A-16　净利润灵敏度分析

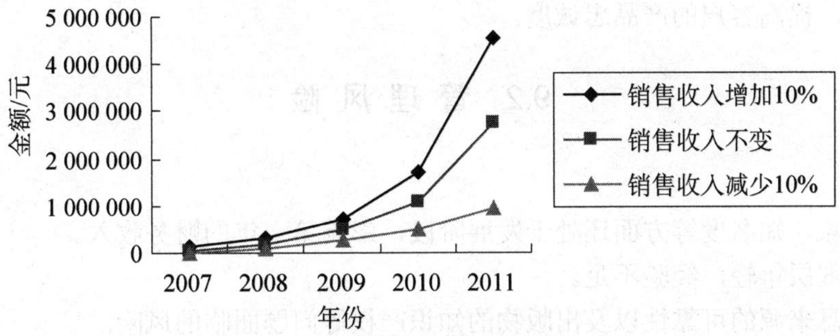


图 A-17　经营现金流量灵敏度分析

同时，值得关注的是，由图 A-17 可以看出，随着销售收入的增加，经营现金流量大量增加，而随着销售收入的减少，经营现金流量减少的幅度并不大，说明销售收入的小幅度提高，就可以对整个公司的现金流量状况有很大的帮助。

## 8.6　公司资本（见表 A-7）

表 A-7　公司资本

| | 技术入股 | 自筹资金 | 总资本 |
|---|---|---|---|
| 金额/万元 | 10 | 40 | 50 |
| 比例/% | 20 | 80 | 100 |

## 8.7　公司融资

- 本项目前期投资小，只需申请大学生创业基金，再自筹 10 万元即可，无须风险资金介入操作，规避了股权分配以及撤资带来的风险。
- 痛苦压抑期内，由于图书出版的现金回笼周期难以控制，若现金流补充不足，公司将选择再次申请大学生创业基金，或向私人投资者筹资，或向银行申请优惠贷款。
- 已有私人投资者表达出合作意向，愿意对该项目投资。

# 第九部分　风险预测与防范策略

## 9.1　客户接受程度风险

- **风险**：部分学生尚未对我们公司的产品和服务理念给予认可，需求尚未形成。
- **对策**：投入可以承受的人力、物力在宣传、试用和培训上。通过这些方式与各高校就业与职业发展中心保持良好的合作关系。这样就会转化为对×××有利的影响，提高客户的产品忠诚度。

## 9.2　管 理 风 险

风险：

- 形象、知名度等方面还处于发展阶段，影响第一年的财务收入。
- 管理层年轻，经验不足。
- 信息来源的可靠性以及出版物的知识产权等问题面临的风险。

对策：

- 打造产品知名度，树立公司形象，分阶段稳步实施营销策略。
- 管理层注重自身管理能力的提高。
- 注意吸取多方建议，协调部门矛盾，兼顾了解法律事宜。

## 9.3　竞 争 风 险

风险：

- 调查不够全面，未发现市场上已有与×××相似的同类产品。
- 产品的发展期由于资金、技术等难题，被竞争者先入为主。
- 产品上市后，不乏其他模仿者出现。市场的进入壁垒较低，模式易被复制。
- ×××的电子资料可能会被非法盗用。

对策：

- 加快信息的更新速度，配合相应的价格策略，提升竞争力。
- 丰富网站的功能，以更加人性化的服务弥补技术优势不足。
- 加强网站安全，对非法盗用及时用法律手段予以严惩。
- 客户定制电子书后，所寄光盘资料采用 PDF 格式只读形式文件，以防非法复制。

# 模板C　创业（商业）计划书

公司名称：______________________

公司主营：______________________

负 责 人：______________________

______年______月

## 一、计划摘要

计划摘要列在创业（商业）计划书的最前面，它是浓缩了的创业（商业）计划书的精华。计划摘要涵盖了计划的要点，以求一目了然，方便读者在最短的时间内评审计划并做出判断。

计划摘要一般包括以下内容：公司介绍；主要产品和业务范围；市场概貌；营销策略；销售计划；生产管理计划；管理者及其组织；财务计划；资金需求状况；等等。

## 二、公司介绍

介绍公司的主营产业、产品和服务、公司的竞争优势以及成立地点、时间、所处阶段等基本情况。在介绍企业时，首先要说明创办新企业的思路、新思想的形成过程以及企业的目标和发展战略。其次，要交代企业现状、过去的背景和企业的经营范围。在这一部分中，要对企业以往的情况做客观的评述，不要回避失误。

## 三、战略规划

介绍公司的宗旨和目标、公司的发展规划和策略。

## 四、创业组织结构

创业者需要一支有战斗力的管理队伍。企业管理的好坏直接决定了企业经营风险的大小。而高素质的管理人员和良好的组织结构则是管理好企业的重要保证。因此，风险投资家会特别注重对管理队伍的评估。

## 五、产品（服务）介绍

在进行投资项目评估时，投资人最关心的问题之一，就是风险企业的产品、技术或服务能否以及在多大程度上解决现实生活中的问题，或者风险企业的产品（服务）能否帮助顾客节约开支，增加收入。因此，产品介绍是创业（商业）计划书中必不可少的一项内容。通常，产品介绍应包括以下内容：产品的概念、性能及特性；主要产品介绍；产品的市场竞争力；产品的研究和开发过程；发展新产品的计划和成本分析；产品的市场前景预测；产品的品牌和专利。

在产品（服务）介绍部分，企业家要对产品（服务）做出详细的说明，说明要准确，也要通俗易懂，让不是专业人员的投资者也能明白。

## 六、市场预测

当企业要开发一种新产品或向新的市场扩展时，首先要进行市场预测。如果预测的结果并不乐观，或者预测的可信度让人怀疑，那么投资者就要承担更大的风险，这对多数风险投资家来说都是不可接受的。市场预测首先要对需求进行预测：市场是否存在对这种产品的需求？需求程度是否可以给企业带来所期望的利益？新的市场规模有多大？需求发展的未来趋向及其状态如何？都有哪些因素影响需求？其次，市场预测还要包括对市场竞争的情况，即企业所面对的竞争格局进行分析：市场中主要的竞争者有哪些？是否存在有利于本企业产品的市场空当？本企业预计的市场占有率是多少？本企业进入市场会引起竞争者怎样的反应？这些反应对企业会有什么影响？

在创业（商业）计划书中，市场预测应包括以下内容：市场现状综述；竞争厂商概览；目标顾客和目标市场；本企业产品的市场地位；市场区隔和特征；等等。

## 七、营销计划

营销是企业经营中最富挑战性的环节，影响营销策略的主要因素包括以下几点。

（1）消费者的特点。

（2）产品的特性。

（3）企业自身的状况。

（4）市场环境方面的因素。最终影响营销策略的则是营销成本和营销效益因素。在创业（商业）计划书中，营销策略应包括以下内容。

① 市场机构和营销渠道的选择。

② 营销队伍和管理。
③ 促销计划和广告策略。
④ 价格决策。

## 八、生产制造计划

创业（商业）计划书中的生产制造计划应包括以下内容：产品制造和技术设备现状；新产品投产计划；技术提升和设备更新的要求；质量控制和质量改进计划。

## 九、财务规划

需要花费较多的精力来对财务规划做具体分析，其中就包括现金流量表、资产负债表以及损益表的制备。流动资金是企业的生命线，因此企业在初创或扩张期，对流动资金需要有预先周详的计划和进行过程中的严格控制；损益表反映的是企业的盈利状况，它是企业在一段时间运作后的经营结果；资产负债表则反映在某一时刻的企业状况，投资者可以用资产负债表中的数据得到的比率指标来衡量企业的经营状况以及可能的投资回报率。

财务规划一般要包括以下内容。

（1）创业（商业）计划书的条件假设。

（2）预计的资产负债表。

（3）预计的损益表。

（4）现金收支分析。

（5）资金的来源和使用。

## 十、风险与退出

有竞争就是风险，风险可能是进出口汇兑的风险、自然灾害的风险等，要注意当风险来临时如何应对；面对企业的风险和未来的成功，投资者要慎重选择资本退出的方式，合理预测未期的收益，等等。

（表格不够可另附纸）